하나님 나라 렌즈로
성경 66권을 조망하는

성경의 숲

| 김재흥 지음 |

쿰란출판사

머리말

하나님은 불신자였던 저를 고등학교 1학년 때인 1980년, UBF(대학생성경읽기선교회)로 인도하셔서 성경 공부를 통해 예수님을 만나게 하셨습니다. 그로부터 32년이란 세월이 흘렀습니다. 처음에는 영적 무지로 인하여 성경 말씀을 잘 이해할 수 없었습니다. 그러나 성령께서 조금씩 저의 영적인 눈을 열어 주셔서 주의 기이한 법을 깨닫게 하셨습니다. 성경 공부를 통해 예수님의 십자가 복음을 영접하게 되었고, 사랑의 하나님을 만나게 되었습니다. 성경 속에서 영적인 세계를 깨달아 가는 즐거움은 그야말로 새로운 세계가 열리는 감격이요, 전율이었습니다. 하나님 말씀은 어느새 내 삶의 중심에 들어왔고, 내 인생의 방향도 송두리째 바꾸어 나로 하여금 목회자의 길을 가게 하셨습니다.

그동안 성경 공부로 많은 젊은이들을 도우면서 하나님 말씀이 모든 사람을 구원으로 인도하는 하나님의 지혜요, 신적인 능력인 것을 체험했습니다. 이처럼 귀한 성경 말씀을 전체적으로 쉽게 소개해 주는 책이 있으면 좋겠다는 생각이 항상 있었습니다. 성경의 각 부분을 통해서도 은혜를 받지만 성경 66권 전체를 이해하고 파악하는 데는 어려움이 많았기 때문입니다.

그래서 몇 년 전부터 문제의식을 가지고 성경 전권을 공부하기 시작하였습니다. 그동안 여러 관련 서적을 읽고 연구하는 가운데,

하나님께서는 '하나님 나라' 라는 망원 렌즈로 성경 전체의 숲을 조망하는 눈을 갖도록 도와주셨습니다. 처음에는 희미하게 보이던 것들이 조금씩 선명하게 보이게 되었습니다.

하나님은 창조주로서 만물을 사랑으로 통치하기 원하십니다. 사탄의 통치로부터 자유롭고, 피조물과 온선한 사랑의 교제가 이루어지는 하나님 나라를 건설하기 원하십니다. 성경은 이 하나님의 계획이 당신의 애달픈 사랑과 함께 장구한 역사 속에서 성취되어 가는 과정이라고 할 수 있습니다. 하나님의 사랑의 통치와 인간의 순종을 통해 이루어지는 하나님 나라를 건설하고자 하나님은 여호와의 열심으로 일하십니다. 하나님 나라를 파괴하고자 하는 사탄의 집요한 공격에도 불구하고 하나님은 당신의 독생자를 십자가에 내어주시는 자기희생적 사랑과, 죽음의 권세를 파하는 부활의 능력을 통해 마침내 하나님 나라를 건설하고 완성하십니다. 우리가 성경 전체를 통하여 이 하나님의 사랑과 능력을 읽어 낼 때 비로소 하나님 나라 백성이 되는 감격을 체험하게 될 것입니다.

이 책이 하나님의 사랑의 숨결을 느끼고, 성경을 좀 더 깊이 이해하는 데 도움이 되면 좋겠습니다. 그동안 저에게 성경을 가르쳐 주신 성경 선생님들이 너무나 많아서 일일이 다 거명할 수가 없습니다. 또한 부족한 저에게 많은 신앙적 조언과 사랑을 베풀어 주신 UBF의 영적 스승들과 선후배 동료들에게 깊은 감사를 드립니다. 이 책을 출간해 주신 쿰란출판사 이형규 장로님께 감사를 드립니다. 이 책이 출간되도록 물심양면으로 지원해주신 온갈렙 목자님께 감사를 드립니다.

정성껏 추천사를 써 주신 김진섭 부총장님, 이한수 교수님, 이승구 교수님께 감사를 드립니다. 이 책이 성경을 통해 하나님을 만나고, 하나님 나라를 체험하고, 하나님 나라를 확장하고자 애쓰는 분들에게 조금이나마 도움이 되길 기도합니다.

2012년 11월 18일

김재흥

목차

서론

1. 한 권의 책으로서 성경

성경은 약 1,600여 년 동안 40여 명의 저자에 의해 쓰여진 66권의 방대한 책이다. 그러나 성경은 조각조각 나누어진 여러 권의 책이 아니라 한 권의 책이라고 말할 수 있다. 헨리에타 미어스(Henrietta C. Mears) 박사는 말하기를 "성경은 한 권의 책이요, 하나의 역사요, 하나의 스토리요, 하나님의 스토리이다"(The Bible is one book, one history, one story, His story)라고 하였다. 하나님은 창세기에서 요한계시록까지 기록된 한 권의 책 속에서 당신의 뜻을 계시하고 계신다. 그런 점에서 성경은 하나의 거대한 숲이라고 할 수 있다.

그러면 한 권의 책이라고 할 수 있는 성경이 말하고 있는 주제는 무엇인가?

2. 성경을 꿰뚫고 있는 주제

성경 전체를 꿰뚫고 있는 하나의 대 주제는 하나님 나라(The kingdom of God)라고 할 수 있다. 예수님이 이 땅에 오셔서 행하신 첫 번째 설교는 "때가 찼고 하나님의 나라가 가까이 왔으니 회개하고 복음을 믿으라"였다(막 1:15). 예수님의 마지막 설교도 부활하신

후 제자들과 함께 40일 동안 계시면서 하나님 나라의 일을 말씀하신 내용이었다(행 1:3). 사도행전은 하나님 나라에서 출발하여(행 1:3), 하나님 나라로 끝을 맺고 있다(행 28:31). 예수님이 가르쳐 주신 주기도문도 "Your kingdom come", 즉 '하나님의 나라가 임하게 해 달라' 는 것이었다(눅 11:2).

복음서에는 하나님 나라, 천국이라는 구절이 113번이나 나온다(마태복음 51회, 마가복음 16회, 누가복음 41회, 요한복음 5회). 예수님 자신이 직접 하나님 나라에 대해서 72번이나 언급하셨다. 이를 볼 때 예수님은 이 땅에 '하나님 나라' 로 오셨고, 하나님 나라 건설을 위해 자신의 사역을 집중하셨다고 볼 수 있다. 초대 교회의 교부였던 오리겐(Origen)은 "예수님은 이 땅에 오신 하나님 나라다"라고 하였다.

하늘과 땅에 있는 모든 것들, 즉 보이는 것과 보이지 않는 모든 것들을 창조하시고 다스리시는 분이 예수님이라는 사실을 생각할 때(골 1:16), 예수님을 떼어 놓고는 하나님 나라를 생각할 수 없다. 성경 드라마의 초점은 예수 그리스도에게로 모아진다. 그리고 그 초점은 다시 확대되어서 예수 그리스도의 교회로, 다음에는 교회의 선교를 통해 주님의 품으로 들어오게 되는 온 세상에게로 확장되어 나아간다.

3. 하나님 나라의 정의

그러면 하나님 나라는 어떤 것인가? 호주 무어 신학교 성경 신학자인 그레엄 골즈워디(Graeme Goldsworthy)는 "하나님 나라는 하나님의 백성이 하나님의 장소에서 하나님의 사랑의 통치를 받으며 살아가는 것이다"라고 하였다. 나라는 다스리는 왕이 있고, 다스림을 받는 백성이 있으며, 다스리는 영역이 있어야 한다. 여기서 중요한 것은 '누가 다스리는가?' 라는 다스림의 주체와 '어떻게 다스리는가?' 하는 다스림의 성격이다. 하나님 나라는 창조주 하나님이 통치 주권을 가진다. 하나님은 사랑과 공의로 그 나라를 다스리신다.

그러므로 하나님에 의해서 피조된 인간은 하나님의 주권을 인정하고 그분께 순종하며 살아야 한다. 그때 하나님과 사랑의 교제 속에서 영원토록 복을 누리며 살 수 있다. 특히 하나님의 통치가 절대적으로 필요한 이유는 사탄의 존재 때문이다. 사탄은 본래 천사였으나 자신의 지위를 지키지 않고 떠나서 하나님을 대적하고 끊임없이 하나님과의 관계를 파괴하고자 해왔다(유 1:6). 이 사탄의 유혹과 공격으로부터 인간을 보호하시기 위해 하나님은 인간을 통치하기 원하신다.

하나님 나라는 하나님의 사랑의 통치와 인간의 자발적인 순종을 통해서 이루어지는 사랑의 교제와 인격적인 연합의 장소이다. 성경에는 하나님 나라를 건설하고자 하시는 하나님의 의지와 이를 파괴하고자 하는 사탄 사이의 치열한 싸움이 곳곳에 나타난다. 하지만 결국 사탄이 패배를 당하고 하나님이 하나님 나라를 건설하심으로써 하나님과 인간의 아름다운 사랑의 관계가 회복되는 것으로 성경은 결론을 맺고 있다.

4. 하나님 나라의 전개

하나님 나라의 원형은 창세기 1, 2장에서 나타난다. 하나님은 왕권을 가지고 명령하신다("하나님이 가라사대 ○○ 있으라"). 이때 피조세계는 절대적으로 순종한다("그대로 되니라"). 이처럼 하나님의 주권적 선포와 이에 대한 순종의 정황 속에서 하나님은 기뻐하신다("하나님이 보시기에 좋았더라"). 그중에서도 인간은 단순한 피조물이 아니라 하나님 통치의 대리자로서 삼위 하나님의 토론 끝에 하나님의 형상을 따라 창조되었다. 인간은 모든 피조물들 중에서 하나님의 특별한 기쁨의 대상이었다(창 1:31, "보시기에 심히 좋았더라").

하나님은 특별히 하나님의 통치 대리자인 인간을 위해서 에덴동산을 만드심으로 하나님 나라의 축복을 선사하셨다. 에덴동산에 등장하는 보석, 풍족한 물, 풍성한 과일, 생명나무 실과, 돕는 배필은 하나님의 배려와 사랑과 기대의 표현이다. 그리고 아담과 하와의 가정을 통해서 베풀어 주시는 행복은 단순히 부부의 연합으로 인한 행복만이 아니라 참 남편이신 하나님과 신부인 우리 인생들의 사랑의 연합으로 인한 기쁨의 정점을 보여준다.

그러나 에덴의 행복은 하나님과 인간의 영적 질서 속에서 이루어진다. 그 질서의 끈은 '선악과를 먹지 말라'(창 2:16, 17)는 하나님의 계명이었다. 이는 하나님 나라가 하나님 말씀에 대한 순종을 조건으로 한다는 것을 말해 준다.

그런데 그 하나님 나라가 창세기 3장에 나오는 죄로 말미암아 파괴된다. 아담이 선악과를 따 먹는 불순종과 반역의 죄가 하나님 나라를 상실하게 하는 원인이다. 아담은 하나님의 통치, 즉 하나님의 하나님 되심을 거부하고 스스로 하나님이 되고자 하다가 사탄의 통치 아래로 굴러 떨어졌으며 죽음에 이르게 된다. 아담의 범죄 배후에는 인간의 교만과 탐욕을 부추기는 사탄이 존재하였다. 하나님 나라는 항상 사탄에 의해 공격을 받아 왔다. 그러나 사탄은 예수님의 초림 때 십자가와 부활 사건을 통해서 머리를 상하게 되며, 예수님의 재림 때 불 못에 던져지므로 심판에 이른다(계 20:3).

인간의 범죄에도 불구하고 하나님은 불붙는 사랑으로 충만했기에(호 11:8), 하나님 나라를 회복하시겠다고 약속하셨다. 성경은 이 하나님의 약속의 성취 과정이다. 구약성경은 하나님이 택한 백성 이스라엘을 통하여 하나님 나라를 이루고자 하시는 하나님 뜻의 반영이라고 할 수 있다. 하지만 하나님의 통치를 상속받아 대행했던 왕들은 이 하나님의 뜻을 실현하지 못하였다. 마침내 신약성경에 이르러 예수 그리스도를 통해서 하나님 나라가 완전하게 성취되었다. 예수님이 오심으로 하나님의 통치는 이미 실현되기 시작하여 미래의 완성을 향해 벌써 출범하였다.

복음서는 예수님의 초림을 통해 하나님 나라가 도래했음을 보여준다. 하나님 나라는 재림하실 예수님을 통해 완성될 것이다. 그런 점에서 하나님 나라는 "already~not yet"의 관점에서 이해할 수 있다. 예수님의 십자가와 부활 사건은 사탄이 패배했음을 결정해 주는 사건(Decision day, D-day)이다. 그러나 예수님의 재림 때에 비로소 사탄이 박멸되기 때문에 최후의 승리의 날이 된다(Victory day, V-day).

요한계시록은 예수 그리스도가 어떻게 사탄의 통치를 제압하고 하나님 나라를 완성하는가를 여러 가지 그림 언어들을 통해서 보여준다. 예수님은 전사로서 그의 교회를 군대 삼아 사탄의 세력에 대해서 거룩한 전쟁을 펼치신다. 교회는 물리적인 힘이 아니라 진리와 사랑으로 사탄의 세력과 싸워 승리한다. 죽임당하신 어린양 예수님은 부활하시어 하나님 보좌 우편에 앉아서 성도들을 돕고 사탄의 통치를 종식시키시고 하나님 나라를 완성해 가신다.

하나님 나라는 이미 가까이 있고 또 세상의 질서 속에 침투해 있다. 하지만 긴장 관계는 계속되고 있다. 가까이 임한 하나님 나라와 아직 실현되지 않는 하나님 나라 사이, 하나님의 능력과 가이사의 권세 사이, 전투하는 교회와 승리하는 교회 사이, 현재 들어갈 수 있는 하나님 나라와 아직 들어갈 수 없는 하나님 나라 사이의 긴장 관계이다. 그런 점에서 하나님 나라는 현재적 사실임과 동시에 미래적 사실이다. 하나님 나라는 현재 치열한 전투 속에서 승리를 맛보고 있으며, 또한 주님의 재림과 함께 최종적인 승리를 맛보게 될 것이다. 역사 속에서 하나님 나라와 하나님 나라 백성은 항상 박해와 고난을 받아 왔다. 그러나 그것들은 패배가 아니라 새 창조를 위한 해산의 고통일 뿐이다.

5. 하나님 나라와 죄 문제 해결

하나님의 통치에 있어서 죄 문제가 선결되어야 한다. 죄 문제의 해결 없이는 하나님 나라의 건설은 이루어질 수 없다. 구약에서 하나님은 짐승의 피 제사를 통해 죄 문제를 해결하고자 하셨다. 이것은 장차 하나님의 아들 예수님의 십자가 보혈을 통한 본질적인 죄 문제가 해결되는 것의 예표이다. 그런 점에서 구약에 나타난 이스라엘의 모든 역사는 예수 그리스도를 통해 이루어질 구원 역사의 모형이라고 할 수 있다.

예수님은 세상의 구속주이자 하나님 나라의 왕으로 오셨다. 그런데 예수님은 스스로를 낮추셔서 자신의 피를 지불하시고 사탄의 권세에서 우리 인간을 해방시키셨다. 예수님은 십자가의 피 제사를 통해 하나님의 진노를 푸시고 사탄의 세력으로부터 우리를 속량하셨다. 예수님의 십자가 죽음은 첫 사람 아담의 불순종을 만회하기 위한 순종의 표현이다. 창조의 역사를 이루셨던 하나님이 자기 아들의 생명을 지불하시고 죄인들을 새롭게 창조하신 역사는 이해하기 어려운 희생적 사랑이다(요 3:16).

하나님 나라는 자기를 내어주는 자기희생적 사랑(life giving spirit)을 통해 이루어지는 것임을 알 수 있다. 세상 왕들이 무력으로 세상을 정복하는 것과 달리 예수님은 자신의 생명을 십자가에 내주고 온 세상을 사셨다. 이로써 예수님은 사랑과 섬김으로 세상을 정복하신 것이다. 이것이 세상 나라와 하나님 나라가 다른 점이다. 창조주 하나님의 사랑만이 피조물의 모든 문제를 근본적으로 해결할 수 있다.

6. 하나님 나라 백성으로 사는 길

하나님 나라 백성은 예수 그리스도의 십자가와 부활로 완성된 복음을 굳게 붙들고 믿음으로 살아야 한다(롬 1:17). 우리가 예수님의 십자가와 부활을 믿는다는 것은 내 대신 죄에 대하여 죽고 부활하신 예수님과 연합되는 것이다(롬 6:4, 5). 그때 우리는 성령을 받아 하나님을 아버지라 부르며, 그의 풍성하신 신성에 참여하게 된다. 하나님 나라 백성은 지속적으로 하나님의 말씀을 따라 순종하며 살아야 한다.

인간이 아담처럼 교만해져서 스스로 하나님같이 되고자 하면 하나님의 풍성하신 생명을 잃어버리게 된다. 그러나 인간이 피조물로서 자기의 한계를 깊이 인정하고 하나님 의존적인 삶을 살 때 오히려 신령한 하나님의 은총을 맛보며 살 수 있다. 예수님처럼 순종과 자기를 내어주는 삶을 살 때 하늘의 신령한 복을 누리며 하나님 나라를 맛보며 살 수 있다. 이것은 역설적 진리이다.

하나님 나라의 백성은 한사코 죄를 피하고 옛 자아를 죽이고 억제하는 법을 배워야 한다. 죄의 유혹과 욕망이 들 때마다 주 예수 그리스도의 피가 나를 깨끗하게 함을 고백하고 보혈의 은혜를 붙들어야 한다. 요한일서 1장 7절은 “그 아들 예수의 피가 우리를 모든 죄에서 깨끗게 하실 것이요"라고 하였다. 예수님의 피가 죄를 해결하는 가장 탁월한 능력을 가진다.

또 죄의 유혹을 이기는 길은 우리의 옛사람이 예수님과 함께 십자가에 못 박혔다는 사실을 반복해서 확인해야 한다(갈 2장). 이로써 우리의 지체를 의의 병기로 드리고(롬 6장), 성령의 인도함을 받는 삶을 살기에 힘써야 한다(롬 8장, 갈 5장). 이로써 우리가 그리스도와 연합되어서(요 15장), 성령 충만한 삶(엡 5장)을 살 때 우리는 거룩한 하나님의 성전으로 살아갈 수 있다. 하나님 나라의 백성들은 예수님이 가신 순종과 자기 부인, 그리고 자기 십자가의 길을 가야 한다.

끊임없이 죄를 회개하고 말씀에 순종하는 삶을 통해서 우리 안에 하나님 나라가 성장되어 가는 감격 속에서 살아가는 것이 하나님 나라 백성의 삶이다. 하나님 나라의 실체가 바로 예수님이기 때문에 예수님을 믿고 그와 연합되어 한 몸을 이루면 우리 안에 하나님 나라가 이루어진다. 예수의 영이 우리를 충만하게 채울 때 우리는 하나님 나라를 체험하며, 죄로부터 자유로운 삶, 참된 행복과 기쁨이 넘치는 인생을 살 수 있다.

하나님 나라의 승리는 힘이나 권력에 의해서가 아니라 고난의 종 예수님의 자기희생을 통해서 이루어졌다. 때문에 하나님 나라의 백성도 반드시 고난의 십자가를 지고 고난을 통한 사명의 길을 가야 한다. 자기 부인과 자기 십자가의 고난은 누구도 본성적으로 좋아하지 않는다. 그러나 예수 그리스도를 닮고 부활의 생명을 덧입기 위해서는 반드시 자기 부인과 자기 십자가라는 고난의 길을 가야 한다.

십자가는 우리에게 있어서 항상 신비이자 걸림돌이다. 십자가는 부담스럽고 실패처럼 보이지만 실상은 하나님의 승리였다. 예수님이 십자가와 부활을 통해서 악의 세력을 이기셨다면, 우리도 십자가를 지고 고난의 길을 가야 한다. 그 길 끝에는 진정한 승리가 기다리고 있다. 하나님 나라의 백성은 그리스도의 고난에 동참하고 그의 죽으심에 참여함으로 그리스도의 영광스런 형상으로 날마다 변화되어야 한다.

하나님 나라의 백성은 막연하게 수동적으로 하나님 나라를 기다리는 자들이 아니다. 예수님이 조롱과 배척의 아픔에도 불구하고 자신의 십자가를 통해 이 땅의 모든 권세를 이기고 승리하신 것처럼, 우리도 불같은 시련 속에서 적극적으로 십자가를 짐으로써 그의 승리에 동참해야 한다. 우리는 고난을 통해서 옛사람을 벗어버리고 속사람이 점점 새로워지는 영광을 체험하게 된다. 이것이 성화의 신비이다.

제1부

구약성경

1. 창세기:
하나님 나라의 시작

네 사건(1-11장)

1. 천지 창조(창조)
2. 에덴동산
3. 선악과(타락)
4. 가인과 아벨
5. 아담의 계보
6. 노아 방주(재창조)
7. 대홍수
8. 노아 제단
9. 무지개 언약
10. 노아 후손
11. 바벨탑(재타락)

네 사람(12-50장)

아브라함 - 부르심, 칭의
12. 아브람 출발
13. 롯과 이별
14. 롯 구출
15. 뭇별을 보라
16. 이스마엘 출생
17. 아브라함으로 개명
18. 세 사람 방문
19. 소돔 멸망
20. 그랄의 실수
21. 이삭 출생
22. 이삭 번제
23. 사라 죽음

이삭 - 중생
24. 이삭 결혼
25. 야곱, 에서 출생
26. 우물 파기
27. 야곱을 축복

야곱 - 성화
28. 벧엘 사닥다리
29. 레아와 라헬
30. 아들 낳기 경쟁
31. 집으로
32. 얍복 강 씨름
33. 에서와 만남
34. 세겜, 디나 사건
35. 벧엘로 올라감
36. 에서의 후손들

요셉 - 영화
37. 꿈꾸는 자
38. 유다와 다말
39. 요셉과 보디발 아내
40. 두 사람 꿈 해석
41. 바로 꿈 해석
42. 시므온 결박
43. 베냐민 애굽으로
44. 베냐민 결박
45. 요셉, 정체 밝힘
46. 야곱, 애굽으로
47. 요셉 통치력
48. 에브라임과 므낫세
49. 열두 아들 축복
50. 요셉, 형들 위로

요절, 창세기 12:2 "내가 너로 큰 민족을 이루고 네게 복을 주어 네 이름을 창대하게 하리니 너는 복이 될지라."

창세기는 전반부(1-11장, 원 역사)와 후반부(12-50장, 족장들의 역사)로 나누어진다. 전반부, 원 역사는 본래 하나님이 어떻게 하나님 나라를 건설하셨으며, 그 하나님 나라가 왜 상실되었는가에 대해서 창조, 타락, 재창조, 재타락의 사이클을 그리며 보여준다. 후반부, 족장들의 역사에서는 하나님 나라를 회복하기 위해서 하나님이 한 사람을 택하시고, 그와 그 가족들을 하나님 나라의 모판으로 준비하시는 과정을 보여준다. 아브라함으로부터 시작된 구원 역사는 그 자손들에게로 내려가면서 점점 그 믿음이 성장해 가는 것을 보게 된다.

창세기 1장은 하나님의 말씀과 그것에 순종하는 우주 만물을 보여줌으로써 하나님 나라가 시작되었음을 선포한다. 하나님 나라는 하나님의 명령이 아무런 방해도 받지 않고 그대로 성취되는 영역이다. 하나님의 창조 사역의 백미는 단연 하나님의 형상을 따라 창조된 인간이다. 사랑의 하나님은 당신의 사랑을 나누며 교제할 존재로 우리 인간을 창조하셨다. 하나님은 인간이 하나님을 하나님으로 섬기며 하나님과 교제하며 하나님의 통치에 순종하는 삶을 살기를 원하셨다. 하나님은 인간이 하나님의 통치를 받으며 완벽한 조건 속에서 살도록 에덴동산을 창설하셨다.

창세기 2장에 나오는 에덴동산은 하나님 나라의 원형이라고 볼 수 있다. 2장 16, 17절 말씀은 하나님 나라를 보존하기 위한 언약의 말씀이다. 하나님과 인간의 최초의 언약은 행위 언약이었다. 그러나 아담의 범죄로 말미암아 이 언약이 파기되었고 하나님 나라를 상실하게 되었다. 그러나 3장 15절 말씀을 통해서 은혜 언약에 대한 소망을 보여주신다. 그 언약이 마침내 예수님의 오심을 통해 성취되는데, 구약은 이를 향해서 나아가고 있다고 볼 수 있다.

창세기가 하나님 나라의 시작이요, 요한계시록이 하나님 나라의 완성이라는 측면에서 볼 때 창세기와 요한계시록은 병행을 이루고 있는 것을 알 수 있다. 특히 창세기 1, 2장과 요한계시록의 21, 22장은 유사성과 대조점을 보여준다. 또한 창세기 3장은 사탄의 침입을, 요한계시록 20장은 사탄의 멸망을 보여준다. 성경의 첫 세 장과 성경의 마지막 세 장이 병행을 이룬다는 측면에서 성경은 한 권의 책으로 이해될 수 있다. 또한 창세기와 요한계시록은 세계의 전 역사를 감싸고 있다고 할 수 있을 것이다.

• 창세기 1, 2장과 요한계시록 21, 22장의 유사점

	창세기	요한계시록
새로운 시작과 질서	천지를 창조하시니라(1:1)	만물을 새롭게 하노라(21:5)
생명나무	동산 가운데 생명나무를 두시니라(2:9)	강 좌우에 생명나무가 있어(22:2)
생수의 강	강이 에덴에서 나와 동산을 적시고(2:10)	수정같이 맑은 생명수의 강(22:1)
아름다운 보석	금은 보석, 베델리엄과 호마노(2:11, 12)	12가지 보석과 진주(21:19-21)
낙원	에덴에 동산을 창설하시고(2:8)	하늘로부터 거룩한 성 예루살렘이 내려오나니(21:10)

• 창세기 1, 2장과 요한계시록 21, 22장의 대조점

창세기	요한계시록
에덴의 폐쇄(3:23)	낙원의 개방(21:25, 성문을 닫지 아니하리니)
저주의 선포(3:17)	저주의 제거(22:3, 다시는 저주가 없으며)
생명나무 접근 불능 (3:24, 생명나무 길을 지킴)	생명나무 접근 가능 (22:14, 생명나무에 나아감)
선악과가 존재함(2:17)	선악과가 없음(22:2)
죽음의 시작 (3:19, 흙으로 돌아가라)	죽음의 종결 (21:4, 다시는 사망이 없고)
사탄의 일시적 승리 (3:6, 선악과를 따먹고)	사탄의 멸망 (20:10, 마귀가 불 못에 던져짐)
하나님과 교제 단절 (3:8, 나무 뒤에 숨음)	하나님과 교제 회복 (21:3, 하나님의 장막이 사람들과 함께 있으니)

창세기의 에덴과 요한계시록의 새 하늘과 새 땅의 가장 큰 차이는 선악과의 유무, 사탄의 유무이다. 하나님 나라가 완성되는 새 하늘과 새 땅에는 사탄이 멸망당하고 선악과가 없다. 이를 볼 때 하나님 나라가 완성되기까지 지상의 하나님 나라에서 가장 주목해야 할 것은 사탄의 유혹과 침입이다. 하나님 나라가 유지되기 위해서는 항상 사탄을 경계해야 한다.

창세기가 하나님 나라의 기초석이라고 한다면, 요한계시록은 하나님 나라를 완성하는 지붕이라고 할 수 있을 것이다. 그 중간의 책들 속에 기록된 많은 사건들은 하나님 나라를 완성해 가시는 하나님의 주권적인 사역이다. 이런 점에서 성경은 한 권의 책으로 이해할 수 있을 것이다.

1. 네 사건

1) 천지 창조(1, 2장)

1, 2장에서 반복되는 주어는 하나님이다. 하나님이 모든 것을 창조하시고 주권적으로 다스리시는 왕이다. 고대인들은 태양, 우주, 바다, 산 등을 신적인 존재로 생각했다. 그러나 창세기 1, 2장은 이 모든 것들이 다 하나님의 피조물이고, 하나님의 말씀에 순종해서 만들어진 존재라는 것을 분명히 말해 준다. 하나님 나라는 하나님의 왕 되심을 인정하고, 그의 주권 앞에 순종하는 것을 전제로 한다. 성경 전체를 보아도 하나님께 순종할 때 하나님 나라가 이뤄졌고, 불순종할 때 하나님 나라를 상실했다. 인간은 하나님에 의해서 하나님의 형상을 따라 피조된 인격체이다.

때문에 하나님은 인간에게 다른 피조물보다 우월한 특성과 자유를 부여하셨다. 인간은 하나님을 대신해서 만물을 왕으로 다스리는 대리자요 대행자이다. 그런 점에서 인간은 하나님의 창조의 면류관이다. 그러나 인간은 어디까지나 흙(땅의 먼지)으로 만들어진 피조물이기 때문에 신격화, 우상화되어서는 안 된다. 하나님으로부터 오는 생명의 숨결이 없다면 인간은 그저 먼지에 불과한 허무의 존재이다. 인간은 하나님의 피조물이지만 영광스러운 파트너로서, 하나님과 대화하며 하나님이 주신 사명을 감당하는 책임 있는 삶을 살아야 한다.

하나님은 인생들을 복 주기 원하시며, 그 증거로 에덴동산을 창설하셨다. 에덴동산은 첫 사람이 하나님을 예배했던 최초의 성전 원형이다. 이 동산은 후에 나타날 성막과 성전과 같이 하나님이 임재하시는 처소였다. 하나님은 인간을 일하는 존재로 창조하셨다(2:15). '경작하다'의 원어는 '아바드'로서 '일하다', '예배드리다'는 의미가 있다. 인간은 일하는 존재요, 하나님을 예배드리는 존재로 창조되었다. 에덴동산의 풍성한 과일들과 생수, 생명나무, 아름다운 보석들은 결혼 이미지로서 하나님의 인생들을 향한 사랑을 표현해 준다.

그러나 그 축복은 하나님의 말씀에 순종할 때만 유지될 수 있다. 하나님은 하나님과 인간의 질서를 분명히 하시기 위해 에덴동산 중앙에 선악과를 두셨다(2:16, 17). 하나님은 모든 것을 선하게 지으셨고 아담은 선한 것 외에는 알지 못하였다. 하나님이 선악과를 두신 것은 아담을 악으로부터 지켜 보호하기 위함이셨다.

인간이 비록 에덴동산에 왕적 존재로 살고 있지만 선악과를 통해서 우주의 진정한 왕은 하나님이시라는 것을 깨닫게 해주었다. 인간이 비록 모든 생물의 이름을 짓는 만물의 영장이지만 왕이신 하나님 앞에서는 그의 계명을 지키고 예배드려야 하는 피조물임을 잊지 말아야 한다. 또한 인간은 하나님이 허락하신 돕는 배필의 조력이 절실히 필요한 존재이다. 그런 점에서 결혼은 하나님이 베푸신 크나 큰 축복이다.

2) 타락(3-5장)

에덴동산의 침입자인 뱀이 등장하는데 그는 하나님의 대적인 사탄의 도구이다. 사탄은 자기 지위를 지키지 않고, 떠난 천사로서(유 1:6), 교만에 사로잡혀 하나님께 반역하였다가 추방되었다(사 14:12-14). 사탄은 인간으로 하여금 하나님의 왕 되심을 거부하고, 스스로 왕이 되어 하나님께 도전하도록 부추긴다. 이때 아담은 하나님의 말씀을 듣지 않고, 사탄의 음성을 듣고 선악과를 따먹음으로써 죄를 범하고, 에덴에서 쫓겨나게 된다. 아담은 하나님이 주신 자유를 하나님께 대적하고 불순종하는 데 사용하였다. 그 결과 하나님 나라를 상실하게 된다.

아담이 사탄의 말에 순종함으로써 하나님 나라 대신 사탄이 자신의 나라를 세우도록 허용하고 말았다. 이 땅에 하나님 나라를 건설하고자 하셨던 하나님의 계획은 사탄의 도전을 받게 되었다. 범죄한 인간은 하나님, 자기 자신, 이웃, 그리고 자연과의 관계가 다 파괴됨으로 평화를 상실하게 된다. 인간이 범죄했지만 하나님은 바로 심판하지 않으시고, '네가 어디 있느냐' 말씀하시며 찾아오셨다(3:9). 인간은 하나님을 대적하고 반역하였지만, 하나님은 인간이 회개하도록 아픈 가슴을 안고 아버지의 마음으로 찾아오셨다.

하나님은 뱀을 저주하시고, 여자의 후손, 즉 예수 그리스도를 통해서 하나님 나라를 회복하실 소망을 주셨다(3:15). 사탄은 결국 심판을 받을 것이며, 하나님 나라가 세워지게 될 것이다. 그런 점에서 창세기 3장 15절은 원복음이라고 할 수 있다. 하나님은 인간이

스스로를 숨기기 위해 사용했던 무화과 잎 대신 짐승의 피를 흘린 후에 만들어진 가죽옷을 지어 입히심으로 은혜와 자비를 보여주셨다.

하나님을 떠난 인간은 스스로 왕이 되어서 힘을 키우고자 한다. 가인은 에덴의 동쪽으로 가서 성을 쌓는다. 가인은 동생 아벨을 돌로 쳐 죽인다(4:8). 라멕은 일부다처를 시작하며, 사소한 일로 소년을 죽인다. 하나님을 떠난 인간 세상은 힘의 논리가 지배한다. 형제를 살해하며 죄는 갈수록 증대된다. 그러나 악한 세상 속에서도 하나님 나라의 계보는 계속된다(5장). 셋, 그리고 하나님과 동행한 에녹, 하나님 말씀을 준행하는 노아가 그들이다.

3) 재창조(6-9장)

하나님의 영이 떠나 육체가 되어 버린 인간은 하나님의 한탄과 근심의 대상이 되었다. 결국 하나님의 무서운 심판을 받는다. 오직 하나님의 말씀에 따라 방주를 만들고, 거기에 들어간 노아와 그 가족만 하나님의 은혜로 구원을 받는다(7:7). 노아의 방주는 부분적인 하나님 나라이다. 요한계시록 22장에서 하나님 나라가 완전하게 이루어지기까지 부분적으로 하나님 나라가 이루어지는 곳은 성막(출애굽기), 성전(열왕기), 예수님(복음서), 교회(사도행전) 등이다.

하나님 나라에 들어가는 축복은 하나님의 언약의 말씀을 믿고 순종하는 자에게 임한다. 노아는 하나님의 방향에 다 준행했다. 홍수 심판으로 말미암아 코에 생명 있는 것들이 다 죽었지만 오직 노아와 그 가족들만 살아남았다(7:5, 22). 노아가 하나님 나라를 경험할 수 있었던 이유는 순종 때문이었다. 홍수 사건은 죄악된 자아가 죽고 그리스도 안에서 중생하게 되는 세례적 의미가 있다(벧전 3:21).

하나님은 다시는 홍수로 심판하지 않으시겠다는 의미로 노아와 언약을 맺으신다. 그 증거로 무지개를 보여주셨다(9:13). 무지개는 '케쉐트' 로서 '활' 이라는 뜻으로, 하나님 심판의 도구적 의미가 있다. 그러나 그 활을 하늘에 걸어 두심으로써 인간을 향한 용서와 화해의 메시지를 전해 주셨다. 하나님은 언약의 증거로 그림 언어를 사용하신다. 노아에게는 무지개를, 아브라함에게는 뭇별을 보여주셨다(15:5). 야곱에게는 사닥다리 환상을(28:12), 요셉에게는 해, 달, 별을 보여주셨다(37:9). 이런 그림 언어를 통해서 믿음의 조상들에게 언약을 각인시켜 주셨다.

4) 재타락(11장)

아담, 가인, 라멕, 네피림, 니므롯을 통해서 흘러 내려오는 인간의 교만의 역사는 바벨탑을 쌓는 데서 정점으로 나타난다. 인간의 힘의 극대화가 결국 바벨탑 사건으로 나타난다. 하나님 없이 인간 스스로 잘살아 보겠다는 교만의 표출이다. 이 계획은 하나님 나라를 거부하고 인간 중심의 제국을 건설하고자 하는 발로이다. 역사 속에서도 앗수르, 바벨론, 바사, 헬라, 로마제국 등을 통해 영웅들이 인간의 힘을 과시하고자 했다. 인간의 힘의 극대화는 하나님을 대적하는 것으로 나타나고, 스스로 높아져 하나님과 같이 되고자 한다.

창세기 3장(선악과 사건)에 나타난 하나님의 권위에 대한 도전이 11장(바벨탑 사건)에서 다시 재현된다. '바벨'은 '흩으신다'는 뜻이다. 인간이 힘을 극대화하고자 하여도 결국 하나님이 흩으신다. 성경 속에서 바벨과 바벨론은 항상 하나님을 대적하는 인본주의의 상징으로 나타나고, 하나님은 이를 망하게 하신다(사 47장, 계 18장). 이런 하나님의 징계로부터 구원을 받기 위해서는 바벨론(갈대아)에서 빠져 나와야 한다.

2. 네 사람

창조(1장), 타락(3장), 재창조(6장), 재타락(11장)이 창세기 전반부에 사이클을 이룬다. 이는 인간의 교만과 불순종, 악함 때문이다. 그러나 하나님은 포기하지 않고 끊임없이 새 창조 역사를 이루어 가신다. 이것은 하나님 나라 건설을 위한 하나님의 열심이다. 이제 하나님은 한 사람을 통해 이 일을 시작하고자 작정하신다.

1) 아브라함, 믿음과 순종의 사람(12-23장)

하나님은 아브람을 복의 근원으로 불러 주셨다(12:2). 하나님이 아브람과 맺은 언약은 '내가 네게 복을 주리라'는 일방적인 약속으로부터 시작된다. 75세의 할아버지 아브람을 통해서 이루고자 하시는 하나님 나라는 인간의 힘의 극대화를 통해 이루고자 하는 바벨탑의 나라와 대조가 된다. 인간적으로 잘난 것이 없고 소망이 없어 보이는 아브람 한 사람을 통해 천하 만민을 구원하고자 하는 것이 하나님의 구원 역사 방법이다.

하나님이 아브람을 부르신 것은 아브람 한 사람만 구원하고 복 주시려 함이 아니다. 아담의 범죄로 말미암아 멀어진 하나님과 인간의 간극을 좁히고 하나님의 창조 질서를 회복하기 위함이다. 아브람 한 사람을 통해서 하나님 나라를 새롭게 시작하고자 하셨다는 점에서 아브람을 부르신 것은 새 창조 행위라고 볼 수 있다. 아브람은 하나님의 말씀을 믿고 그 방향에 순종한다.

물론 아브람의 믿음이 처음부터 완벽했던 것은 아니었다. 언약의 성취가 늦어지자 상속자를 다메섹 사람 엘리에셀로 세우고자 하기도 하였다. 그러나 하나님은 뭇별의 환상을 보여주셨다(15:5). 인간사의 좁은 영역에서 벗어나 하나님의 우주적인 마인드를 가지라는 것이다. 하나님은 횃불이 쪼갠 고기 사이로 지나가는 것을 보여주심으로써 다시 한 번 언약을 확인시켜 주셨다(15:17). 본래 언약은 당사자가 같이 쪼갠 고기 사이를 걸어가야 성립되는데, 하나님은 홀로 걸어가심으로써 하나님이 자기 목숨을 걸고 반드시 언약을 지키시겠다는 일방적인 선언을 하셨다.

하나님이 쪼개신 동물이 피를 흘리듯이, 장차 하나님의 아들 예수님은 십자가에서 자신의 몸이 쪼개져 피를 흘림으로 우리를 향한 구원의 약속을 성취하신다. 하나님은 이스마엘에게 만족하며 현실과 타협하고 있는 아브람을 책망하시고, 전능하신 하나님을 믿도록 촉구하셨다. 그의 이름도 '열국의 아비' 라는 뜻의 '아브라함' 으로 고쳐 주시고, 할례를 행하도록 하셨다(17장). 아브라함이 하나님의 약속을 믿고 순종했을 때 마침내 백 세에 아들 이삭을 얻게 된다(21장).

아브라함이 믿음의 조상이 되고 새 에덴 건설의 주인공이 된 것은 그가 순간순간 하나님의 말씀을 믿고 순종했기 때문이다. 인류의 조상 아담의 불순종으로 말미암아 대적(사탄)에게 빼앗겼던 성문을 믿음의 조상 아브라함의 순종으로 말미암아 회복하게 된다(22:17). 아담은 하나님같이 되고자 하는 자기 욕망의 극대화의 표시로 선악과를 따 먹었다. 그러나 아브라함은 하나님의 뜻에 순종하기 위해서 가장 소중한 독자까지 내어놓았다. 아담에게 실망하셨던 하나님은 아브라함에게서 큰 감동을 받으시고 구원의 언약을 주신다. 독자를 제단에 바치는 아브라함의 헌신은 독생자를 십자가에 내어주는 하나님의 자기희생적 사랑의 예표이다.

아들을 제물로 바치고자 올라갔던 아브라함의 모리아 길은 자신의 생명을 희생하고자 예수님이 오르셨던 골고다 길과 병행을 이룬다. 모리아 길과 골고다 길은 인간이 경험할 수 있는 가장 고통스러운 길이다. 그러나 역설적으로 그 길이 바로 하나님의 축복을 받는 길이요, 부활에 이르는 길이다. 하나님 나라의 회복은 자신의 가장 귀한 것을 내어놓는 자기희생적 사랑(life-giving spirit)을 통해 이루어진다.

2) 이삭, 예수님의 그림자(24-26장)

이삭은 예수님을 예표한다. 둘 다 불가능한 가운데 태어난다. 이삭은 경수가 끊어진 어머니 사라를 통해서 태어나고, 예수님은 아직 결혼하지 않은 처녀 마리아를 통해서 태어나신다. 그리고 둘 다 제단에 바쳐진다. 이삭은 나무 제단에, 예수님은 십자가 제단에 바쳐진다. 또한 둘 다 절대적으로 순종한다. 이삭이 제단에 바쳐지고자 했던 모리아 산에는 후에 솔로몬 성전이 세워진다. 그리고 후에 예수 그리스도께서 인류의 죄를 대속하기 위해서 십자가에 못 박혀 죽으시는 골고다 언덕과 근접한다.

이삭은 결혼도 자신의 뜻을 주장하지 않고 하나님의 인도하심을 따라 믿음의 여인 리브가와 가정을 이룸으로 큰 축복을 받는다(24장). 아버지 아브라함을 통해서 믿음과 순종을 배운 이삭은 기근으로 인한 위기 가운데서도 하나님의 약속을 믿고 약속의 땅에 거한다. 이로 인해 백 배의 축복을 받는다. 블레셋 사람들의 시기를 받아서 분쟁이 일어나지만 그는 양보함으로 하나님의 풍성한 복을 받는다(26장). 아비멜렉은 화평의 조약을 먼저 제안해 오며, 이삭이 여호와께 복을 받은 자임을 깊이 인정한다. 이삭은 말없이 하나님의 뜻에 순종하고, 묵묵히 우물을 파 상속자로서 복을 누리는 징검다리가 된다.

3) 야곱, 열 두 지파의 아버지(28-36장)

야곱은 하나님의 주권적 은혜로 믿음의 계승자로 선택을 받았다(25:23). 그러나 그의 내면은 거친 광석과 같아서 하나님께 쓰임받기 위해서는 많은 훈련을 받아야 했다. 아버지 이삭을 속이고 장자권을 빼앗은 야곱은 무서운 형 에서를 피해 도망가다가 벧엘에서 하늘 사다리 환상을 보게 된다(28:12). 그는 이곳이 하나님의 집, 하늘의 문이라 고백한다(28:17). 달리 말하면 이곳이 하나님 나라임을 고백한 것이나.

그는 그곳에서 하나님과 교제를 나눈다. 하나님과의 교제가 이뤄지는 곳이 곧 하나님 나라이다. 그는 그곳에 기둥을 쌓고 하나님께 서원을 한다. 밧단아람에서 야곱은 네 명의 아내들, 그리고 외삼촌 라반, 그리고 외삼촌의 아들들과 무수한 인간 갈등을 겪는다. 이런 정신없는 인간 갈등 속에서도 하나님은 야곱을 빚어 가셨다.

야곱은 20년의 밧단아람 생활을 마치고 많은 식솔과 짐승들을 이끌고 고향으로 돌아온다. 그러나 얍복 강 앞에서 다시 한 번 하나님의 철저한 훈련을 받게 된다. 하나님의 사자는 그의 환도뼈를 깨고 그의 이름을 '야곱'에서 '이스라엘'로 바꿔 주신다(32장). 하나님은 속이는 자인 그의 인간적 자아를 깨시고 여호와의 방백으로 번화시켜 주신 것이다. 야곱은 이곳에서 하나님의 얼굴을 뵙게 되는 은혜(브니엘)를 체험한다.

그는 이때 벧엘로 가야 했지만, 세겜으로 갔다가 딸 디나가 강간을 당하고 두 아들 레위와 시므온이 세겜 사람들을 죽이는 큰 사건을 겪게 된다(34장). 이로 말미암아 그는 모든 세상적인 것들을 땅에 묻고 벧엘로 올라가서 새 출발을 하게 된다. 결국 야곱의 신앙은 벧엘(28장)에서 시작해서 다시 벧엘(35장)로 돌아온다. 이때 하나님은 다시 한 번 야곱의 이름을 이스라엘로 바꿔 주시고, 12지파의 아버지로서 하나님 나라 백성의 기초를 놓도록 도와주신다.

4) 요셉, 고난을 섭리로 승화시킨 사람(37-50장)

하나님은 요셉에게 꿈을 주셔서 지도자로 키워 가신다(37장). 그러나 그가 지도자가 되기 위해서 치러야 할 고난의 대가는 큰 것이었다. 형들에게 버림받고 애굽에 노예로 팔려간다. 애굽에서도 요셉은 보디발의 아내의 유혹을 물리쳤다가 오해를 받고 감옥으로 간다(39장). 그의 인생은 꿈과 정반대 길로 가는 것처럼 보였다. 그러나 실상은 그 길이 애굽의 총리가 되는 데 가장 빠른 지름길이었다.

하나님은 그를 시련 속에서 연단하시고 이스라엘 백성들의 척후병으로 애굽으로 보내셔서 애굽의 땅을 예비하게 하셨다. 요셉은 보디발의 집과 왕의 죄수들의 감옥에서 애굽의 엘리트들을 접촉함으로 애굽에 대해서 배우고, 장차 총리로서 필요한 자질을 갖추는 기회가 되었다. 그는 감옥에서 관원장들의 꿈을 해석해 준 것이 계기가 되어 바로의 꿈을 정확하게 해석해 줌으로 마침내 애굽의 총리가 된다(41장). 하나님이 주신 꿈대로 된 것이다.

꿈을 통해서 요셉에게 자기를 계시하신 하나님은 감옥에 있는 관원장들에게도 꿈을 통해 역사하셔서 요셉의 진가를 발휘하게 하신다. 그리고 바로마저도 꿈을 통해 요셉을 필요하게 하시고 그를 총리로 세우게 하신다. 이는 개인과 민족의 역사를 주관하시는 분이 하나님이심을 말해 준다. 한편 이 과정 속에서 야곱과 요셉, 그리고 요셉의 형들은 철저한 훈련을 받게 된다. 이 훈련의 과정은 결국 이들이 하나님 나라 백성의 조상으로 빚어지기 위한 훈련의 과정이었다. 요셉의 인생은 고난을 통해서 하나님 나라가 성취되어 간다는 교훈을 가르쳐 준다.

야곱의 자손 70명이 애굽의 고센 땅에 정착하게 된다. 아브라함으로부터 시작된 하나님 나라 백성의 계획이 이삭, 야곱, 요셉에 이어 애굽에 들어온 400년 후에는 200만 명이 된다. 그런 점에서 애굽은 이스라엘 백성들을 위한 인큐베이터였던 셈이다. 요셉을 애굽에 먼저 보내 환경을 예비하시고, 400년 뒤 모세를 통해 출애굽을 시키신 하나님의 뜻은 놀랍게 성취된다.

창세기 12-50장은 한 사람에서 시작한 하나님 나라가 어떻게 발전되고 성숙되어 가는지를 잘 보여준다. 특히 아브라함에게 주셨던 땅에 대한 약속을 성취해 나가시는 하나님을 볼 때, 이 땅 위에 하나님 나라를 건설하고자 하시는 하나님의 계획이 분명함을 알 수 있다.

2. 출애굽기:
하나님 나라 백성의 구원

애굽에서 빠져 나옴

1. 압제받는 이스라엘	7. 피 재앙	13. 애굽 나옴
2. 모세 출생	8. 개구리, 이, 파리 재앙	14. 홍해 도하
3. 모세 부르심	9. 악질, 종기, 우박 재앙	15. 모세, 미리암 노래
4. 모세에게 보인 이적	10. 메뚜기, 흑암 재앙	16. 만나와 메추라기
5. 내 백성 내보내라	11. 장자 재앙	17. 르비딤 전투
6. 가혹한 노역	12. 유월절	18. 이드로 조언

언약 체결

19. 시내 산 언약	21. 종에 관한 규례	23. 3대 절기
20. 십계명	22. 재산에 관한 규례	24. 언약의 잔치

성막 제작

25. 성막(언약궤)	31. 브살렐, 오홀리압	37. 성막 기구
26. 성막(본체)	32. 금송아지 사건	38. 번제단, 물두멍
27. 성막(번제단)	33. 모세의 중보 기도	39. 제사장의 복장
28. 제사장의 예복	34. 새로운 두 돌판	40. 여호와의 임재
29. 제사장 위임식	35. 성막 재료	
30. 성막(분향단)	36. 성막 착공	

요절, 출애굽기 19:6 "너희가 내게 대하여 제사장 나라가 되며 거룩한 백성이 되리라 너는 이 말을 이스라엘 자손에게 전할지니라."

출애굽기는 창세기에서 시작된 구속 역사의 계속으로서, 가나안에 있던 야곱의 자손 70명이 어떻게 애굽으로 이동하여 200만 명으로 증가하였으며, 마침내 애굽을 탈출하게 되는가를 말해 준다. 출애굽기의 전반부는 하나님이 하나님 나라 건설을 위해 어떻게 당신의 택한 백성을 구원하셨는가에 대한 내용을 말해 준다(1-18장). 후반부는 구원받은 하나님 나라 백성들을 어떻게 키우기 원하시는가에 대한 하나님의 소망을 말해 준다(19-40장).

출애굽기는 유월절 사건을 통한 구속 사건과 시내 산에서 하나님이 이스라엘 백성들과 언약을 맺으시는 사건이 두 기둥을 형성하고 있다. 전반부의 구속 사건을 통해서 하나님은 이 땅의 최대 강국인 애굽 제국뿐 아니라 세상의 모든 신들을 무력화하고 제압하시는 가장 뛰어난 유일신임을 드러내고 있다. 또한 그처럼 뛰어난 하나님이 노예 백성을 택하셔서 만민의 본이 되는 제사장 나라로 키우신다는 점에서 하나님의 깊은 사랑을 보여준다.

창세기에서 믿음의 조상 한 사람, 그리고 한 가문으로 시작한 하나님 나라가 출애굽기에 와서 한 민족으로 발전한다. 하나님은 민족이 된 이스라엘을 구원하시고, 그들 가운데 임재하시고, 키워 가신다. 이 과정에서 하나님은 중보자적인 모세를 세우셨다. 또한 십계명과 율법을 주셨고, 제사법을 가르치셨고, 성막을 짓게 하셨다. 이것은 장차 신약 시대에 예수님을 통해 이루실 구원 사역의 예표라고 할 수 있다.

1. 애굽을 빠져 나옴(1-18장)

하나님은 출애굽의 지도자로서 모세를 준비시키신다. 40년의 궁중 생활과 40년의 광야 생활을 통해 그를 키우시고 연단하신다.

40년의 궁중 생활 동안 모세는 수준 높은 교육을 받음으로써 장차 거대한 이스라엘 민족을 이끌어 나갈 영적 통찰력과 리더십을 키울 수 있었다. 또한 40년 광야 생활 동안 그의 몸에 배어 있던 애굽적 가치관과 높은 마음을 제거하는 훈련을 받게 되었다. 그가 80세가 되었을 때 하나님은 그를 부르시고 바로 앞에 세우신다(3장).

그러나 바로의 저항은 끈질기다. 결국 10번의 재앙을 통해 하나님은 애굽의 신들을 치시고 바로를 굴복시키시고 출애굽의 역사를 이루신다(7-12장). 유월절 사건은 하나님의 심판의 무서움을 말해준다. 이스라엘 백성들도 애굽 백성과 다를 바 없다. 다 죄로 말미암아 심판을 받아야 마땅하다. 그러나 어린양의 피 때문에 심판에서 구원을 얻게 되었다. 우리도 아무 자격이 없지만 유월절 어린양 예수님의 보혈 때문에 순전히 은혜로 구원을 받게 되었다.

하나님은 이스라엘을 '여호와의 군대'로 부르신다(12:41). 아브라함이 이삭을 제물로 바치고자 했을 때 하나님은 '네 대적의 문을 얻으리라'고 약속하셨다(창 22:17). 아브라함의 순종으로 말미암아 대적 마귀 사탄을 무찌를 여호와의 군대로 택함 받은 이스라엘 백성들이 본격적으로 사탄으로 묘사되는 바로와 전투를 벌이게 된 것이다. 그러나 이 전쟁은 엄밀히 말해서 하나님이 대장이 되셔서 앞서 싸우시는 여호와의 전쟁이다(14:13, 14). 이스라엘은 단지 하나님을 믿고 순종하기만 하면 승리할 수 있다.

9번째 흑암 재앙은 애굽인들이 가장 애써 섬기는 태양을 치신 사건이다. 마지막 장자 재앙을 통해 바로를 굴복시키신다. 이때 이스라엘 백성들은 문설주에 양의 피를 바르도록 하신다. 이것은 후에 신약 시대에 예수님의 피를 믿을 때 구원을 받게 된다는 구원의 예표가 된다. 출애굽은 이스라엘 백성들의 힘이 아니라 하나님의 권능으로 이루어진다. 애굽의 병사들이 다시 쫓아오지만 하나님은 이들을 다 홍해 바다에 수장시키신다(14장). 집요한 사탄을 물리치신 것이다.

홍해 사건은 하나님이 우리를 위해 싸우신다는 메시지를 심어준다. 모세가 단지 하나님의 방향에 순종해서 지팡이를 들어 손을 내밀었을 때 홍해 바다가 마른땅이 되고 좌우 벽이 생겨서 이스라엘 백성들은 홍해를 건너게 된다. 홍해 바다가 열리는 기적의 역사는 순종의 결과였다. 하나님 나라는 순종을 통해 이루어진다. 또한 홍해 사건은 이스라엘 백성들이 과거의 애굽적 자아가 죽고 다시 태어나는 세례적 의미를 담고 있다(고전 10:2).

이스라엘 백성들은 광야 길을 가다가 먹을 것이 없으므로 불평한다. 과거를 그리워했다. 그들은 몸은 출애굽했지만 정신적, 영적 출애굽이 필요했다. 육신의 출애굽은 불과 며칠이면 되었지만 영적 출애굽을 위해서는 광야 40년의 훈련이 필요했다. 하나님은 이 40년 동안 만나로 먹이셨다. 40년 동안 해어지지 않는 옷과 신발을 하나님이 주셨다(16장).

모든 삶의 주관자는 이방 종교와 같이 우상이 아니라 여호와 하나님이심을 알려주신 것이다. 아말렉과의 전투에서도 모세가 손을 들고 기도할 때 승리를 주셨다(17장). 인생의 승패도 하나님께 달려 있음을 가르쳐 주셨다. 이드로의 방문과 조언을 통해 모세로 하여금 함께 일하는 법을 가르쳐 주신다(18장). 하나님 나라는 혼자의 힘으로 되지 않고 동역으로 이루어진다.

2. 제사장 나라로서 언약 체결(19-24장)

하나님은 이스라엘 백성들을 시내 산으로 데리고 올라가셔서 언약을 맺으신다. 19장 5, 6절은 시내 산 언약이다. 하나님은 아담 언약(선악과), 노아 언약(방주), 아브라함 언약(복의 근원)을 통해 개인과 언약을 맺으셨다. 그러나 이제 한 민족과 언약을 맺으신다. 다른 백성과 구별된 세상에서 가장 탁월한 백성이요, 하나님과 교통하는 제사장 나라로 삼겠다고 약속하신다. 이때 이스라엘 백성들은 다 순종하겠다고 고백한다. 이 언약으로 구약 교회가 탄생하고, 하나님이 신랑이 되시고 이스라엘이 신부 되는 영적 연합(결혼)이 이루어진다. 19장 5, 6절은 창세기 2장 16, 17절 말씀의 회복이요, 창세기 12장 2절 약속의 발전으로서, 하나님의 이스라엘을 향한 소망이 담긴 주례사라고 볼 수 있다.

하나님과 이스라엘 백성의 지속적인 사랑의 연합을 위해서 필요한 구체적인 시행 규칙을 위해 십계명이 주어진다(20장). 십계명은 인간이 맹목적으로 순종해야 하는 딱딱한 계명이 아니다. 계명은 또한 구원을 위한 조건이 아니다. 바로의 손에서 구원해 주신 하나님의 은혜에 대한 감사의 응답이다. 구원의 은혜에 대한 감사의 기억은 계명을 자발적으로 기쁨으로 지키게 하는 원동력이 된다. 계명은 이스라엘 백성들이 하나님과 지속적인 사랑의 관계성을 유지하고 죄에 빠지지 않도록 하는 귀중한 방편이 된다. 계명은 우리의 영적 상태를 체크해 주는 엑스레이와 같다. 그들이 하나님 나라 백성으로 살기 위해서는 구체적인 법이 있어야 한다. 1-4계명은 하나님과의 관계요, 5-10계명은 인간과의 관계이며 그 핵심 사상은 사랑이다. 하나님을 사랑하고 이웃을 사랑할 때 하나님 나라가 이뤄진다.

하나님은 언약을 확증하시기 위해서 피의 언약을 맺으셨다. 피의 언약은 하나님과 이스라엘 백성들이 피를 나눈 아버지와 아들의 관계임을 의미한다. 그리고 언약 체결 축하 연회가 펼쳐진다. 이는 장차 예수님의 보혈을 통해 이루어질 피의 언약의 예표이다. 하나님은 이스라엘과 언약을 맺으시므로 이스라엘 백성들의 왕이요 아버지이심을 선포하셨다. 이제 이스라엘이 하나님의 계명에 순종하며 살면 땅의 법을 따라 사는 이 땅의 다른 백성과 차별화된 하늘의 백성이 탄생하게 된다.

하나님의 계명에 순종하는 백성은 이 땅에 사는 하늘 백성이다. 하나님은 하나님의 계명을 지키며 살아가는 자신의 택한 백성들을 통해 세상 모든 민족에게 하늘 왕국의 본을 보여주기를 원하셨다. 그런 의미에서 이스라엘은 세상을 향한 하나님의 자부심이자 자존심이다(24장).

3. 성막 제작(25-40장)

하나님은 이스라엘 백성들과 함께 계속해서 동거하길 원하셨다. 이를 위해 성막을 지으라고 하셨다(25장). 출애굽기 전체에서 성막에 관한 내용의 분량이 30%가 넘는다. 이것은 그만큼 성막이 중요하다는 것이다. 유월절로 이스라엘을 구원하신 하나님은 이제 성막으로 영원토록 그들 가운데 동거하기 원하신다. 우리 인생들에게 가장 큰 축복은 하나님이 우리 안에 들어와 임재하신다는 사실이다.

하나님은 우리의 왕으로 우리 안에 들어오셔서 다스리기 원하신다. 또한 자기 백성들에게 영광받기 원하시며 사랑의 교제를 나누기 원하신다. 하나님은 언약궤를 통해서 당신의 백성들을 만나겠다고 하신다. 십계명을 담은 언약궤가 하나님의 왕좌이다. 우리는 말씀을 매개체로 하나님을 만나고 교제할 수 있다. 신약적으로 볼 때 예수님이 우리 가운데 오셔서 속죄 제물이 되시고, 성령님이 우리 안에 내주하심으로 우리는 하나님과 동거하게 된다.

성막을 짓는 세부 사항은 장황하다(25-30장). 성막은 하나님의 임재 장소요, 하나님과 인생들이 함께 연합되는 신방과 같기에 섬세할 수밖에 없다. 성막의 아름다움은 에덴동산의 아름다움과 유사성을 띠고 있다는 점에서 성막은 하나님 나라의 재건이라고 할 수 있다. 또한 성막은 하늘 성전의 모형이요 그림자이다(히 8:5). 성막은 하나님이 우리의 왕으로 좌정하시는 영적 왕궁과도 같은 곳이다. 이곳에 들어가기 위해서는 번제단에서 짐승을 태움으로써 죄 문제를 해결하고 들어가야 한다.

성막에서 제사를 드리는 제사장은 하나님과 백성들의 중보 역할을 감당하기 때문에 영광스러운 자요, 성별된 자여야만 한다(28, 29장). 성막은 이 땅에 세워진 하나님의 집이다. 에덴동산에서 우리 인생들과 만나 교제하시던 하나님은 이제 성막에서 우리를 만나 교제하기 원하시고, 우리에게서 경배 받기 원하신다.

이처럼 하나님의 기대는 너무나 컸고, 둘 사이는 피로써 맹세한 관계이건만, 이스라엘 백성들은 너무나 빨리 하나님의 뜻을 저버린다. 모세가 십계명을 받으러 시내 산에 올라간 사이에 그들은 영적인 외도를 해서 금송아지 우상을 섬긴다. 이것은 금방 치렀던 하나님과의 결혼을 파기하고 금송아지와 새로운 결혼을 한 것과 같은 것이다(32장). 그들은 금송아지 주위에서 먹고 마시고 뛰놀고 죄를 짓는다. 이것은 우상을 즐겁게 해서 비를 내리게 하는 당시 이방 지역의 풍요와 다산주의의 제사와 다를 바 없다.

하나님은 이를 철저히 벌하신다. 모세가 계명이 기록된 돌판을 깨뜨리는 것은 마치 계약서를 찢어 버리는 것과 같은 행위이다. 이때 하나님과 이스라엘 백성들의 관계가 영원히 깨어질 위기에 처하지만 모세의 생명을 건 중보 기도로 말미암아 결별의 위기를 넘기게 된다(32, 33장). 에덴동산에서도 그러했던 것처럼 하나님 나라는 사탄의 유혹으로 말미암아 항상 도전을 받는다.

하나님이 마음을 돌이키시고 백성들은 회개하고 마침내 성막이 완성된다(34-39장). 출애굽기 40장은 "여호와께서 모세에게 명하신 대로 모세가 다 행하였더라"는 말씀이 반복된다(16, 19, 21, 23, 25,

27, 29, 32절). 이 부분은 창세기 1장 말씀을 연상케 한다("하나님이 가라사대 ○○ 그대로 되니라", "하나님 보시기에 좋았더라").

이는 성막 제작이 하나님의 새로운 창조 모델임을 보여준다. 태초에 말씀대로 천지를 창조하신 하나님 나라가 성막을 중심으로 다시 회복되기를 하나님은 원하신 것이다. 여호와의 영광이 회막 가운데 충만하게 임하게 되는 것이 이 증거이다. 이는 그리스도의 오심(요 1:14)과 교회를 통해서 더욱더 완전하게 성취될 것이다. 또한 궁극적으로는 새 하늘과 새 땅을 통해 완성될 것이다(계 21, 22장).

하나님은 구름 기둥, 불 기둥으로 이스라엘 백성들을 광야 길로 인도하신다. 이 모습은 신랑이신 하나님과 신부인 이스라엘의 사랑의 밀월 여행처럼 아름다운 연합의 광경이다. 출애굽의 목적은 단지 바로의 압제로부터 해방되고 구원받는 것에만 있는 것이 아니다. 하나님의 백성들이 하나님 말씀에 순종하고 하나님께 예배드리고 하나님을 섬김으로써 하나님과 연합되는 데 있다.

새 모세로 오신 예수님은 태어났을 때 헤롯의 위협을 피해 애굽으로 들어갔다가 약속의 땅으로 오심으로, 새 출애굽의 역사를 준비하셨다. 하나님의 어린양 예수님은 자신의 피를 대가로 우리를 죄로부터 구원하시고 부활하심으로 우리를 하나님 나라로 인도하셨다. 이로써 새 출애굽의 역사를 온전히 이루셨다.

• 모세와 예수님(새 모세)의 비교

모세	예수님(새 모세)
태어날 때부터 죽을 위기 (바로에 의해)	죽임당할 위기(헤롯에 의해)
바로 공주의 아들이 노예로	하나님의 아들이 종으로
40년 광야 생활	40일 광야 금식
어린 양의 피를 통한 출애굽	스스로 속죄양이 되어서 구원 사역 이룸
십계명 선포	산상보훈
홍해 사건	물에서 세례를 받고 올라오심
목숨을 건 중보 기도	십자가상에서 기도(저희를 사하여 주옵소서)
가나안을 바라보기만 하고 죽으라는 방향에 순종	겟세마네 기도를 통해서 죽음 결단
10재앙을 통해 우상 파괴, 바로와의 싸움 승리	10기적(마태복음) 죄, 죽음과의 싸움에서 승리
변화산에서 엘리야, 모세와 예수님의 만남	

• 모세오경과 복음서의 비교

모세오경	복음서
하나님 나라의 창조	하나님 나라의 도래
하나님의 백성, 이스라엘 창조(12지파)	새 이스라엘(12제자)
제사장 나라	제자 삼으라
성막, 성전	새 성전 예수님, 교회
제사	예배
제사장	제자
대적들과의 전투	사탄과의 전투

3. 레위기:
하나님 나라 백성의 예배

제사법

1. 번제(희생, 자원)
2. 소제(충성, 자원)
3. 화목제(감사, 자원)
4. 속죄제(회개, 의무)
5. 속건제(보상, 의무)
6. 제사 총론
7. 제사장들의 몫
8. 제사장 위임식
9. 제사장의 사역 개시
10. 나답과 아비후의 죽음

성별된 삶의 지침

11. 정한 음식, 부정한 음식
12. 출산 후 결례
13. 나병 규례
14. 나병 정결
15. 유출병
16. 대속죄일(아사셀)
17. 피 식용 금지
18. 부정한 성관계
19. 생활 규례
20. 사형법
21. 제사장 거룩
22. 성물 규례
23. 절기
24. 신성모독 처벌
25. 안식년, 희년
26. 축복과 저주
27. 서원과 십일조

요절, 레위기 19:2 "너는 이스라엘 자손의 온 회중에게 말하여 이르라 너희는 거룩하라 이는 나 여호와 너희 하나님이 거룩함이니라."

출애굽기는 성막을 짓는 데서 끝이 난다. 레위기는 그 성막에서 구체적으로 무엇을 할 것인가 가르쳐 준다. 하나님은 시내 산 언약을 통해 이스라엘 백성들과 언약을 맺으셨다. 그러나 인간이 연약하여서 언약을 잘 지키지 못하고 죄를 범하는 경우가 발생한다. 이 때 성막에서 제사를 드림으로 죄 문제를 해결하고 다시 거룩하신 하나님과 교제할 수 있다.

레위기의 어원이 되는 야곱의 넷째 아들 레위는 본래 '연합' 이라는 뜻이다. 레위기는 구원받은 하나님 나라 백성이 하나님과 연합된 삶을 살기 위한 지침을 제시해 준다. 레위기에는 많은 제사법과 정결 의식이 나온다. 이는 제사를 통해서 인간의 죄를 씻어야 거룩하신 하나님 앞에 나아가서 하나님을 예배하고 하나님과의 교제와 연합이 가능하기 때문이다. 그런 점에서 레위기의 주제는 거룩이다.

출애굽기의 핵심이 구원과 칭의라면, 레위기의 핵심은 성화와 거룩이다. 이스라엘이 애굽을 빠져 나오는 구원적 사건은 단시간에 끝났지만 그들이 하나님의 거룩한 백성으로 성화되는 데는 많은 시간이 걸렸다. 하나님은 영적으로 갓 태어난 어린아이와 같은 이스라엘 백성들을 죄의 오염으로부터 보호하기 위해서 섬세한 규례들을 주신다.

하나님은 하나님 나라의 왕으로서 하나님 나라 왕국 백성들이 가장 거룩하고 탁월하기를 원하셨다. 그래야 다른 열국들에게 복이 될 수 있기 때문이다. 그래서 하나님은 그들이 정결한 삶을 살도록 여러 가지 면에서 명령하신다. 그런 점에서 레위기는 하나님이 자기 백성들을 얼마나 아끼고 사랑하시며 큰 기대를 가지고 키우고자 하시는가 하는 사랑의 관점에서 읽을 필요가 있다.

제사(1-5장)는 인간의 죄를 씻고, 태우고, 죽이고, 갈고, 뿌리는 것과 같다. 인간의 죄는 인간의 행위와 노력으로 극복될 수 있는 것이 아니라 대속적 피를 통해 사함 받을 수 있다. 따라서 레위기는 우리의 죄를 사하기 위해 오실 메시아의 모형들이 많이 나타난다. 레위기에 기록된 사죄를 위한 제사들이 예수님의 십자가 피 제사를 통해 성취되었다는 점에서 레위기는 신약에 히브리서와 병행을 이룬다. 온전한 제사는 온전한 회개와 함께 온전한 순종과 헌신을 요구한다.

이런 제사를 섬기는 제사장의 역할이 중요하다. 제사장(6-10장)은 백성을 대표해서 누구보다 정결해야 한다. 우리의 예배가 성전 마당만 밟는 데서 끝나지 않고 지성소에 들어가서 하나님을 만나는 감격이 있기 위해서는 온전히 죄를 회개하고 말씀에 순종하고 헌신하고자 결단해야 한다. 또한 말씀을 통해 하나님을 만나고자 하는 뜨겁고도 간절한 열망이 있어야 한다. 이처럼 진솔한 죄의 회개와 헌신된 삶이 이루어질 때 그 공동체와 개인의 삶 가운데 하나님 나라가 임하게 된다.

1. 제사법(1-10장)

번제(burnt offering)는 짐승을 태워서 드리는 제사이다(1장). 이것은 그리스도의 온전한 십자가 희생을 예표한다. 예수 그리스도의 온전한 희생을 통해서 온전한 속죄가 이루어진다. 번제 드릴 때는 깨끗이 씻고 내장을 꺼내서 다 씻고 불로 태워 드린다. 그 의미는 우리 속을 다 꺼내서 하나님께 드린다는 의미이다. 겉만 아니라 속까지, 내 마음의 심장, 오장육부를 다 드린다는 것이다. 나의 삶의 전체를 하나님께 드릴 때 하나님께 향기로운 냄새가 된다(1:9).

소제(meal offering)는 곡식을 갈아서 드리는 제사로서 헌신과 충성의 의미가 있다(2장). 이때 누룩과 꿀을 섞지 말고 다만 곡식만 갈아서 드리도록 했다. 이것은 우리의 있는 모습 그대로 순수한 마음 그대로 드리도록 하기 위한 것이다. 소금을 치는 의미는 언약을 견고하게 하고, 부패를 방지하기 위한 것이다.

화목제(peace offering)는 짐승을 태워서 드리는 제사인데 하나님과의 관계를 중요시한다(3장). 번제는 제물을 제사장만 먹지만 화목제는 제사를 드리는 본인도 같이 먹는다. 이는 축제의 의미가 있다. 만찬을 드리고 나서 감사하고 성도간에 서로 교제하는 의미가 있다.

속죄제(sin offering, 4장)는 죄를 속하기 위한 제사이고, 속건제(guilt offering, 5장)는 하나님과 인간에게 해를 끼쳤을 때 이를 속하기 위한 제사이다. 속건제는 하나님께 회개하는 의미뿐 아니라 변상의 의미도 담겨 있다. 제사장은 거룩한 자세로 제사를 드려야 한다. 제사장의 주요 임무는 하나님의 거룩을 수호하는 것이기 때문이다. 제사장은 하나님과 이스라엘의 중보자로서 그리스도를 예표한다. 경외심 없이 다른 불로 제사를 드린 아론의 아들 나답과 아비후은 죽임을 당했다(10장).

2. 성별된 삶의 지침(11-27장)

하나님 나라의 백성은 음식을 가려서 먹어야 한다(11장). 식생활이 그 사람의 내적 성향을 좌우하기 때문이다. 부정한 자는 진 밖으로 내보내서 공동체에 악영향이 퍼지지 않도록 해야 한다(13-15장). 대속죄일에는 아사셀 염소를 잡았다(16장). 아사셀은 '내보내는 염소' 라는 뜻이다. 이스라엘 백성의 죄를 모두 이 염소에게 전가시키고 먼 광야에 내보내서 죽도록 함으로 동이 서에서 먼 것처럼 죄를 멀리 보내어 진 안에 있는 죄를 제거하고자 한 것이다.

이것은 인류의 죄를 짊어지고 영문 밖으로 나가신 예수님을 예표한다(히 13:13). 대속죄일 의식은 하늘에 있는 것들의 모형이며, 자신을 제물로 드리신 예수님의 대제사장적 제사가 실체이다(히 9:23, 24).

당시에 가나안 백성들은 성적으로 말할 수 없이 부패하고 타락하였다. 땅이 그들의 죄를 감당하지 못해 토해낼 정도였다(레 18:25). 하나님 나라의 백성은 하나님의 성품을 따라 거룩해야 한다(레 19:2). 그러나 그 거룩은 단지 구별만을 의미하는 것은 아니고 타인에 대한 사랑과 용서, 포용의 마음까지 포함한다(레 19:18). 하나님의 백성들은 가정생활, 성 생활이 건전해야 한다. 죄는 하나님의 저주를 부르고 땅이 저주를 받아 백성들을 토해낸다. 땅은 하나님의 통치 영역이기 때문이다.

하나님의 백성은 절기를 반드시 지킴으로써 은혜를 기억하고 신앙의 정신을 계승해야 한다(23, 24장). 하나님은 당신의 말씀에 순종하는 자에게 축복을, 불순종하는 자에게 반드시 저주하신다(26장). 순종에 대한 언급보다 불순종에 대한 언급이 3배가 많은 이유는 그만큼 불순종할 가능성이 높기 때문이다. 레위기를 끝내면서 하나님은 예물을 드리도록 했다. 하나님께 예배드리는 삶에 있어서 십일조 등 물질 드리는 삶이 매우 중요하다(27장). 물질 있는 곳에 마음이 있기 때문이다.

• 구약의 5대 제사

종류	성경 구절	목적	제사법	신약적 의미
번제	레 1:3~17	하나님께 대한 온전한 헌신과 충성	희생 제물의 모든 부분을 불살라 태움	예수님이 우리를 위해서 피 흘리심, 성도들의 헌신
소제	레 2:1~16	하나님께 대한 감사와 희생적 봉사	피 없는 제사로서 고운 가루를 갈아서 드림	흠 없는 예수님의 무죄하심, 기름은 성령의 임재 상징
화목제	레 3:1~17	하나님과 제사드리는 자 사이의 화목과 화친	피를 제단에 뿌리고 내장, 기름과 콩팥을 불살라 드림	예수님의 속죄를 통한 하나님과 성도의 화평
속죄제	레 4:1~5:13	부지중에 지은 죄에 대한 속죄	피를 제단 뿔에 바르고 밑에 쏟음	예수님의 속죄 사역을 위한 자기희생
속건제	레 5:14~6:7	하나님의 성물과 이웃 물건에 피해를 입힌 것 배상	피를 뿌리고 손해 입힌 것의 1/5을 더 냄	예수님이 성도들의 허물을 사하심

• 주요 절기

절기	시기	성경 구절	기념 목적	현대적 의미
유월절	1월 14일	레 23:5	애굽에서 종 되었던 것에서 해방된 날을 기념	예수님의 십자가로 인한 구원의 은혜에 감사
무교절	1월 15~21일	레 23:6~8	애굽의 억압에서 해방된 것을 기념하여 유월절 다음날부터 7일 동안 누룩 없는 떡과 쓴 나물을 먹는 절기	그리스도의 고난에 동참함
초실절	1월 16일	레 23:9~14	첫 소산을 거둔 것을 기념하여 지키는 절기	예수님의 부활을 기념하는 날
오순절 (칠칠절, 맥추절)	초실절(1월 16일)부터 50일째 되는 날	레 23:15~22	시내 산에서 율법을 받은 것을 기념하고 밀 추수의 첫 소산을 봉헌함	오순절에 성령을 부어주심을 기념
초막절 (장막절, 수장절)	7월 15~21일	레 23:33~44	광야에서의 장막 생활을 기념하는 절기. 추수를 마치고 소산을 창고에 저장하게 된 것을 감사하는 절기	추수감사절과 같은 개념

4. 민수기: 하나님 나라 백성의 훈련

출정 준비

1. 1차 인구 조사
2. 지파별 배치
3. 레위인 구별
4. 레위인 직무
5. 성결법
6. 나실인, 축복문
7. 봉헌 예물
8. 레위인 구별
9. 2차 유월절
10. 광야 출발

죄에 대한 심판

11. 원망 심판
12. 아론, 미리암의 죄
13. 가나안 땅 악평
14. 악평 재앙
15. 제사 규례
16. 고라의 반역
17. 싹 난 아론 지팡이
18. 레위인 직무
19. 정결 의식
20. 모세 범죄
21. 놋뱀
22. 발락이 발람 초청
23. 발람의 축복
24. 발람의 신탁
25. 싯딤에서 음행

재정비

26. 2차 인구 조사
27. 슬로보핫의 딸들
28. 제물
29. 절기
30. 서원 규례
31. 미디안 정복
32. 요단 강 동편 분배
33. 출애굽 여정
34. 가나안 땅 분배
35. 도피성 규례
36. 상속 규례

요절, 민수기 14:9 "다만 여호와를 거역하지는 말라 또 그 땅 백성을 두려워하지 말라 그들은 우리의 먹이라 그들의 보호자는 그들에게서 떠났고 여호와는 우리와 함께하시느니라 그들을 두려워하지 말라 하나"

민수기의 히브리 원어 제목은 '광야에서' 이다. 이스라엘 백성들에게 있어서 광야는 '신앙의 훈련소' 였다. 하나님은 이스라엘 백성들이 하나님 나라에 합당한 백성이 되기까지 광야에서 여러모로 훈련하셨다. 레위기는 시내 산을 배경으로 한 달간 주어진 교육이지만, 민수기는 시내 산에서 모압 땅에 이르기까지 40년 동안 광야에서 일어난 역사적 사건을 기록하고 있다. 그들은 애굽에서 종살이하던 데서 구원 받아 하나님의 백성으로 택함을 입고 언약까지 세웠지만 영적으로 아직 어린아이와 같은 상태에 있었다.

그들은 아직 노예 근성을 벗어나지 못했고, 하나님을 온전히 신뢰하지 못하여, 하나님을 불신하고 불순종함으로 하나님의 뜻을 저버렸다. 이로 말미암아 그들은 하나님의 훈련과 징계를 받게 된다. 이스라엘 백성들에게 있어서 광야는 하나님의 돌보심을 절절히 느끼며 하나님께 뜨거운 감사를 드리게 된 역사의 현장이다. 또 한편으로 극단적인 상황에서 인간의 온갖 죄악상이 적나라하게 드러나는 훈련의 장이다. 하나님은 실로 형편없는 백성을 섬세하게 돌보시고 훈련하셔서 제사장 나라로 빚어 가신다.

하나님 나라는 통치자, 통치 영역, 그리고 백성으로 구성되는데, 하나님이 통치하시고, 약속의 땅이 주어져도 그 나라에서 살게 될 백성들이 합당한 내면을 준비하지 않으면 안 된다. 그래서 하나님은 이스라엘 백성들 내면에 여러 가지 문제를 드러내시고 불순물을 제거하신다. 민수기의 영어 제목은 '계수한다'는 의미의 'numbers'이다. 민수기 처음 부분에 계수된 숫자는 많지만, 광야 훈련을 다 거치고 약속의 땅에 들어가는 숫자는 많지 않다. 여호수아와 갈렙, 그리고 20세 이하의 새로운 세대만 들어간다.

하나님은 불신과 불평에 사로잡힌 옛 세대를 광야에서 엎드러지게 하시고 새로운 세대를 통해서 하나님 나라를 건설하기 원하신다. 이것은 하나님 나라 백성의 제한성을 나타내 준다. 요한계시록에 나오는 144,000명도 생명책에 기록된 하나님 나라 백성의 제한성을 말해 준다.

1. 출정 준비(1-10장)

하나님은 싸움에 나갈 만한 자를 계수하라고 하신다(1장). 하나님 나라는 전투를 통해서 얻어지는 것이다. 그러므로 하나님의 백성은 전투적인 공동체여야만 한다. 모압, 에돔, 블레셋 등 싸워야 할 외적인 적들이 있다. 또한 원망, 불평, 교만, 음란 등 내적인 적도 있다. 각 지파별로 배치할 때 동서남북 사방으로 하는데 제일 앞장서는 지파는 유다 지파이다(2장). 중앙에는 레위인들이 성막 중심으로 행진한다. 이는 이 싸움이 여호와 하나님의 싸움임을 의미한다.

진을 구축할 때 부정한 자는 내쫓았다(5장). 거룩하신 하나님이 임재하실 수 있는 거룩한 공동체여야만 하나님이 권능을 발휘하실 수 있기 때문이다. 나실인들은 죄악된 요소를 조금도 가까이하면 안 된다(6장). 제사장은 하나님의 축복의 통로이기 때문이다. 그들이 하나님의 뜻을 따라 행진할 때 하나님이 구름 기둥, 불 기둥으로 인도하셨다(9장).

2. 죄에 대한 심판(11-25장)

마침내 진군을 시작했을 때 원망의 죄가 시작된다(11장). 섞여 사는 잡족들이 탐욕을 품었기 때문이다. 우리 안에 섞여 있는 원망과 불평의 요소를 제거해야 한다. 하나님은 감사치 않고 원망하며 탐욕이 가득 찬 자들을 심판하셨다. 모세의 리더십에 도전하는 미리암도 하나님이 나병으로 징계하셨다(12장).

하나님은 12지파의 대표를 뽑아 약속의 땅을 정탐하도록 하셨다. 이때 갈렙과 여호수아 외에는 다 부정적인 말로 그 땅을 악평했다(13장). 그들은 새로운 지휘관을 세워 애굽으로 돌아가자고 말했다. 이들의 죄는 출애굽기 32장의 금송아지 사건에 버금가는 죄이다. 이는 출애굽 이전의 상태로 돌아가고자 하는 죄의 모습으로서 백성들에게 불신과 두려움을 심는 사탄의 역사이다.

이때 갈렙과 여호수아가 옷을 찢으며 그들의 불신과 싸우며 백성들에게 여호와 하나님께 대한 믿음을 심었다(14장). 하나님은 여호와를 멸시한 자들은 광야에서 죽게 하시고 믿음의 말을 한 갈렙과 여호수아만 약속에 땅에 들어가게 하신다. 하나님 나라는 믿음의 말로써 세워진다. 이스라엘 백성들은 40일을 정탐하면서 불신의 말을 한 대가로, 40년 동안 광야 훈련을 받게 된다. 하나님은 말로써 악평하는 자를 가장 싫어하신다. 하나님은 그 귀에 들린 대로 행하시는 분이다(14:28). 하나님은 우리가 하는 말이 그대로 성취되게 하신다(막 11:23).

교만한 마음으로 인하여 모세와 아론의 리더십에 도전했던 고라의 반역 사건 때 하나님은 지진을 일으켜서 250명을 산 채로 땅 속에 매몰시키셨다(16장). 또한 아론의 지팡이에 싹이 나게 하시므로 하나님이 세우신 종을 높이신다(17장). 호르마에서 또 물과 음식 문제를 가지고 원망 불평할 때 하나님은 불뱀을 내려서 죽게 하신다. 이때 놋뱀을 쳐다본 사람은 살게 되었다(21장). 모압 왕 발락의 궤계로 이스라엘 백성들이 모압 여자들과 음행하는 죄를 짓는다. 이때 염병으로 2만 4천 명이 죽게 되는데, 아론의 손자 비느하스의 영적인 분노로 하나님의 저주가 그치게 된다(25장). 음행에 넘어지는 자는 하나님 나라에 합당하지 않다.

3. 재정비(26-36장)

모압 평지에서 두 번째로 인구 조사를 하게 되는데 불신의 죄에 빠졌던 자들은 다 죽고 갈렙과 여호수아만 남았다. 이로써 세대 교체가 이루어진다(26장). 출애굽의 지도자 모세는 성령이 충만한 여호수아에게로 리더십을 이양한다(27장). 이로써 모세는 계승 역사를 성공적으로 이룬 아름다운 퇴장의 주인공이 된다. 이스라엘은 미디안에게 원수를 갚으면서 발람을 죽인다(31장). 르우벤, 갓, 므낫세 반 지파가 요단 동편에 머물고자 하지만, 전체를 위해서 요단 서편 정복 전쟁에 함께 참여하고자 결단한다(32장). 가나안 땅을 점령했을 때를 대비해서 각 지파별 땅을 분배한다(34장).

• 훈련 받는 요소들

다베라(11장)	악한 말로 원망	여호와의 불이 진 끝을 사름
기브롯 핫다아와(11장)	잡족들의 고기 먹고 싶다는 탐욕	고기 씹히기 전 재앙
하세롯(12장)	모세가 구스 여인 취한 것 비방	미리암 나병 걸림
가데스 바네아(13,14장)	부정적인 정탐 보고	40년 동안 광야 유랑
호르마(16장)	고라 일당의 반역 사건	땅이 갈라져 매장됨
신 광야 가데스(20장)	물이 없다고 원망, 모세도 반석을 두 번 치는 실수	모세의 가나안 입성이 거부됨
에돔 땅(21장)	광야 길 불평	불뱀으로 심판, 놋뱀이 구원의 길

5. 신명기:
하나님 나라 백성의 재교육

모세의 1차 설교(과거)

1. 가데스 바네아 회고
2. 헤스본 정복
3. 바산 정복
4. 우상 숭배 금지

모세의 2차 설교(현재)

5. 십계명 강의
6. 하나님 사랑하라
7. 가나안 진멸하라
8. 광야 은총 기억하라
9. 금송아지 사건 상기
10. 돌판 재수여
11. 순종에 대한 축복
12. 우상 숭배 말라
13. 거짓 선지자 배격
14. 정한 음식, 십일조
15. 안식년 규례
16. 3대 절기
17. 재판법
18. 메시아 예언
19. 도피성
20. 전쟁 규례
21. 선민의 사회법
22. 순결한 결혼
23. 선민 총회
24. 자비와 긍휼
25. 계대 결혼
26. 첫 열매, 십일조

모세의 3차 설교(미래)

27. 에발 산 제단
28. 축복과 저주
29. 광야 회고
30. 생명과 사망의 길
31. 율법 낭독
32. 모세의 노래
33. 12지파 축복
34. 모세의 죽음

요절, 신명기 6:5 "너는 마음을 다하고 뜻을 다하고 힘을 다하여 네 하나님 여호와를 사랑하라."

신명기(Deuteronomy)는 '두 번째 율법책', '율법의 반복'이라는 의미로, 모세가 출애굽을 경험하지 않은 신세대에게 주는 3번의 설교로 이루어져 있다. 모세는 요단 강을 건너기 70일 전 모압 평지에서 지난 40년을 돌아보면서 후손들에게 권면한다. "우리처럼 실수하지 말라"(과거에 대한 교훈, 1-4장) "이제 너희는 말씀을 믿고 순종해야 한다"(현재적 권면, 5-26장) "장차 가나안 땅에 들어가면 가나안 문화를 정복하고 하나님 뜻대로 살아라"(미래적 경고, 27-34장)고 가르친다.

이미 출애굽 후에 시내 산에서 이스라엘 백성들과 언약을 맺으신 하나님은 약속의 땅 가나안 입성을 앞두고 다시 한 번 언약을 맺으신다. 신명기는 하나님의 백성을 신정 국가로 세우기 위한 헌법과도 같은 내용을 담고 있다.

하나님은 애굽의 종 되었던 이스라엘을 구원하신 하늘 대왕이시다. 하늘의 왕 하나님은 애굽의 신들을 무력화시키시고, 홍해를 가르시고, 광야에서 만나와 메추라기로 먹이시고, 반석에서 샘물 나게 하시는 등 풍성한 사랑으로 이스라엘을 인도하셨다. 이 은혜를 체험한 이스라엘은 하나님만을 왕으로 섬기기로 이미 언약을 맺었다.

그러나 그들의 불신과 불순종 때문에 출애굽 1세대들은 다 광야에서 죽었다. 이제 모압 평지에서 2세대들을 앞에 두고 새롭게 언약 갱신을 이루고자 하신다. 하나님은 축복의 조건으로 순종을 요구하신다. 모세오경의 사상은 신명기의 저수지에서 모아져서 구약 전체에 그대로 적용된다.

1. 모세의 1차 설교(1-4장)

모세는 과거 역사를 회상하면서 실패를 반복하지 말도록 권면한다. 과거 역사 속에서 가장 먼저 나온 사건은 가데스 바네아 정탐 사건이다(1장). 하나님께 대한 불신과 부정적인 말들이 얼마나 큰 불행을 가져오는가를 가르쳐 준다. 모세는 가나안에 대한 입성을 소원하지만 하나님은 허용하지 않으신다(3:26). 모세는 하나님의 뜻을 영접하고 백성들로 하여금 하나님 말씀을 지켜 행하도록 간곡히 권면한다. 하나님은 소멸하는 불이시기 때문이다(4:24).

2. 모세의 2차 설교(5-26장)

모세는 십계명 말씀을 통해 이스라엘 백성들에게 재교육을 시킨다. 그들은 여호와 하나님만을 마음과 성품과 힘을 다하여 사랑해야 하며 자녀들도 열심히 말씀을 가르쳐야 한다. 이것이 하나님의 복을 계속해서 받을 수 있는 비결이다(6장). 또한 가나안 땅의 이방 족속들을 철저히 쫓아내야 한다. 이는 그들이 우상 숭배와 각종 죄악으로 땅을 더럽혔기 때문이다(7장). 그러므로 이방 족속과의 전쟁은 종족 전쟁이 아니라 하나님의 땅을 더럽힌 자를 제거하고 하나님을 섬기는 하나님 나라를 건설하기 위한 영적 전쟁이다. 이방인들의 죄가 가득 찼기 때문에 하나님이 심판하신 것이다.

모든 복의 근원은 하나님이시다. 그들이 하나님을 섬기지 않고 우상을 섬기면 하늘을 닫아 축복이 내려오지 않게 하신다. 그러나 그들이 하나님의 말씀에 순종할 때 하나님이 하늘의 창을 열어 복이 쏟아지게 하신다(11장). 왕조차도 하나님의 말씀을 가까이하고 열심히 읽고 말씀에 순종할 때에야 복을 받게 된다(17장). 하나님은 백성들에게 하나님의 말씀을 전달하는 선지자의 직분을 중요시 하신다(18장). 모세와 같은 선지자를 세우시겠다는 하나님의 약속은 새 언약의 중보자이신 예수님을 통해 성취된다(18:18; 행 3:20-22). 하나님은 다양한 율법을 통해 거룩성과 사회 정의, 그리고 약자에 대한 배려를 갖도록 촉구하신다.

3. 모세의 3차 설교(27-34장)

하나님은 축복과 저주의 분명한 기준을 잡아 주신다. 하나님의 말씀에 순종할 때 축복이 임하고 불순종할 때 저주가 임한다는 분명한 경고를 하신다(28장). 28장 1-14절까지는 축복에 대한 예언이요, 28장 15-68절까지는 저주에 대한 경고인 것을 보면 불순종할 가능성이 높은 인간의 본성을 시사해 준다. 하나님은 모압 언약을 통해 출애굽 2세들에게 말씀에 순종할 것을 신신당부하신다(29, 30장).

하나님의 말씀을 지켜 행하지 않을 때 그들을 뽑아서 다른 나라에 들어가게 하실 것이라고 말씀하셨는데, 후에 그들이 죄를 범하여 앗수르와 바벨론 땅으로 끌려감으로 이 말씀은 현실로 나타나게 되었다. 모세는 열두 지파를 축복하고 여호수아에게 안수하여 후계자로 세우고 인생을 마감한다(34:9).

6. 여호수아:
하나님 나라의 정복 역사

전투 준비

1. 새로운 지도자
2. 라합과 두 정탐꾼
3. 요단 강을 건넘
4. 기념비 세움
5. 길갈에서 할례

정복 전쟁

6. 여리고 성 함락
7. 아이 성 실패
8. 아이 성 점령
9. 기브온 거민의 속임수
10. 태양아 멈추어라
11. 가나안 북부 정복
12. 31왕 정복

땅 분배와 권면

13. 요단 강 동편 분배
14. 이 산지를 내게 주소서
15. 유다 지파의 기업
16. 에브라임 지파의 기업
17. 스스로 개척하라
18. 베냐민 지파 분배
19. 6지파의 기업
20. 도피성
21. 레위 지파의 성읍
22. 동편 지파의 귀향
23. 여호수아의 고별사
24. 여호와만 섬기겠노라

요절, 여호수아 1:7 "오직 강하고 극히 담대하여 나의 종 모세가 네게 명령한 그 율법을 다 지켜 행하고 우로나 좌로나 치우치지 말라 그리하면 어디로 가든지 형통하리니."

하나님 나라 관점에서 보면 여호수아서는 하나님이 자기 땅을 찾기 위해서 어떻게 사탄과 거룩한 전쟁을 치르시는가를 보여준다. 하나님 나라는 추상적인 것이 아니라 대적과의 전쟁을 통해 이 땅에 이루어진다. 이 전쟁은 이스라엘 민족 중심의 인종 청소가 아니다. 가나안 족속들의 죄가 관영했기 때문에 하나님이 이스라엘을 통해 심판하신 것이다. 근본적으로 모든 땅은 하나님의 땅인데 그들이 우상의 본거지로 더럽혔기 때문이다.

하나님은 당신의 땅을 우상 천지로 만들어 타락시킨 민족들을 쫓아내시고 그 땅에 하나님 나라를 건설하신다. 그런 점에서 가나안 정복 전쟁은 하나님의 공의로운 심판의 과정이요, 아브라함에게 약속하신 말씀의 성취 과정이다. 이스라엘 백성들이 가나안 땅을 차지하게 된 것은 그들의 군사적 우월성이나 정치적 탁월성 때문이 아니라 오직 언약을 성취하시는 하나님의 신실함에 의해서 이루어졌다.

요단 강이 갈라지고, 여리고 성과 아이 성이 무너지고, 아얄론 골짜기에 태양이 머무는 기적의 역사들은 오직 하나님을 믿고 말씀에 순종했을 때 하나님의 능력으로 이루신 축복이다. 그런 점에서 여호수아서는 '이스라엘의 전쟁 기록' 이라기보다는 '여호와의 전쟁 기록' 이라고 말할 수 있을 것이다. 이스라엘의 강함 때문이 아니라 하나님의 도우심과 개입하심 때문에 승리하게 되었기 때문이다.

여호수아가 가나안의 악한 세력과 싸워서 승리하고 정복하듯이, 예수님도 이 땅에 오셔서 귀신의 세력, 질병, 죄와 죽음과 싸워 승리하셨다. 그런 점에서 예수님의 사역은 여호수아의 사역과 일맥상통하는 측면이 있다. 여호수아라는 이름은 '하나님은 구원이시다' 라는 뜻으로, 예수라는 이름도 여호수아의 헬라식 표기이다. 신약 시대에 여호수아로 오신 예수님은 우리의 대적 마귀를 물리치시고 우리를 영원한 하나님 나라로 인도하신다.

여호수아서에 나오는 전쟁들은 복음서와 요한계시록에 나오는 사탄과의 전투적 요소와 연관되어 있다고 볼 수 있다. 이 전쟁은 인간의 물리적 힘에 기초한 전쟁이 아니라 여호와의 전쟁이기 때문에, 하나님은 우리에게 거룩을 요구하시고 말씀을 앞세우기를 원하신다. 하나님을 우리의 왕으로 모시고 그분의 말씀을 믿고 순종하고 나아갈 때 대적들을 물리쳐 주시고 승리를 주신다.

1. 전투 준비(1-5장)

정복 전쟁을 앞둔 이스라엘 백성들에게 있어서 가장 중요한 것은 마음을 강하게 하고 하나님의 말씀을 지켜 행하는 것이다(1:7, 8). 여호와의 전쟁에 있어서 승리의 관건은 말씀이다. 말씀에 대한 순종에 따라 승리 여부가 달려 있다. 하나님께 대한 순종도 중요하지만 하나님이 세우신 리더에게 순종하는 것 역시 중요하다. 그래서 하나님은 여호수아의 리더십을 세워 주신다(1:18).

정탐꾼들이 여리고 성에 잠입했을 때 가나안 족속들은 여호와 하나님의 역사를 듣고 벌벌 떨고 있는 것을 알게 되었다. 그들이 우리의 밥이라고 외쳤던 갈렙과 여호수아의 확신이 사실임이 증명된 것이다. 상천하지의 하나님을 믿고 정탐꾼들을 살려준 기생 라합은 구원을 받고 후에 다윗의 고조할머니가 된다. 이방 여인이 약속의 자녀의 혈통에 편입되었다. 천한 직업의 이방 여인일지라도 하나님은 믿음을 귀히 여기신다. 후에 라합의 집에 구원받는 표는

붉은 줄이었다(2:18). 출애굽 때 문설주에 바른 양의 피와 더불어 붉은 줄은 예수님의 십자가의 예표가 된다.

제사장들이 언약궤를 앞세우고 전진할 때 요단 강이 열렸다(3장). 모세가 지팡이를 내밀었을 때 홍해가 갈라졌듯이, 하나님의 언약궤(말씀)를 앞세우고 순종했을 때 제2의 홍해 사건이 일어났다. 이로써 하나님은 지도자 여호수아의 권위를 모세만큼이나 높여 주셨다. 홍해 도하 사건 때 출애굽 1세대가 세례를 통해 애굽적 요소를 제거했다면, 요단 강 도하 사건을 통해서는 출애굽 2세대가 광야 생활에서 보였던 원망과 불평, 불신의 죄들을 제거하는 계기가 되었다.

요단 강을 건넌 후에는 돌들을 세우도록 했다(4:7). 하나님의 손이 얼마나 강력한가 역사화시키신 것이다. 또한 길갈에서 할례를 행하도록 하심으로써 애굽적 요소와 광야 생활 때의 죄악된 요소를 제거하신다(5장). 여호수아로 하여금 하나님의 군대장관 앞에 엎드리도록 하심은 가나안 정복 전쟁의 주인공이 하나님이심을 깨닫게 하며, 오직 겸손하게 하나님을 의지함으로만 전쟁에서 승리할 수 있음을 알려주신다.

2. 정복 전쟁(6-12장)

6장은 여리고 성 정복 사건이다. 중요한 것은 언약궤를 앞세웠다는 것이다. 매일 성을 한 번씩 돌되 7일째는 성을 7번 돌며, 일곱

(7) 양각나팔을 불게 했다. 7이란 숫자는 완전수다. 즉 하나님께 온전히 순종할 때 승리를 체험한다는 사실을 가르쳐 주신 것이다. 하나님 나라는 온전하고도 철저한 순종을 통해 이뤄진다. 견고한 여리고 성조차 무너뜨리고 약속의 땅에 하나님 나라를 건설할 수 있었던 것은 하나님의 말씀을 앞세운 온 백성들의 철저한 순종 때문이었다.

그러나 아이 성 전투에서 처음에 실패한다(7장). 아이 성을 얕잡아 보고 3천 명만 출정시켰기 때문이다. 또한 아간이 외투 한 벌과 은 200세겔, 금덩이 50세겔을 훔친 죄 때문에 패배하였다. 아간을 제거하고 거짓과 탐심 문제를 해결하고 나자 하나님이 승리를 주셨다. 이는 가나안 정복 전쟁이 이방 민족들과의 전쟁이기 이전에 자기 자신의 죄악된 요소와의 내적 전쟁임을 보여준다. 가나안의 창기 라합은 하나님을 진실로 믿었기 때문에 구속 역사에 귀하게 쓰임 받지만 유다 지파 출신의 아간은 탐심의 죄로 말미암아 비극을 맞이하게 된다. 여호와의 전쟁에서 중요한 것은 혈통이 아니라 거짓 없는 믿음이다(8장).

기브온 사람들이 속여 이스라엘과 언약을 맺는다(9장). 그 뒤 아모리 족속의 다섯 왕이 기브온을 공격하므로 이스라엘은 이들을 돕기 위해서 전쟁을 하게 된다. 이때 시간이 부족하지만 기도할 때 하나님은 태양을 멈추게 하시고 큰 승리를 주신다(10장). 여기서 칼에 죽은 숫자보다 우박에 죽은 수가 많았다. 하나님은 자연 현상을 통해 애굽을 치셨듯이 가나안 정복 전쟁도 자연 현상을 통해 승리케 하셨다. 천지 만물을 주관하시는 하나님이 상천하지의 하나님이심을 보여주신다. 이후로 가나안의 각 지방을 정복하는데 특히 12장에는 31명의 정복 지역의 왕 이름이 소개된다.

3. 땅 분배와 권면(13-24장)

각 지파별로 땅 분배를 하는 과정에서 각 지파의 믿음이 드러난다. 유다 지파의 갈렙은 85세이지만 산지를 달라고 함으로 헤브론 땅을 차지한다(14:12). 그러나 요셉 자손은 큰 민족임을 내세워 많은 분깃을 요구한다. 하지만 여호수아는 삼림에라도 올라가서 스스로 개척하도록 방향을 줌으로 개척 정신을 갖도록 촉구한다(17:18).

여호수아는 죽음을 앞두고 세겜에서 마지막 연설을 통해 우상을 섬기지 말고 오직 하나님만을 섬기고 하나님 말씀에 순종할 것을 권면하다(23장). 또한 그동안 이스라엘 역사 속에서 그들과 함께 하신 하나님을 증거함으로 앞으로도 하나님을 신뢰하고 순종하도록 가르친다(24장). 여호수아가 건재할 동안, 그리고 장로들이 건재할 때는 이스라엘이 여호와 하나님을 잘 섬겼다. 그러나 그들이 죽은 뒤 사사 시대에 이스라엘은 약속의 땅에 들어가서 급속히 타락한다. 하나님 중심의 리더십 아래 영적 전쟁을 치를 때는 깨어 있지만 후에 그것을 유지하는 것이 얼마나 어려운가를 보여준다.

7. 사사기:
위기에 처한 하나님 나라

타락과 구원

1. 다 쫓아내지 않음
2. 다른 신 따라 음행
3. 옷니엘, 에훗
4. 드보라와 바락
5. 드보라의 노래
6. 큰 용사여
7. 기드온의 삼백 용사
8. 기드온의 실수
9. 아비멜렉의 비극
10. 돌라, 야일, 입다
11. 입다의 서원
12. 입산, 엘론, 압돈
13. 삼손의 출생
14. 삼손의 실수
15. 나귀 턱뼈
16. 삼손과 들릴라

부패

17. 미가의 우상
18. 단 지파의 범죄
19. 레위인의 첩
20. 베냐민 지파와 전쟁
21. 실로의 처녀들을 주다

요절, 사사기 21:25 "그 때에 이스라엘에 왕이 없으므로 사람이 각기 자기의 소견에 옳은 대로 행하였더라."

사사기는 여호수아가 죽은 후 사무엘 시대와 다윗 왕국이 시작되기 전까지의 이스라엘 역사를 보여준다. 여호수아서는 정복 전쟁으로 인한 승리의 역사였다. 여호수아를 중심으로 온 백성들이 하나님의 말씀을 믿고 순종하여 정복 전쟁을 치렀을 때 큰 승리를 이루어 냈다. 그 후 그들은 정복 전쟁을 통해 얻은 약속의 땅에서 믿음의 꽃을 피우고 열매를 맺어야 했다. 하나님은 택한 백성 이스라엘을 통해서 만물이 하나님께로 돌아오고, 하나님께 다스림을 받아서 여호와를 아는 지식이 온 세계에 편만하게 되는 하나님 나라가 건설되기를 원하셨다.

그러나 그들은 가나안의 우상 문화, 쾌락 문화를 척결하지 못하고 오히려 거기에 동화되고 말았다. 거기다 확고한 영적 리더십의 부재, 지파 간의 갈등으로 말미암아 사사기 200년은 하향 나선형을 그리며 퇴보를 가져온다. 여호수아서와 사무엘서 사이에 끼어 있는 사사기의 역사는 맥없이 무너지는 슬픈 역사요, 실패의 역사이다. 하나님을 왕으로 모시지 않고 자행자지할 때 축복된 땅이 오히려 극한 타락의 장소가 될 수 있다. 특히 17장 이후에 나타나는 종교적, 윤리적 타락의 모습은 상상을 초월할 정도로 심하였다.

어려운 역경의 시대, 정복의 시대보다 안정의 때가 영적으로는 더 위험할 수 있음을 사사기는 보여준다. 하지만 이런 가운데서도 이스라엘이 회개하고 하나님의 도우심을 구할 때 하나님은 그들에게 은혜를 베푸시고 사사들을 세우셔서 그들을 위기로부터 구원해 주셨다. 그런 점에서 사사기는 인간의 신실하지 못함과 하나님의 신실하신 사랑이 명백한 대조를 보여주는 책이라 할 수 있다. 너무나 빠르게, 너무나 심각하게 부패하는 인간의 죄성과 이런 가운데서도 사사들을 세우셔서 그들을 구원하시는 하나님의 인내하시는 사랑이 쌍곡선을 이루고 나타난다.

하나님은 이스라엘의 범죄에 대해서는 반드시 징계하시지만 택한 백성의 지위까지 박탈하지는 않으신다. 어떤 죄 가운데서도 하나님의 사랑을 의지해서 회개하고 나아오면 구원해 주시는 은혜의 하나님이심을 보여주고 있다. 죄 가운데서 실수와 허물을 반복하는 우리 인생들에게 진정한 사사가 되시는 예수님이 구원 역사를 이루실 것을 예표하고 있다. 인간의 역사는 끝없이 반복되는 반역과 범죄의 순환사이다. 그러나 하나님의 역사는 끝없이 인간을 용서하시고 구원하시는 사랑의 순환사이다.

1. 타락과 구원(1-16장)

이스라엘의 실수는 가나안 족속을 다 쫓아내지 못한 데서 시작된다(1:19, 27, 28). 그들은 힘이 없어서라기보다는 피 흘리고 싶지 않은 안일과 가나안 족속들을 일꾼으로 부려먹고자 하는 얄팍한 속셈 때문에 가나안 족속을 남겨 둔 면도 있었다. 그때 당장은 편하고 좋았지만 후에 그들이 옆구리의 가시가 되었으며 그들의 영향을 받아 이스라엘은 여호와를 버리고 바알과 아스다롯을 섬기게 되었다(2:13).

또한 그들이 이방 여인들을 아내로 취하여 잡혼을 이룸으로 이방 신을 섬기게 되는 빌미를 제공하였다(3:6). 이에 하나님은 주변 나라들을 통해 이스라엘을 치시고, 그들의 마음을 가난하게 하셔서 하나님께 도움을 청하게 하셨다. 이때 하나님은 여호와의 신에 감동된 사사들을 세우시고, 이스라엘을 구원하게 하셨다. 사사기에는 범죄-심판-회개-구원-재범죄의 사이클이 7번이나 반복된다. 하나님은 각 시대마다 사사들을 세우셔서 위기로부터 구원하시지만 근본적으로 죄성의 한계를 극복하지 못한다.

하나님이 세우신 사사들은 여러 가지 부족함이 있는 자들이었다. 에훗은 한 손에 장애가 있는 자였고, 드보라는 여인이었고, 기드온은 므낫세 지파의 가장 작은 자였다. 삼갈은 시골뜨기 소몰이꾼이었고, 입다는 서자 출신이었다. 삼손은 정욕에 약한 자였다. 그러나 하나님은 부족한 자들을 사사로 세우셔서 위기에 처한 민족을 구원하셨다. 히브리서 11장은 기드온, 바락, 삼손, 입다를 믿음의 영웅들의 명단에 올려놓고 있다(히 11:33, 34).

사사기는 하나님 나라(여호와 신앙)와 세상 나라(바알주의)는 공존할 수 없음을 보여준다. 하나님 나라의 주역이 되기 위해서는 물질주의, 육신주의, 세속주의 등의 올무가 될 만한 요소를 철저히 제거해야 한다. 혼합주의는 당장은 현명해 보이지만 실상은 자기 파멸의 지름길이다.

	사사	지파	압제 국가	압제 기간	평화 기간	본문	특징
1	옷니엘	유다	메소포타미아	8년	40년	3:1-11	갈렙의 조카, 후에 갈렙의 사위가 됨
2	에훗	베냐민	모압	18년	80년	3:12-4:1	왼손잡이, 모압인 1만 명 살해
3	삼갈	납달리	블레셋			3:31, 5:6	소 모는 막대기로 블레셋을 물리침
4	드보라	에브라임	가나안	20년	40년	4:1-5:31	바락을 세움, 시스라 군대 900승을 물리침
5	기드온	므낫세	미디안	7년	40년	6:1-8:32	포도주 틀에서 밀 타작하던 자, 300용사로 승리
6	돌라	잇사갈			23년	10:1-2	잇사갈 지파의 유력자
7	야일	므낫세			22년	10:3-5	아들 30, 성읍 30 가진 거부

8	입다	므낫세	암몬	18년	6년	10:6-12:7	기생의 아들, 서원하여 딸을 바침
9	입산	유다			7년	12:8-10	아들 30, 딸 30이 있었음
10	엘론	스불론			10년	12:11-12	아얄론에 장사
11	압돈	에브라임			8년	12:13-15	아들 40, 손자 30
12	삼손	단	블레셋	40년	20년	13:1-16:31	나실인, 천하장사, 들릴라의 유혹에 넘어감, 최후에 3천 블레셋인 죽임

2. 부패(17-21장)

이스라엘 백성들이 가나안 문화와 타협하게 되었을 때 얼마나 비참하게 되는가를 삼손의 삶을 통해서, 그리고 17-21장의 이야기를 통해서 보여준다. 삼손은 나실인으로 택함을 받았지만 이방 여인의 유혹을 이겨내지 못해 눈이 멀고 결박당한 채 블레셋 집에 끌려가 채찍을 맞으며 맷돌을 돌리는 비참한 지경에 처하고 만다(16:20, 21). 그가 마지막으로 회개하고 하나님께 간구하므로, 블레셋 사람들을 많이 죽이기는 하지만 그의 최후는 처량하기 그지없는 이스라엘의 실상을 보여준다(16:30). 삼손의 인생은 하나님을 가장 사랑해야 하지만 이방의 쾌락 문화를 사랑한 이스라엘의 비극적 결말을 단적으로 보여준다.

사사기 마지막 부분은 이스라엘의 극심한 타락과 혼란, 즉 신앙적 타락(17, 18장)과 도덕적 타락(19장), 그리고 정치적 혼란상을 보여준다(20, 21장). 미가의 집안은 우상을 만들어서 섬기고, 레위인이 아닌 아들을 제사장으로 세운다. 먹을 것이 없어서 유랑하는 레위인을 한 집안의 전속 제사장으로 고용한다. 이것은 혼합주의요, 여호와 신앙을 사유화한 것이다(17장). 단 지파는 분명히 12지파 중의 한 지파지만 땅을 분배받지 못해 떠돌다가 북쪽의 라이스 땅 사람들을 죽이고 거기에 정착한다. 더구나 미가 집안의 전속 제사장과 우상까지 강탈하는 불의함을 보여준다(18장).

한 레위인은 첩을 취하고, 그 첩이 베냐민 지파 사람들에게 집단 윤간을 당하는 비극이 발생한다. 이 과정에서 비류들이 레위인과 동성애를 즐기고자 요구하는 모습은 그 시대가 소돔과 고모라 시대와 같이 타락했음을 말해 준다(19:22, 창 19:5). 레위인은 첩의 시체를 열두 지파에 나누어 보내서 베냐민 지파와 다른 지파 간에 내전이 일어나게 한다. 이로 인해서 베냐민 지파가 소멸될 지경에 이른다. 또 결혼 못한 베냐민 지파의 청년들을 위해서 여호와의 절기에 춤추러 나온 실로 여인들을 납치하도록 허용한다. 이 모든 모습들이 왕이 없는 시대의 참혹한 무정부 상태를 그대로 보여준다(21:25).

모세와 여호수아가 그렇게 간곡히 권면했건만 약속의 땅에 들어가서 철저하게 말씀 중심으로 살지 않았을 때 감당할 수 없는 혼란과 부패를 가져온다는 사실을 가르쳐 준다. 끊임없이 대적들과 싸우며 정복해 갈 때 살아 있었던 공동체가 오히려 안정기에 들어가서 부패하게 된다는 교훈을 가르쳐 준다. 사사기는 여호와만이 진정한 사사이심을 가르쳐 주며, 분명한 신앙 철학과 영적 지도력의 필요성을 대망하게 한다.

8. 룻기: 이방 여인을 통한 하나님 나라의 보존

요절, 룻기 4:4 "내가 여기 앉은 이들과 내 백성의 장로들 앞에서 그것을 사라고 네게 말하여 알게 하려 하였노라 만일 네가 무르려면 무르려니와 만일 네가 무르지 아니하려거든 내게 고하여 알게 하라 네 다음은 나요 그 외에는 무를 자가 없느니라 하니 그가 이르되 내가 무르리라 하는지라."

룻기는 이스라엘 백성들이 타락한 상황에서 한 이방의 과부 여인이 하나님을 신실하게 믿음으로 말미암아 하나님 나라의 명맥이 유지되고, 결국 다윗 왕국을 배태하게 되는 것을 보여준다. 룻은 우상 종교를 섬기던 모압 여인이었다. 그러나 그런 사람도 하나님은 구속 역사에 일방적으로 들어 쓰셨다. 룻기는 사사 시대와 왕국 시대 사이의 다리 역할을 한다. 특히 룻기는 이방인이 구속 역사에서 배제되지 않고 결정적인 순간에 중요한 역할을 담당한다는 사실을 가르쳐 준다.

아무리 칠흑같이 어두운 시대에도 하나님이 남겨 놓으신 남은 자들이 있다. 하나님은 민족과 성별을 초월해서 남겨진 경건한 자들을 통해 구원의 역사를 이루어 가신다. 하나님의 구속 역사는 실로 오묘하기만 하다. 다윗의 혈통을 타고 오실 예수님의 계보 속에 룻과 같은 이방 여인이 있다는 사실은 놀랍다. 이것은 우연한 사건이 아니고 장차 어떤 이방인도 그리스도를 믿음으로 말미암아 하나님 나라 백성이 될 수 있다는 희망을 보여준다.

피상적으로 볼 때 룻기는 한 과부 여인의 순수함과 시어머니에 대한 충성이 축복을 가져오는 이야기 같지만 그 이면에는 모든 죄인들을 동일하게 사랑하시는 하나님의 보편적인 사랑의 메시지를 담고 있다. 또한 기근에서 풍요로 옮겨가는 상황에서 보아스가 보여준 인애는 텅 빈 우리의 인생을 풍요롭게 채워 주시는 그리스도적 성품을 연상하게 한다.

1. 룻의 헌신(1, 2장)

사사가 치리하던 때 불어닥친 흉년과 약속의 땅을 떠나 모압에서 죽은 3부자의 모습은 이스라엘의 부패로 인한 하나님의 심판임을 말해 준다. 남겨진 세 과부의 모습 속에서 절망적인 이스라엘의 모습을 발견하게 된다. 고향으로 떠나는 오르바와 달리 룻은 시어머니 나오미를 끝까지 섬기며 시어머니의 하나님을 섬기고자 결단한다. 고향으로 돌아온 나오미는 본래 '희락' 이었지만, '쓴물' 이 되었다. 한때는 '풍족한 자' 였지만, '비어 있는 자' 가 되어 돌아왔다(1장).

하나님은 나오미의 비어 있는 삶을 룻과 보아스를 통해 채워 주신다. 룻은 이삭을 주우며 충성스럽게 시어머니를 봉양한다. 하나님은 룻이 자비로운 보아스를 만나게 하셔서 인애를 체험하게 하신다(2장). 룻기에서 보아스는 나오미와 룻을 구원하는 구원자로서 그리스도적인 모습을 보여준다. 나오미는 마라, 즉 쓴물의 상태였지만 룻의 섬김, 보아스의 도움으로 말미암아 나오미, 즉 희락의 상태로 변해 간다.

2. 룻의 상급(3, 4장)

나오미의 도움으로 룻은 보아스를 가까이하게 된다. 교회적으로 보면 룻은 그리스도의 신부, 보아스는 그리스도적 존재, 나오미는 이를 연결시키는 목자 역할을 한다. 보아스는 인간적인 감정으로 룻을 취하지 않고 먼저 룻에게 더 가까운 친척으로 하여금 기업을 무르도록(고엘) 한다. 하지만 그가 이를 거부하므로 보아스가 룻을 아내로 취하고 그 가정을 책임지고자 한다(4:10). 결국 둘 사이에서 다윗의 조부인 오벳이 태어나게 된다.

사사 시대 이스라엘이 타락해 있을 때 한 이방 여인이 다윗 왕국을 탄생시키는 중요한 인물로 하나님 나라 역사에 편입된다. 룻은 이방인 출신 과부이지만 여호와 하나님을 믿고 시모를 섬기고

자 하는 희생적 결단이 하나님 나라의 한 징검다리 역할을 하게 한다. 약속의 자녀가 하나님의 말씀을 버릴 때는 이방인을 통해서라도 친히 구원의 역사를 이루어 가시는 하나님의 주권적인 사역을 볼 수 있다. 하나님의 주권은 하나님의 은밀한 섭리 가운데서 성취되어져 간다.

나오미와 룻, 보아스의 삶 가운데서 하나님은 다윗이 태어날 가문을 준비하고 계셨다. 특히 룻기의 배경이 되는 베들레헴(떡집)은 수백 년 후에 만민을 위해 생명의 떡으로 오신 예수님의 탄생지가 된다. 예수님은 텅 빈 우리 인생을 구원해 주는 보아스적 존재로서 우리를 신부 삼고 풍성한 사랑으로 채워 주신다. 예수님은 한없는 자비와 인애로서 우리를 위로하시고 회복시키셔서 결국에는 기쁨에 이르게 하신다.

9. 사무엘상: 하나님 나라에 적합하지 않은 왕, 사울

사무엘의 활약

1. 사무엘의 탄생
2. 엘리가의 저주
3. 소명받은 사무엘
4. 법궤 빼앗김
5. 법궤과 다곤
6. 벧세메스 소
7. 미스바로 모이라
8. 왕을 요구함

실패한 왕 사울

9. 사울의 등장
10. 사울을 기름 부음
11. 사울의 즉위
12. 사무엘의 고별사
13. 사울의 번제
14. 요나단 승리
15. 사울의 불순종

훈련받는 다윗

16. 다윗을 택함
17. 다윗과 골리앗
18. 사울의 시기
19. 사울의 박해
20. 다윗과 요나단
21. 아히멜렉 제사장
22. 아둘람, 도엑 고발
23. 그일라 구출
24. 엔게디 광야
25. 다윗과 아비가엘
26. 십 광야
27. 블레셋 망명
28. 사울 접신
29. 아기스의 의심
30. 아멜렉 물리침
31. 사울의 최후

요절, 사무엘상 15:22 "사무엘이 이르되 여호와께서 번제와 다른 제사를 그의 목소리를 청종하는 것을 좋아하심같이 좋아하시겠나이까 순종이 제사보다 낫고 듣는 것이 숫양의 기름보다 나으니."

사부엘서는 왕이 없음으로 자기 소견대로 행하는 사사 시대의 혼란을 마감하고 이스라엘 백성들 안에 하나님이 왕으로 다스리고자 하시는 하나님의 주권적인 역사의 기록이다. 출애굽, 여호수아, 시대에는 하나님이 모세와 여호수아를 통해서 이스라엘을 이끄시고 다스리셨다. 그러나 사사 시대에는 분명한 리더십이 결여된 상태에서 큰 혼란을 겪게 된다. 마침내 사울 시대부터는 왕정 체제로 들어선다. 그러나 외적으로 볼 때 왕들이 다스리는 왕정 시대가 도래했지만 실상은 하나님이 왕이 되셔서 지도자를 세우시고 폐하시며 이스라엘 역사를 이끌어 나가심을 보여준다.

사무엘상은 사무엘의 출생에서부터 사울의 죽음에 이르기까지 약 100여 년의 역사를 담고 있다. 하나님은 하나님의 마음에 합한 이상적인 왕을 세우고자 고민하셨다. 그러나 초대 왕 사울은 기대와는 달리 교만과 불순종으로 하나님의 마음을 저버리고 실패한 왕의 대명사가 된다. 반면에, 다윗은 지극히 자기중심적인 사울 왕 밑에서 숱한 고생을 하지만 자신 안에도 있을 수 있는 사울적 요소를 극복하고 하나님의 마음에 합한 왕으로 준비되어진다.

사무엘상에는 실패한 제사장 엘리와 실패한 왕 사울, 그리고 하나님이 쓰신 제사장 사무엘과 영적인 왕의 후보 다윗이 대비되어 나타난다. 하나님 나라에 있어서 왕은 스스로 하나님의 자리에 앉아서는 안 된다. 오직 하나님만이 왕으로서 보좌에 앉으시고, 인간 왕은 신명기 17장 14-17절 말씀에 기초해서 하나님의 율법에 순종하는 본을 보여야 한다. 왕이라도 하나님의 율법에 불순종하면 그것은 점치는 죄와 같다(15:23).

하나님은 죄에 대해서 분명히 징계하신다. 그 개인뿐 아니라 가족과 국가 공동체에도 하나님의 엄중한 징계가 내려짐을 보여주신다. 국가적 혼란 속에서 대대적인 회개 운동을 일으키고, 영적인 왕을 세우는 사무엘에게서 영적 리더십을 배우게 된다. 인본적인 지도자 사울의 몰락과 신본적인 지도자 다윗의 등극을 통해 여호와 제일주의 신앙을 배우게 된다. 체제에 상관없이 하나님 나라의 유일한 왕은 하나님이심을 가르쳐 준다.

1. 사무엘의 활약(1-8장)

엘리는 마지막 사사요, 제사장이었다. 그러나 그는 사사 시대의 죄악된 흐름을 그대로 답습하고 있었다. 그의 죄악상은 자식들에게 그대로 계승되고 있었다. 엘리의 두 아들 홉니와 비느하스는 하나님께 드릴 제물을 훔쳐 먹고 성전에서 일하는 여인들과 동침할 정도로 악했다.

하나님은 하나님을 경외하고 말씀에 순종하는 자는 존중히 여기시지만 하나님을 멸시하는 자는 반드시 경멸하신다(2:30). 엘리 시대는 그만큼 영적으로 어둡고 말씀이 희귀하여 이상이 보이지 않던 시대였다(3:1). 하나님은 이런 시대에 한 사람의 영적 지도자를 준비시키고 계셨다. 불임 상태의 한나의 모습은 거룩한 하나님의 백성이 씨가 말라가는 모습을 보여주는 듯하다. 그러나 한나는 간절한 서원 기도로 사무엘을 낳는다. 한나의 찬송시는 단지 아들을 낳음으로 인간적인 한을 풀게 하신 것이 아니라 하나님의 백성 가운데 뿌리 내린 사탄의 올무를 하나님이 제거하실 것에 대해서 감사하고 있다(2장).

하나님은 절망적인 시대에 사무엘을 부르시고 충실한 제사장으로 키우신다. 이를 위해 그를 부르시고 하나님의 말씀을 가감없이 전하는 훈련을 시키신다. 여호와께 드려진 사무엘은 하나님의 성소에서 자라나며 하나님을 경외하고 하나님의 말씀을 듣고 전하는 훈련을 받는다. 하나님은 실로에서 사무엘에게 나타나시고, 단에서 브엘세바까지 온 이스라엘에 사무엘의 영향이 미치게 하신다(3장).

블레셋과의 전쟁에서 하나님의 언약궤를 승리의 도구로 이용하고자 했던 엘리의 두 아들은 죽임을 당하고 언약궤를 빼앗긴다. 아들들의 전사 소식을 들은 엘리도 죽고 아이를 낳던 며느리도 죽는다. 하나님께 불순종할 때 하나님의 영광이 떠나는 비극(이가봇)을 맞이하게 된 것이다(4장). 이것은 이스라엘을 향한 하나님의 언약 관계가 파기될 위기에 처했다는 의미이다. 이런 상황에서 사무엘이 온 백성을 대상으로 미스바에서 대대적인 회개 운동을 벌인다(7장).

사무엘은 백성들이 죄를 회개하고 제사를 드림으로써 하나님과의 언약 관계가 회복되도록 힘을 썼다. 이 회개를 받으시고 하나님은 이스라엘을 블레셋으로부터 구원하신다. 하나님의 백성들이 승리하는 길은 물리적인 힘을 키우는 데 있지 않고 회개함으로 하나님과의 언약 관계를 회복하는 데 있다. 하나님은 하나님을 멸시한 엘리 제사장 가문을 철저히 멸하시고 하나님을 경외하고 백성들을 사랑하는 지도자 사무엘을 쓰셔서 하나님 나라의 기초를 놓으신다.

2. 실패한 왕 사울(9-15장)

이스라엘의 초대 왕으로 세움 받은 사울은 처음에는 겸손했다. 하나님은 그에게 새 영을 부어 주셨고 암몬 족속을 물리치는 승리도 주셨다. 그러나 블레셋과의 전투를 앞두고 번제를 드리는 월권 행위를 한다(13:12). 또한 아멜렉과의 전투에서 모든 소유를 멸하라는 하나님의 말씀을 어기고 기름지고 좋은 것은 남기고 하찮은 것만 멸하는 불순종의 죄를 범한다(15:22). 하나님의 말씀을 자기 나름대로 재해석하고 선택적으로 순종하는 것은 순종이 아니다. 하나님의 말씀에 전적으로 순종하는 자에게 진정한 축복과 은혜가 임하게 된다. 하나님의 영이 불순종하고 회개치 않는 사울을 떠나시자 사울은 악령의 지배를 받는 자로 전락하게 된다(16:15).

3. 훈련받는 다윗(16-31장)

하나님은 외모가 아닌 중심을 보시고 다윗을 기름 부어 왕으로 세우신다(16장). 소년 다윗은 만군의 여호와의 이름으로 나아가 골리앗을 물리친다. 다윗이 골리앗의 머리를 벤 사건은 장차 그리스도께서 사단의 머리를 상하게 하실 것에 대한 예표라고 할 수 있다(17장). 그러나 그가 실제로 왕이 되기까지는 많은 훈련을 받아야 했다. 사울은 다윗을 시기하여 여러 번 죽이고자 하지만 하나님은 다윗을 지키시고, 다윗은 사울의 아들 요나단과 우정을 키워나간다.

다윗은 사울의 추격을 피해, 아둘람 굴, 엔게디 광야 등을 떠돌아 다녀야만 했다. 그런 가운데서도 하나님이 기름 부어 세운 종을 칼로써 대적하지 않고자 몸부림친다. 물리적인 힘이 아닌 눈물 어린 호소로 사울을 감동시킨다(26장). 사울에게 추격을 당하면서도 칼로써 보복하지 않고 원수까지 사랑하는 다윗의 모습 속에서 그리스도의 그림자를 보게 한다. 또한 도망 다니며 고난 받는 다윗의 모습은 고난 받는 그리스도의 모습을 내다보게 한다. 사울은 그때그때 잠시 회개하는 듯했지만, 또다시 다윗을 미워하고 추격하는 어리석은 짓을 반복하다 결국 블레셋과의 전투에서 자살로 인생을 마감한다(31장).

사무엘상은 엘리 가정의 몰살과 사울 가정의 몰살로 끝이 난다. 반면에 하나님의 뜻대로 살고자 애쓴 사무엘과 다윗은 하나님의 구원 역사에 귀한 인물들로 쓰임 받게 된다. 엘리와 사울의 최후는 불경건과 불순종의 죄가 얼마나 비참한가 말해 준다. 사무엘과 다윗의 하나님께 대한 겸손과 순종은 하나님이 쓰시는 지도자의 내면성임을 배우게 한다. 사울이 죽을 때까지 다윗은 외로운 나그네의 삶을 살아야 했다. 그러나 광야의 쓰디쓴 눈물의 과정을 거치지 않았다면 위대한 왕 다윗의 탄생은 없었을 것이다. 다윗의 고난받는 삶은 십자가의 고난을 거쳐서 부활에 이르시게 된 예수님의 삶을 연상하게 한다.

10. 사무엘하:
하나님 나라에 합당한 왕, 다윗

다윗의 즉위

1. 사울을 위한 애도
2. 유다 지파의 왕 다윗
3. 아브넬 피살
4. 이스보셋 피살
5. 통일 이스라엘의 왕 다윗
6. 법궤 운반
7. 다윗 언약
8. 영토 확장
9. 므비보셋 영접
10. 암몬 정복

다윗의 범죄와 회개

11. 다윗과 밧세바
12. 나단의 책망
13. 압살롬과 암논
14. 압살롬 귀환
15. 압살롬 반역
16. 시므이 저주
17. 아히도벨 자살
18. 압살롬 죽음
19. 다윗 환궁
20. 세바의 반역
21. 서원 위반의 죄
22. 다윗의 찬양시
23. 다윗의 용사들
24. 인구 조사

요절, 사무엘하 7:16 "네 집과 네 나라가 내 앞에서 영원히 보전되고 네 왕위가 영원히 견고하리라 하셨다 하라."

사무엘하는 하나님 나라의 모형이라고 할 수 있는 다윗 왕국의 40년을 진솔하게 기록하고 있다. 다윗이 통일 왕국의 왕으로 즉위하기까지 다윗은 참으로 겸손하고 영적이었다. 왕이 되어서도 처음에는 하나님이 어디를 가든 그에게 승리를 주심으로 승승장구하였다. 하나님은 다윗의 믿음과 충성을 축복하시고 영원한 언약을 맺어 주셨다(7:8-16). 그러나 다윗도 완전한 자는 되지 못했다. 그는 축복의 때 사탄의 시험에 들어 정욕의 죄를 범함으로 크나큰 시련이 시작된다. 그 자손들 속에서 일어나는 불행의 역사는 처절하다.

다행히 그가 진실되게 회개하므로 하나님의 은혜와 긍휼을 덧입게 되지만 그 죄의 대가는 혹독하다.

하나님은 다윗을 사랑하셨지만 특정한 사람이라고 무조건 죄를 눈감아 주지는 않으셨다. 그가 겸손하게 하나님께 순종했을 때는 축복하셨지만, 하나님의 말씀을 떠나 죄를 범하였을 때는 혹독한 징계를 받게 하셨다. 다윗의 성공과 실패를 통해서 어떤 신앙의 영웅도 죄의 유혹으로부터 자유로울 수 없음을 보여준다. 또한 인생 성공의 관건은 하나님께 대한 순결 신앙의 고수에 있음을 가르쳐 준다. 다윗이 진실되게 회개했을 때 하나님은 풍성한 긍휼과 은혜를 베풀어 주신다. 하나님은 죄에 대해서 징계하시지만 회개하는 자는 결코 버리지 않으신다. 가장 이상적으로 보이는 다윗도 인간으로서의 한계를 보임으로써, 결국은 다윗의 후손으로 오실 우리의 진정한 왕 메시아를 대망하게 한다.

1. 다윗의 즉위(1-10장)

사울이 죽었지만 다윗은 아직 헤브론에서 7년 6개월간 살면서 유다 지파의 왕으로만 살아야 했다. 아브넬이 사울의 아들 이스보셋을 11지파의 왕으로 세웠기 때문이다(2장). 이때 다윗은 무리하지 않고 인내한다. 결국 아브넬과 이스보셋 사이에 갈등이 생겨 스스로 붕괴하고 다윗은 마침내 온 이스라엘의 왕으로 즉위하게 된다(5장). 다윗은 대적자들을 끝까지 포용하고, 인간적인 야심을 앞

세우지 않았다. 기회주의자들을 용납하지 않고, 끝까지 하나님의 때를 기다림으로 온 백성들의 추대 속에서 왕으로 등극할 수 있었다.

사울은 권력에 대한 욕망에 집착한 나머지 하나님의 말씀에 불순종하므로 자신의 생명과 왕권과 아들들까지 잃게 된다. 반면에 다윗은 자신에게 주어진 왕위를 스스로 취하지 않고 하나님의 손에 맡김으로써 영원한 나라를 약속 받게 된다. 하나님의 백성은 현재에 매이지 말고 영원한 나라를 바라보는 안목을 가질 필요가 있다. 하나님이 부여하시는 왕권은 인간적 술수나 사람들의 지지에 의해서가 아니라, 하나님의 허락하심으로 이루어진다. 다윗은 33년 동안 예루살렘에서 왕으로 다스린다.

다윗은 수도 예루살렘에 여호와의 법궤를 옮겨 왔다(6장). 하나님의 말씀이 중심이 되는 나라를 건설하기 원했기 때문이다. 정치적으로는 다윗이 왕이었지만, 다윗은 하나님이 그 나라를 통치하시고 영광 받으시는 진정한 왕이 되기 원하셨다. 하늘의 왕이신 여호와는 마침내 예루살렘에 거처를 정하시고 그들 가운데 임재하시게 되었다. 블레셋에게 빼앗기는 수난을 당했던 법궤가 마침내 여러 과정을 통해 이스라엘 나라의 중심인 예루살렘으로 옮겨짐으로써 이스라엘은 하나님의 영광이 함께하는 나라가 되었다.

다윗은 또한 여호와의 집, 곧 성전을 짓기 소망했다. 그러나 하나님은 이를 아들에게 맡기도록 하시고 그에게는 다윗 언약을 허락하신다(7:12-16). '네 집과 네 왕위가 영원토록 보존되리라'는 하나님의 약속은 이후 400년 동안 다윗 왕가가 유지되도록 하셨다.

BC 586년에 남왕국이 멸망하였지만, 그 약속은 '메시아'에 대한 희망의 초석이 되게 하셨다. 하나님은 다윗의 씨 가운데서 메시아가 날 것이며, 영원토록 흔들리지 않는 왕국을 세우실 것을 약속하셨다. 이 하나님의 약속은 마침내 예수님의 탄생을 통해서 성취된다(사 9:7; 마 1:1, 21:9; 눅 1:32).

다윗은 자신과 자신의 집이 얼마나 비천했으며 오직 하나님의 은혜로 구원받아 하나님의 축복을 누리게 되었는가 고백한다(7:18). 다윗은 감사로 충만하였고, 하나님은 다윗이 어디를 가든지 승리를 주셔서 다윗 왕국의 전성기가 이루어지게 하신다(8:6).

2. 다윗의 범죄와 회개(11-24장)

다윗은 훌륭하였지만, 결코 완벽한 인간이거나 초인은 아니었다. 그도 약점이 있었고 큰 실수를 하였다. 나라가 풍요와 안정기에 접어들자 다윗은 방심한 틈에 정욕의 늪에 빠지고 만다. 무서운 골리앗과는 싸워 이겼지만 달콤한 정욕의 유혹 앞에서는 패배하고 말았다. 다윗은 밧세바를 취하고 그녀의 남편 우리아를 전쟁터에 내보내 죽게 한다(11장). 다윗은 졸지에 간음과 살인, 거짓과 탐심의 죄를 짓게 된 것이다. 이는 하나님의 말씀을 업신여긴 크나큰 죄였다(12:9). 그러나 다윗이 사울과 다른 점은 나단 선지자의 책망 앞에 진실되게 죄를 회개했다는 점이다. 하나님은 다윗의 회개를 받으시고 은혜로 솔로몬을 허락하셨다.

하지만 죄의 대가는 처절했다. 다윗의 아들 암논이 이복 여동생 다말을 범한다. 암논은 압살롬에 의해 살해된다(13장). 압살롬은 아버지를 향해서 반란을 일으켜 다윗은 맨발로 도망하여 망명길에 오르게 된다. 다윗의 후궁들이 백주에 욕보임을 당하고, 다윗은 시므이에게 치욕스런 모욕을 당하는 등 범죄한 후 다윗의 인생은 눈물 마를 날이 없었다.

이때 다윗은 자신의 죄로 인한 하나님의 훈련임을 영접하고 하나님의 도우심을 구한다(16장). 압살롬의 측근인 아히도벨의 모략은 실패하고 압살롬의 죽음으로 반란은 끝이 난다. 다윗은 압살롬의 죽음 앞에 비통해 한다. 이 모든 것이 자신의 죄로 말미암은 것인 줄 알았기 때문이다(18:33).

이 혼란의 와중에서 다윗 주변 인물들의 본색이 드러나게 된다. 후새와 바르실래, 잇대는 변함없는 충신들이다. 반면에 아히도벨, 시므이는 대적자들이다. 요압과 아비아달은 기회주의자들로서 후에 반역자들이 된다(왕상 1:7). 다윗은 베냐민 지파 출신인 세바의 반란 사건을 겪게 된다(20장).

다윗은 자신의 인생을 마감하면서 언약을 지키시는 하나님의 은혜를 찬송한다(23:5). 그러나 자신의 힘을 자랑하고자 용사들을 계수했다가 7만 명이 전염병으로 죽는 징계를 받게 된다(24:15). 하나님 나라는 칼과 창의 힘으로 세워진 나라가 아니다. 하나님의 전능하심과 그를 향한 신뢰와 믿음으로 세워진 나라이다. 그러나 다윗이 자기 스스로의 힘으로 왕국을 건설할 수 있다고 생각했을 때 하나님은 기뻐하지 않으셨다. 하나님은 그 누구도 하나님보다 자기 이름을 자랑하기를 원치 않으신다.

하나님의 징계를 받은 다윗은 선지자 갓의 방향에 따라 아라우나의 타작마당을 사서 그곳에서 번제와 화목제를 드린다(24:25). 그곳은 본래 아브라함이 아들 이삭을 바치고자 제단을 쌓았던 곳으로 후에 솔로몬 성전 터가 된다. 또 나중에는 예수님이 인류의 죄를 위해 십자가에 못 박혀 죽으시는 골고다가 된다. 하나님은 다윗 왕국이 강인한 군사들이 설치는 힘의 제국이 아니라, 하나님 앞에 겸손하게 무릎 꿇고 제사드림으로 죄를 회개하고 하나님의 영광을 드러내는 하나님 중심의 나라가 되기를 원하셨던 것이다.

11. 열왕기상: 하나님 나라의 분열

통일 왕국

1. 솔로몬 즉위
2. 왕권 확립
3. 솔로몬의 지혜
4. 솔로몬의 번영
5. 성전 건축 준비
6. 성전 건축
7. 궁전 건축
8. 성전 봉헌식
9. 하나님의 경고
10. 솔로몬의 영화
11. 솔로몬 타락

분열 왕국

12. 왕국 분열
13. 여로보암에게 경고
14. 여로보암의 악
15. 아비얌, 아사
16. 아합 등장
17. 사르밧 과부
18. 갈멜 산 전투
19. 호렙 산 도피
20. 아합과 벤하닷
21. 나봇의 포도원
22. 아합의 죽음

요절, 열왕기상 2:3 "네 하나님 여호와의 명령을 지켜 그 길로 행하여 그 법률과 계명과 율례와 증거를 모세의 율법에 기록된 대로 지키라 그리하면 네가 무엇을 하든지 어디로 가든지 형통할지라."

열왕기서는 다윗 왕국이 3대를 넘기지 못하고 솔로몬 이후로 왜 분열되고 멸망할 수밖에 없었는가를 왕들의 역사를 통해서 고발하고 있다. 왕들의 위치는 너무나 중요하다. 왕은 백성들의 목자로서 하늘 왕이신 하나님의 권세를 위임받아 백성들을 통치하는 중재적 역할을 맡은 자이기 때문이다. 왕들은 단지 현실 정치적인 직무만이 아니라 종교적 상황을 결정하는 자이다. 그런데 지상 왕들이 하늘 왕이신 하나님의 뜻을 어기고 우상 숭배를 조장하고 말씀에 불순종하였을 때 하나님은 그들을 징계하셨다.

오므리와 여로보암 2세는 정치적으로 탁월했을지라도 종교적으로 부패했기 때문에 성경은 지극히 작은 부분만 할애하고 있다. 오므리 왕에 대한 기록은 단 8줄에 불과하지만 엘리야에 대한 기록은 무려 6장이나 된다. 이는 열왕기의 기록 목적이 왕들의 정치적인 치적보다 영적인 측면에 있다는 것을 말해 준다. 열왕기는 지상 왕들의 한계를 보여주고, 지상의 하나님 나라가 어떻게 타락해 가는가를 보여준다. 반면에 하나님이 진정한 왕이시고 역사의 주인이심을 가르쳐 주고 있다. 이스라엘 민족의 몰락은 그들이 역사의 주관자이신 하나님을 떠나 타락한 것에 대한 하나님의 엄중한 심판이었다.

열왕기 저자를 예레미야로 보는 이유는 열왕기하 25장과 예레미야 52장의 내용이 거의 같기 때문이다. 열왕기는 이스라엘 멸망 전에 회개를 촉구하는 데 목적이 있었기 때문에 왕들의 죄를 중심으로 기록한 선지자적 메시지이다. 그러나 역대기는 바벨론 포로 귀환 후에 이스라엘의 정체성을 회복하기 위해 에스라가 이스라엘의 영광을 중심으로 기록하고자 했기 때문에 제사장적이다.

열왕기상은 솔로몬 왕에서부터 유다의 여호사밧 왕, 그리고 이스라엘의 아하시야 왕까지를 기록하고 있다. 겉으로 볼 때 이스라엘의 역사는 왕들에 의해서만 좌우되는 것 같다. 그러나 하나님은 때마다 선지자들을 보내셔서 말씀으로 경고하시고, 말씀대로 살도록 권면하신다. 그런 점에서 열왕기에는 선지자들의 활약이 두드러지게 나타난다(나단, 아히야, 예후, 엘리야, 엘리사, 훌다).

1. 솔로몬의 단일 왕국 시대(1-11장)

다윗이 연로하자 아들 아도니야가 스스로 왕이 되고자 했다. 여기에 요압 장군과 아비아달 제사장이 달라붙어 자신들의 왕권을 잡고자 하였다. 이때 나단 선지자가 밧세바를 통해 다윗을 설득함으로 솔로몬을 왕으로 세우게 된다(1장). 초기에 솔로몬은 하나님께 일천 번제를 드리며, 겸손히 하나님께 지혜를 구하였다. 그는 듣는 마음, 즉 경청의 자세를 갖고자 애를 썼다. 그때 하나님은 누구도 따라갈 수 없는 지혜를 그에게 주셨다. 그의 지혜는 두 창기가 한 아이를 두고 다툴 때 재판하는 과정에서도 잘 나타난다(3장). 후에 스바 여왕도 솔로몬을 찾아와서 그의 지혜에 탄복하게 된다(10장). 하늘의 지혜는 이 땅의 어떤 지혜로도 따라갈 수 없다.

또한 그는 성전 건축을 시작하였다. 이는 BC 966년으로, 출애굽한 지 480년 만이었다. 솔로몬은 누구든지 이 성전을 향하여 기도하면 하나님이 응답해 주시도록 간구하였다(8:34). 성전은 성막의 발전된 형태로 하나님과 백성들이 만나는 하나님의 임재 장소였다. 이 성전이 신약 시대에는 예수님으로 발전하게 된다(요 2:21). 그러나 하나님은 솔로몬이 성전을 지었다고 해서 만사형통은 아니란 사실을 경고하신다(9:7).

솔로몬이 7년이란 세월 동안 성전을 지어서 하나님께 봉헌한 일은 귀한 일이었다. 그러나 13년에 걸쳐서 자신의 왕궁을 지은 것은 백성들의 삶을 피폐하게 만들었다. 또한 이방 여인들을 첩으로 취하고, 그 여인들을 통해 각종 이방 신들이 들어오도록 허용한 사실은 큰 죄였다(11:4). 사울 옆에는 사무엘이, 그리고 다윗 옆에는 나단 선지자가 있었지만, 솔로몬 옆에는 그를 견제하고 질책해 주는 선지자가 없었던 것이 그의 불행을 가속화시켰다. 그는 권력과 부와 쾌락의 덫에 빠져, 자기 백성이 축복의 근원이 되어야 하는 하나님의 뜻을 망각하고 말았다. 초반부에 그는 철저히 하나님의 지혜를 의지하였기 때문에 왕국을 잘 이끌 수 있었지만, 후반부에 그는 자신의 지혜만을 믿고 국정을 운영하다 실패하게 된다.

2. 분열 왕국(12-16장)

솔로몬의 아들 르호보암은 어머니가 암몬 사람이었다(14:31). 그러니 믿음이 있을 리 만무하다. 더구나 그는 교만하고 안하무인이었다. 백성들은 20년 동안 건축 역사로 지쳐 있었지만, 그는 백성들의 사정을 고려하지 않았다. 이로 인해서 유다 지파 외에는 다 여로보암 편에 서서 북왕국을 건설함으로써 나라가 분열되고 만다(12:20). 남유다와 북이스라엘의 분열은 솔로몬 왕이 하나님을 전심으로 사랑하지 않고 이방 여인들에게 마음을 빼앗기고 우상을 허용하였기 때문에 하나님이 심판하신 결과였다. 하나님은 이미 신명기 17장 14절에서 왕이 금해야 할 세 가지를 말씀하셨다. 많은 말과 많은 은금, 그리고 많은 아내였다. 솔로몬은 이 모든 것을 과도하게 취하였던 것이 타락으로 가는 지름길이 되고 말았다.

한편 북이스라엘의 왕이 된 여로보암은 북쪽 백성들이 남쪽 예루살렘에 가서 성전 제사 드리는 것을 방해하고자 금송아지를 만들어 하나는 단에, 하나는 벧엘에 두었다(12:29). 레위인이 아닌 사람을 제사장으로 임명하였다. 여로보암은 하나님이 세우신 제사와 직분을 파괴하고 임의대로 행함으로써 하나님의 진노를 자초하게 된다. 그는 북이스라엘을 혼합 종교의 본거지로 만들고, 온 이스라엘 백성 대대로 악을 행하게 하는 기초를 놓았다. 남왕국은 그래도 단일 왕조로서 다윗의 왕권이 계승되었지만, 북왕국은 빈번한 반란으로 인해 4번이나 왕조가 바뀌게 되었다.

여로보암의 아들 나답은 즉위 2년 만에 바아사에게 암살되고, 바아사는 여로보암의 집을 멸절한다(15장). 바아사의 왕권을 이어받은 엘라는 2년 만에 시므리에게 암살된다. 시므리는 7일 만에 오므리에게 왕권을 찬탈당하고 자살한다(16:18). 오므리는 상업적 이득을 얻을 목적으로 두로와 시돈 왕 엣 바알의 딸 이세벨과 그의 아들 아합을 정략 결혼시킨다. 그러나 이세벨은 바알 우상들을 가지고 들어와 이스라엘을 우상 천지로 만든다. 노아 시대의 문제, 솔로몬의 실패, 아합의 비극, 에스라 시대 포로기 이후의 문제는 모두 결혼관의 나락에서 비롯되었다.

3. 엘리야의 사역(17-22장)

엘리야와 엘리사의 이야기가 열왕기에서 많은 부분을 차지하고 있다(열왕기상 17장부터 열왕기하 13장까지). 하나님은 엘리야 선지자를 훈련시키셔서 바알 선지자와 싸우게 하신다(18장). 갈멜 산에서 바알 선지자 850명은 비와 번개의 신 바알의 이름을 부르며 자신들의 몸을 자해까지 하지만 비는 내리지 않는다.

그러나 엘리야 한 사람이 여호와의 이름을 부르며 기도하자 3년 6개월의 기근이 끝나고 비가 쏟아진다. 이로써 바알 선지자들을 다 죽이지만 이세벨은 회개하기는커녕 엘리야를 더 죽이고자 한다(19장). 이세벨이 두려워서 브엘세바까지 도망 간 엘리야를 하나님은 세미한 음성으로 만나 주셨다. 세상을 변화시킬 수 있는 것은 바람과 지진과 불이 아니라 하나님의 입에서 나오는 세미한 음성이었다. 엘리야는 하나님의 방향을 따라 하사엘을 기름 부어 아람 왕으로 세우고, 엘리사를 후계자로 세운다.

아합은 나봇의 포도원을 탐하여 그를 죽이고 강제로 빼앗는다. 이로써 엘리야의 저주를 받는다(21장). 아합은 길르앗 라못 땅을 차지하고자 아람과 전쟁을 벌이면서 사돈인 유다 왕 여호사밧을 끌어들인다. 그는 자신의 정체를 숨기고자 평민 복장으로 변장하지만 적군이 쏜 화살에 갑옷의 이음매 부분이 맞아 죽게 된다(22장). 하나님의 심판은 너무나 정확했고, 아합의 최후는 비참하기 그지없었다.

12. 열왕기하:
하나님 나라의 붕괴

북왕국 멸망

1. 엘리야와 아하시야	7. 네 나병환자	13. 엘리사 죽음
2. 갑절의 영감	8. 여호람과 아달랴 결혼	14. 아마샤, 여로보암2세
3. 모압과 전쟁	9. 이세벨의 최후	15. 북왕조 반역 연속
4. 수넴 여인	10. 아합 집안 몰살	16. 아하스의 범죄
5. 나아만 장군	11. 아달랴와 요아스	17. 북왕조 멸망
6. 불말과 불병거	12. 요아스 성전 수리	

남유다 멸망

18. 히스기야의 개혁	21. 므낫세의 악정	24. 바벨론의 침공
19. 히스기야의 승리	22. 요시야 율법책 발견	25. 유다의 멸망
20. 생명 연장	23. 요시야의 종교개혁	

요절, 열왕기하 23:27 "여호와께서 이르시되 내가 이스라엘을 물리친 것같이 유다도 내 앞에서 물리치며 내가 택한 이 성 예루살렘과 내 이름을 거기에 두리라 한 이 성전을 버리리라 하셨더라."

열왕기하는 남북왕국이 어떻게 몰락해서 결국은 멸망으로 치닫게 되는가를 보여준다. 엘리야에 이어서 엘리사가 북왕국의 왕들에게 도전하시만 왕들은 이에 부응하지 못하고 결국 앗수르에게 멸망당하고 만다. 남왕국은 8명의 비교적 선한 왕이 있었고, 히스기야와 요시야는 그중에도 훌륭한 신앙 개혁 운동을 펼쳤다. 하지만 북왕국보다 136년을 더 존속하다가 바벨론에게 멸망당했다. 아무리 택함 받은 선민일지라도 하나님의 말씀에 불순종하고 언약을 지키지 않을 때 하나님은 강대국을 통해서 그들을 심판하신다. 왕들은 백성을 대표해서 하나님과 교제하도록 세움을 받았지만 도덕적, 영적 부패로 말미암아 멸망의 길을 재촉하게 된다.

하나님은 북왕국에 엘리사, 아모스, 호세아 선지자를, 남왕국에는 요엘, 이사야, 예레미야, 미가, 스바냐 등의 선지자들을 보내셔서 경고하셨지만 왕과 백성들은 근본적으로 회개하지 않았다. 특히 열왕기하는 북이스라엘의 왕 아합의 악영향이 남유다에도 침투하여 온 이스라엘을 죄로 타락시키는 모습을 보여준다. 여기에는 결혼 정책을 통해서 국가의 힘을 키우고자 했던 여호사밧의 정치적 계산이 작용하기도 했다. 열왕기상이 솔로몬 왕에 의한 성전 건축을 통해서 영광스러운 왕국으로 시작하지만 열왕기하는 죄로 말미암아 타락하고 성전이 붕괴되고 나라가 망하는 것으로 끝이 난다.

하나님의 말씀을 중심으로 한 왕국이 하나님의 축복을 받지만 하나님의 말씀에 불순종하고 떠날 때 하나님이 축복을 거두어 가신다는 사실을 보여준다. 그러나 그들의 멸망은 그것으로 끝나지 않고 그들의 신앙을 정화시키고 남은 자들을 통해서 새로운 믿음의 역사를 창출하고자 하는 기회가 된다.

1. 엘리사의 사역(1-8장)

엘리사는 부르심을 받았을 때 엘리야에게 갑절의 영감을 구하였다(2장). 엘리야의 사역이 세례 요한과 상통한 데가 있다면 엘리사의 사역은 예수님 사역의 그림자적인 역할을 한다. 엘리야가 거의 왕들과 관계된 사역을 했다면, 엘리사는 평민들을 대상으로 했다. 엘리야가 율법과 심판, 회개를 강조했다면, 엘리사는 은혜와 구원을 강조했다.

엘리사는 모압과의 전쟁 시 작전 지시를 했으며(3장), 과부 된 선지자의 생도 부인을 물질적으로 도와주었다. 무자한 수넴 여인에게 아들을 낳게 해주었고, 그 아들이 죽었을 때 살려 주었다(4장). 아람의 군대장관 나아만의 문둥병을 치료해 주었으며(5장), 아람 군대에게 포위된 사마리아 성을 구출하였다(7장). 수넴 여인의 전토를 되찾게 해주었으며, 하사엘이 아람 왕이 될 것을 예언하였다(8장). 엘리사는 죽어서도 사람들을 살리고 구원했다(13장).

2. 예후와 요아스의 개혁 운동(9-12장)

예후는 요람을 살해하고 왕이 되었고, 이세벨과 그 아들들, 바알 숭배자들을 처형하였다. 뿐만 아니라 남유다의 아하시야와 그 형제들까지 진멸하였다(9:27, 28). 그러나 금송아지를 섬기는 여로보암의 죄에서는 떠나지 않았다. 예후의 정변을 틈타 아합의 딸 아달랴가 손자들을 죽이고 남유다의 왕이 되었다(11장). 남유다의 여호사밧 왕은 비교적 선한 왕이었지만 전략적으로 북이스라엘의 왕 아합과 연혼 관계를 맺으므로 남유다에 바알 우상이 파고드는 빌미를 주고 만다.

아달랴는 여호사밧의 아들 여호람과 결혼함으로 남왕국을 바알 천지로 만들고자 하였다. 아달랴는 손자들을 다 죽임으로써 다윗의 혈통이 끊어질 뻔한 위기를 맞게 된다. 그러나 여호세바의 도움으로 요아스가 살아남고, 여호세바의 남편 여호야다 제사장의 도움으로 요아스는 7살에 왕이 된다. 요아스는 우상을 타파하는 등, 일시적인 개혁 운동을 벌이지만 고모부이자 제사장인 여호야다가 죽은 뒤 교만해진다. 결국 여호야다의 아들 스가랴 제사장의 조언을 거부하고 오히려 그를 죽임으로써 비극을 자초한다(대하 24장).

3. 북이스라엘의 멸망(13-17장)

요아스 왕 때에 북이스라엘의 영적 아버지 엘리사가 죽는다(13장). 요아스의 아들 여로보암 2세는 41년간 통치하면서 정치, 경제적으로 호황을 맞이한다. 그러나 내적으로는 심히 부패하였고 이때 호세아와 아모스 선지자가 심판의 메시지를 전한다. 여로보암 2세가 죽자 북이스라엘은 쿠데타가 거듭해서 일어나다가 마침내 BC 722년에 앗수르 왕 살만에셀에게 멸망당한다. 그들은 하나님의 말씀을 경외하지 않고 이방 신들을 섬긴 죄로 말미암아 하나님의 심판을 받은 것이다(17:34-40). 앗수르는 강제 이주 정책을 써서 많은 이스라엘 백성들을 포로로 끌고 가고, 이스라엘 땅에 이방 민족을 이주시켜서 혈통과 종교가 혼합되도록 하였다.

남유다

왕	행적	선지자
1. 르호보암	남북 왕국이 분열됨	스마야, 잇도
2. 아비얌	아버지 죄를 답습	잇도
3. 아사 ★	우상 숭배한 태후의 위를 폐함	아사랴, 하나니
4. 여호사밧 ★	우상 제거, 말씀 가르침, 아합과 사돈	예후, 야하시엘
5. 여호람	아달랴와 결혼	오바댜, 엘리야
6. 아하시야	요람 문안 갔다가 예후에게 죽음	
7. 아달랴	아합의 딸, 손자들 살해	
8. 요아스 ★	고모 여호세바가 살림, 고모부 여호야다가 도와줌	요엘
9. 아마샤 ★	북왕국 요하스에게 체포됨	
10. 웃시야 ★ (아사랴)	초기에 선정 베풂, 후에 교만해져서 성전 분향하다 나병에 걸림	이사야, 스가랴
11. 요담 ★	선행했으나 산당 제거 못함	이사야, 미가
12. 아하스	앗수르 제단 그려 옮겨옴	이사야, 미가
13. 히스기야 ★	신앙 개혁, 기도로 앗수르 침략 이김	이사야, 미가
14 므낫세	아들을 불 가운데 지나게 함	나훔
15. 아몬	측근에게 모살	
16. 요시야 ★	성전 개혁, 유월절 지킴, 므깃도에서 전사	예레미야, 스바냐, 훌다
17. 여호아하스	애굽에 잡혀가 죽음	예레미야
18. 여호야김	바벨론을 배반하여 화를 당함	예레미야, 하박국, 다니엘,
19. 여호야긴	바벨론에 끌려감	예레미야, 다니엘
20. 시드기야	바벨론 배반, 두 눈 뽑힘	예레미야, 다니엘, 에스겔

북이스라엘

왕	행적	선지자
1. 여로보암 ▼	금송아지 우상 세움	아히야
2. 나답	바아사에게 살해	
3. 바아사	죄의 길로 감	
4. 엘라	시므리에게 살해	
5. 시므리	7일 천하, 자살	
6. 오므리 ▼	사마리아 성읍 건설, 강력한 북왕국 왕	
7. 아합	가장 악한 왕, 바알 숭배	엘리야, 엘리사, 미가야
8. 아하시야	난간에서 추락, 병사	엘리야, 엘리사
9. 여호람(요람)	아합의 아들, 악행	엘리사
10. 예후 ▼	아합 집안, 우상 숭배자를 몰살	엘리사
11. 여호아하스	예후 아들, 아람에 패배	엘리사
12. 요아스	땅을 세 번 치고 그침	
13. 여로보암 2세	국력을 최강화, 영적 부패	요나, 아모스, 호세아
14. 스가랴	살룸에게 살해	호세아
15. 살룸	므나헴에게 살해	호세아
16. 므나헴 ▼	앗수르에 조공 바침	호세아
17. 브가히야	므나헴의 아들	호세아
18. 베가	호세아에게 살해	호세아, 오뎃
19. 호세아	앗수르 배반, 북왕국 멸망	호세아

왕국 분열 - BC 931년

북이스라엘 - BC 722년 앗수르에게 멸망

남유다 - BC 586년 바벨론에게 멸망

★ 유다의 비교적 선한 왕(8명)

▼ 정변을 통해서 북왕조를 창설한 왕(4명)

4. 남유다의 멸망(18-25장)

남유다는 히스기야와 요시야 왕의 신앙 갱신 운동으로 멸망이 지연되기는 하였다. 특히 히스기야는 앗수르의 침략 때 타협치 않고 눈물로 기도하여 앗수르의 침략을 막아낸다(18, 19장). 요시야도 철저한 우상 타파와 유월절을 회복하는 등 애를 쓴다(22, 23장). 그러나 히스기야가 후에 교만하여져서 자신의 창고를 바벨론에게 보여줌으로 바벨론에게 멸망당할 빌미를 주고 만다(20장).

요시야도 므깃도 전투에서 애굽의 바로 느고와 싸우다 전사한다(23:29). 요시야의 아들 여호아하스는 여호와 앞에 악을 행하다 애굽으로 끌려가고, 요시야의 또 다른 아들 여호야김은 악정을 베풀다 죽는다. 여호야김의 아들 여호야긴은 악을 행하다 바벨론으로 끌려간다(24장).

요시야의 또 다른 아들 시드기야가 유다의 마지막 왕이 되지만 그도 바벨론을 배반하였다가 두 눈이 뽑혀서 바벨론으로 끌려간다(25장). BC 586년 남유다는 바벨론에게 망하고 포로로 끌려가게 된다. 그러나 바벨론에 끌려간 여호야긴 왕이 석방되어 바벨론 왕의 선처를 받는 것을 통해 장차 이스라엘 회복이 이루어질 소망을 보여주고 있다. 바벨론은 상류층 동화 정책을 썼기 때문에 남유다의 고급 인력들을 잡아가서 그들의 하수인으로 삼고자 하였다.

13. 역대상:
하나님 나라 백성의 뿌리 찾기

다윗까지 족보

1. 아담에서 아브라함까지	4. 유다 시므온 족보	7. 5지파 반 족보
2. 유다의 족보	5. 르우벤, 갓, 므낫세	8. 베냐민 사울 족보
3. 다윗의 족보	6. 레위인 족보	9. 예루살렘 거류지

다윗의 통치

10. 사울 자살	17. 다윗 언약	24. 제사장
11. 다윗 즉위	18. 이방 나라 정복	25. 찬양대
12. 다윗의 용사들	19. 암몬 아람 정복	26. 문지기
13. 법궤 영입	20. 블레셋 정복	27. 군대 조직
14. 다윗 번영	21. 인구 조사	28. 다윗 유언
15. 법궤 입성	22. 성전 건축 준비	29. 다윗 죽음
16. 다윗의 감사시	23. 레위인의 자손	

요절, 역대상 29:11 "여호와여 위대하심과 권능과 영광과 승리와 위엄이 다 주께 속하였사오니 천지에 있는 것이 다 주의 것이로소이다 여호와여 주권도 주께 속하였사오니 주는 높으사 만물의 머리이심이니이다."

역대기는 포로기 이후 제2성전 시대에 제사장 에스라가 기록하였다. 바사 왕 고레스는 포로 생활을 하고 있던 이스라엘 백성들을 귀환시켜 주면서 여호와의 성전을 짓도록 방향을 주었다. 여러 가지 방해를 극복하고 스룹바벨 성전을 중건하였지만 기대했던 하나님의 영광은 임하지 않고 이방 민족을 통한 시련은 계속되었다. 유대 공동체 내에서도 성전 건축할 당시의 감격은 사라지고, 거짓된 십일조 생활, 형식적인 제사, 안식일에 대한 절대성 상실 등으로 그들은 점점 사기가 떨어지고 있었다. 처음에 고국으로 돌아올 때의 기대와는 달리 점점 그들은 소망을 상실해 가고 있었다.

이런 정황 속에서 에스라는 다윗 언약이 아직도 유효하다는 것과 그들이 여호와 신앙을 견지하면 하나님이 다윗 왕국 때와 같은 영광을 회복시켜 주실 것이라는 소망을 심어 주기 위해 역대기를 기록하였다.

열왕기는 앞에 사무엘서와 연결하여서 이스라엘 왕들의 죄악상을 고발함으로 멸망 전 백성들에게 회개를 촉구하는 데 초점이 있다. 그래서 과거 지향적이고 부정적인 측면이 강하다. 그러나 역대기는 뒤에 에스라, 느헤미야, 에스더서와 연결되어서 다윗 왕가를 회복시키려는 하나님의 희망에 초점을 두고 있기 때문에 미래 지향적이다. 또한 포로기 동안 잃어버린 하나님 백성의 자부심을 회복하기 위해서 긍정적인 면을 많이 부각하고 있다. 다윗의 범죄와 실수, 솔로몬의 이방 여인과의 결혼, 우상 숭배 등 부정적인 측면은 과감하게 생략하고 있다.

역대기는 혈통적 정통성을 강조하기 때문에 족보가 길게 기록되어 있다. 또한 성전의 영광, 기도, 찬양에 대한 내용이 길게 수록되어 있다. 역대기의 내용 절반 이상이 성전에 관한 내용이다. 이것은 여호와 신앙이 성전 제사와 깊은 관련이 있기 때문이다.

역대기에는 또한 선지자들의 조언을 많이 기록한다(나단 ⇒ 다윗,

아사랴 ⇒ 아사, 미가야 ⇒ 여호사밧, 여호야다, 스가랴 ⇒ 요아스, 훌다 ⇒ 요시야). 이것은 하나님 말씀에 대한 중요성을 강조하기 위한 것이다. 다윗 왕조의 정통성에서 벗어난 북왕조의 왕들은 출발부터 하나님의 말씀에서 떠났기 때문에 거의 언급되지 않는다. 다윗 계열의 남유다 왕들은 하나님의 말씀에 대해서 비교적 충성스러운 자세를 가졌기 때문에 이들에게 집중하고 있다.

1. 아담부터 다윗까지(1-9장)

1장은 아담으로 시작되는 족보, 아브라함으로 시작하는 족보의 기록이다. 이로써 이스라엘 백성들이 인류 조상으로 맞닿은 백성이요, 하나님께 특별히 택함 받은 백성인 것을 강조한다. 2-4장은 남유다와 다윗 왕의 계보이고, 6장은 레위 지파, 7장은 요셉 지파, 8장은 베냐민 지파, 9장은 바벨론 포로에서 귀환한 자들의 명단과 숫자의 기록이다. 이 족보의 핵심 인물은 단연 다윗 왕이다.

2. 다윗의 통치(10-29장)

사무엘서는 사울의 몰락과 다윗의 즉위까지를 자세히 다루지만, 역대기는 다윗이 왕이 되는 시점에서 시작한다. 특히 다윗이 언약궤를 예루살렘으로 옮기는 과정과 다윗의 찬양과 감사시, 기도, 그리고 하나님의 언약을 기록하는 데 많은 부분을 할애한다. 하나님은 당신의 언약에 신실했던 다윗을 사랑하셔서 그가 어디를 가든지 승리하게 하셨다(18:13). 저자는 성전 건축을 위해서 준비하는 과정과 제사장, 레위인, 찬양대, 문지기 등 각 직분자들에 대한 명단을 구체적으로 기록하고 있다(23-27장).

다윗은 하나님께 대한 감사와 사랑의 마음이 지극하여 온 정성을 다해 성전 건축을 준비하였다. 또한 아들 솔로몬이 온전한 마음으로 하나님을 섬길 것과 강하고 담대한 마음을 가지고 성전 건축 역사를 완수할 것을 간곡하게 권면한다. 여호와의 전을 마치기까지 하나님이 함께하실 것이라는 믿음을 심어 준다(28:20). 이는 예수님이 제자들에게 선교 명령을 주시면서 약속으로 주셨던 말씀과 유사하다(마 28:20).

14. 역대하:
하나님 나라 백성의 정체성 회복

솔로몬 통치

1. 솔로몬의 기도	4. 성전 비품	7. 성전 봉헌식
2. 성전 건축 준비	5. 성전 봉헌	8. 솔로몬 번영
3. 성전 건축 시작	6. 봉헌 기도	9. 솔로몬 죽음

유다 왕들

10. 왕국 분열	19. 여호사밧 선정	28. 아하스 우상 숭배
11. 르호보암 통치	20. 여호사밧 금식	29. 히스기야 성전 청결
12. 르호보암 죽음	21. 여호람 창자 중병	30. 히스기야 유월절
13. 아비야의 강성	22. 아하시야의 범죄	31. 히스기야 개혁
14. 아사 승리	23. 요아스의 통치	32. 산헤립 물리침
15. 아사 개혁	24. 요아스의 악함	33. 므낫세 기도
16. 아사 타락과 죽음	25. 아마샤 우상 숭배	34. 요시야 종교개혁
17. 여호사밧 강성	26. 웃시야 나병	35. 요시야 전사
18. 아합의 죽음	27. 요담 정직	36. 유다 멸망

요절, 역대하 36:23 "바사 왕 고레스가 이같이 말하노니 하늘의 신 여호와께서 세상 만국을 내게 주셨고 나에게 명령하여 유다 예루살렘에 성전을 건축하라 하셨나니 너희 중에 그의 백성 된 자는 다 올라갈지어다 너희 하나님 여호와께서 함께하시기를 원하노라 하였더라."

역대기는 북왕국의 정통성을 인정하지 않기에 오직 남왕국의 성전 건축 과정과 성전의 영광을 집중 부각시킨다. 특히 모범적인 행적을 남긴 왕들(아사, 여호사밧, 요아스, 히스기야, 요시야)의 말씀 중심의 개혁 운동을 많이 다루고 있다. 다윗에 의한 성전 건축 계획과 준비, 솔로몬에 의한 성전 건축과 봉헌에 많은 부분을 할애한다. 또한 성전을 더럽힌 남유다 말기의 왕들과 바벨론에 의해 성전이 파괴되는 과정을 자세히 기록하고 있다. 다윗 언약에도 불구하고 유다의 왕들은 타락과 범죄를 거듭한다.

각 왕들이 하나님께 순종했을 때는 평화와 번영이 임하였다. 그러나 그 반대의 경우 분열과 패망을 거듭하였다. 이처럼 인간의 불성실과 허물에도 불구하고 하나님은 언약에 대해서 신실하셨다. 역대기의 마지막은 바사 왕 고레스가 이스라엘 백성들에게 예루살렘으로 귀환해서 성전을 신축하도록 명령하는 것으로 끝맺고 있다(36:23).

이것은 역사의 주관자가 하나님이심을 밝히고 역대기의 핵심 주제가 성전임을 말해 주고 있다. 또한 택하신 자들을 향한 하나님의 사랑이 영원하다는 사실을 말해 준다. 겉으로 볼 때 유다의 역사는 실패로 끝나는 것 같아도 내면적으로 보면 하나님 나라 회복을 향한 하나님의 강한 의지가 면면히 흐르고 있다.

1. 솔로몬의 재위 시절(1-9장)

솔로몬은 백성들을 다스리기에 부족한 자신을 인정하고 하나님께 일천 번제를 드린다(1장). 이때 하나님은 솔로몬이 구한 지혜뿐만 아니라 부와 영광까지 주신다. 솔로몬은 아브라함이 이삭을 바치고자 했던 모리아 산, 하나님이 다윗에게 나타나셨던 아라우나의 타작마당에 성전 터를 잡는다(3:1). 이 단락에는 솔로몬의 성전 건축에의 열정과 언약궤 안치, 봉헌 기도, 하나님의 응답 등이 자세히 기술된다. 솔로몬의 허물은 거의 생략되고 솔로몬의 업적과 영화가 기록된다. 솔로몬 성전에 대해 자세히 기술한 것은 포로기 이후에 제2성전을 지어야 하는 백성들에게 동기 부여가 필요했기 때문이다.

2. 남유다 왕들(10-36장)

르호보암은 교만하여 나라가 분열되었지만 스마야 선지자의 조언을 받아들여 북이스라엘과 분쟁을 중지한다(11장). 그가 애굽의 시삭에게 침략을 받아 회개했을 때 하나님은 그의 겸비함을 보시고 은총을 베푸신다(12:12). 이는 오랜 포로 생활에서 돌아온 이스라엘 백성들이 회개하면 하나님의 용서를 받을 수 있다는 위로의 메시지를 담고 있다. 아사는 초기에 우상을 섬기는 태후까지 폐위할 정도로 영적이었다. 그러나 후에 인간적이 된 그를 책망하는 선지자 하나니를 옥에 가둔다. 발에 병이 생겼지만 하나님께 기도하지 않고 의원들에게만 도움을 구하였다가 죽음을 맞이하게 된다(16장).

여호사밧은 우상을 타파하였고, 모압과 암몬의 연합군이 쳐들어왔을 때 백성들과 금식하며 기도하여 승리하였다(20장). 그러나 아합과의 연혼 관계로 아달랴를 며느리로 맞이한 큰 실수를 범한다. 아달랴의 영향을 받은 여호람과 아들 아하시야는 불행한 최후를 맞는다(22장). 아달랴는 손자들을 죽이고 왕권을 잡지만 여호야다 제사장에 의해 죽임을 당하고 여호세바가 숨겨 키운 요아스가 7세에 왕이 된다.

그러나 요아스는 은혜를 까먹고 고종사촌이자 제사장인 스가랴가 충심 어린 직언을 하자 살해하고 만다(24:21). 결국 그와 그의 아들 아마샤는 암살되는 비극을 맞는다. 웃시야는 많은 업적을 남겼지만 후에 교만해져서 문둥병에 걸린다(26장). 아하스는 에돔과 블레셋의 침입 앞에 두려워 앗수르에게 도움을 청했다가 오히려 봉변을 당한다(28장).

히스기야는 우상을 타파하고 유월절을 회복하는 등 하나님의 말씀대로 살고자 영적 개혁을 단행하였다(29장). 그는 또한 기도로 앗수르의 침략을 이겨내지만 후에 교만해져서 하나님의 진노를 사게 된다(32장). 므낫세는 우상 숭배에 빠진 죄로 말미암아 하나님이 치셔서 바벨론에 끌려간다. 그때 그는 하나님께 기도함으로 하나님의 긍휼로 왕의 자리를 회복하게 된다(33장).

요시야는 8세에 왕이 된 후 철저한 종교개혁을 단행한다. 그러나 애굽 왕 느고의 북진을 막고자 전쟁에 참여했다가 므깃도에서 전사한다. 이는 그가 하나님의 음성을 듣지 않았기 때문이다(35:22). 요시야의 아들들인 여호아하스, 여호야김, 시드기야, 그리고 여호야김의 아들 여호야긴은 모두 여호와 보시기에 악을 행하였다. 결국 남유다는 바벨론에게 멸망당하고 만다(36장).

그러나 역대기 마지막은 하나님이 바사 왕 고레스의 마음을 감동시키셔서 이스라엘 백성들이 예루살렘에 돌아와 성전을 건축하도록 허용했다는 사실을 강조하고 있다. 이는 하나님 나라 회복을 향한 의지를 백성들에게 고취시키고자 함이다.

15. 에스라:
하나님 나라의 성전 재건

스룹바벨 - 성전 재건(1-6장)

1. 1차 포로 귀환
2. 귀환자 명단
3. 성전 재건 착수
4. 성전 재건 중지
5. 성전 재건 재개
6. 성전 완공

에스라 - 신앙 갱신(7-10장)

7. 2차 귀환, 에스라의 결심
8. 귀환자 명단
9. 이방 결혼, 에스라의 기도
10. 갱신 운동

요절, 에스라 7:10 "에스라가 여호와의 율법을 연구하여 준행하며 율례와 규례를 이스라엘에게 가르치기로 결심하였었더라."

역대기가 솔로몬 성전의 건축과 파괴 과정을 소개하고 있다면 에스라는 스룹바벨 성전의 건축 과정을 소개하고 있다. 에스라, 느헤미야는 원래 한 권이었지만 나중에 두 권으로 편집되었다. 솔로몬 성전이 건립되던 역사를 '제1성전기'로 본다면 포로 귀환 후에 스룹바벨 성전이 지어지는 과정의 역사는 '제2성전기'이다. 에스라는 출바벨론 후에 이스라엘 회복을 위해서 성전을 재건하고, 신앙 갱신에 힘썼다는 점에서 제2의 모세로 불리기도 한다.

에스라는 제사장 가문 출신으로서 모세의 율법에 익숙한 학자였다. 그는 또한 하나님께 대한 믿음이 견고하고, 죄에 대해서는 통분히 여기는 경건한 신앙인이었다. 하나님은 에스라를 세우셔서 성전 건물의 회복뿐만 아니라, 이스라엘 백성들의 영적, 도덕적, 사회적 질서를 회복시키셨다. 에스라는 2차 포로 귀환을 주도했던 자로서, 3차로 귀환한 백성들에게 1, 2차로 귀환한 백성들의 행적을 기록으로 남겨줄 필요를 느꼈다. 에스라는 먼저 귀환한 선배들이 행한 훌륭한 점을 교훈 삼고, 문제가 되었던 점을 개선하도록 돕길 원했다.

포로 귀환이 표면적으로는 고레스의 정책에 의한 것으로 비추어진다. 그러나 실상 역사의 주관자 되신 하나님의 손길에 의해 움직여진다는 것을 가르쳐 준다. 포로 귀환을 통한 이스라엘 나라의 회복은 그들의 공로가 아니라 하나님의 전적인 은혜로 말미암은 것이었다.

그러므로 새 이스라엘 나라 건설을 책임 맡은 백성들은 역사 의식을 가지고 예배를 통한 하나님과의 교제에 힘써야 한다. 또한 이방인과 구별된 성별한 삶을 살아야 한다. 특히 신앙적 정통성을 후대에 계승하기 위해서는 에스라가 결심한 것처럼 하나님의 말씀을 열심히 연구하고 준행하고 가르치기에 힘써야 한다. 또한 현실과 타협하고자 하는 인간의 본성과 거슬러서 끊임없는 신앙 갱신 운동에 박차를 가해야 한다.

에스라, 느헤미야서는 시대에 따라 다음과 같이 분류할 수 있다.

1) 스룹바벨 지도하의 1차 귀환 : 에스라 1-6장(BC 536-516년): 학개, 스가랴 선지자 활약

2) 성전 재건과 예배 회복 : 에스라 3-6장(BC 516년)

3) 에스라의 2차 귀환과 영적 회복 : 에스라 7-10장(BC 458년)

4) 느헤미야의 3차 귀환 : 느헤미야 1-13장(BC 445년)

1. 성전 재건(1-6장)

하나님은 바사 왕 고레스의 마음을 감동시키셔서 포로 귀환을 이루시고 성전 재건을 이루도록 하셨다. 이렇게 해서 스룹바벨이 이끈 1차 포로 귀환이 이루어졌고(1장), 귀환자 명단이 기록되어 있다(2장). 바사의 정책은 관용 정책으로서 속국의 주권과 종교를 인정하고 단지 조공만을 내도록 하는 것이었다. 마침내 성전 중건 역사가 이루어지지만, 이전 성전을 보았던 세대들은 초라한 제2성전을 보고 대성통곡한다(3:12). 그 통곡의 의미는 초라함에 대한 안타까움과 성전 회복에 대한 감개무량함이 혼재된 것이었다. 그러나 르훔과 심새의 방해로 공사가 16년 동안 중단되었다(4장). 이때 선지자 학개와 스가랴의 노력으로 총독 스룹바벨과 제사장 여호수아가 성전 중건을 시작한다(5장).

한편 다리오 왕은 악메다 궁에서 고레스 왕이 내린 성전 건축의 허가 서류를 찾아낸다. 다리오 왕은 마침내 성전 중건을 허락할 뿐만 아니라 이에 필요한 자재도 제공해 주었다. 이로써 성전 중건 역사는 탄력을 받게 되고 마침내 BC 516년에 완공된다(6장).

2. 신앙 갱신(7-10장)

성전이 중건되었지만 신앙적, 도덕적 측면은 문제가 많았다. 에스라는 영적으로 혼돈 가운데 있는 이들을 볼 때 마음이 아팠다. 포로 기간 동안 율법을 듣지 못해 하나님의 말씀에 대해 무지한 새로운 세대에 대해서 안타까움을 가진 에스라는 여호와의 율법을 연구하여 준행하며 가르치기로 결심한다(7:10).

신앙 갱신은 성전 건물의 중건으로 완수되는 것이 아니라, 말씀을 통한 영적 가치관의 재건으로 이루어진다고 믿었기 때문이다. 에스라는 이방인들과 통혼한 자들을 책망하고, 이방 여인을 끊어버리도록 권면한다(10:11). 에스라는 이방 결혼을 한 자들의 명단을 일일이 공개함으로 신앙의 순수성을 강조하고 있다.

16. 느헤미야:
하나님 나라의 성벽 재건

성벽 재건(1-7장)

1. 느헤미야의 기도	4. 방해와 무장 공사	7. 귀환자 명단
2. 예루살렘 귀환	5. 가난한 자 보호	
3. 성벽 건축자들	6. 성벽 재건 완공	

부흥(8-10장)

8. 율법책 낭독	9. 범국민적 회개	10. 언약에 인 친 자들

신앙 개혁(11-13장)

11. 새로운 거주자들	12. 성벽 봉헌식	13. 부단한 개혁 운동

요절, 느헤미야 2:17 "후에 그들에게 이르기를 우리가 당한 곤경은 너희도 보고 있는 바라 예루살렘이 황폐하고 성문이 불탔으니 자, 예루살렘 성을 건축하여 다시 수치를 당하지 말자 하고."

에스라가 제사장으로서 말씀에 기초한 영적 개혁에 힘썼다면 느헤미야는 총독으로서 행정적인 측면에서 재건에 힘썼다. 느헤미야는 3차 포로 귀환과 예루살렘 성벽 재건을 주도하였다(BC 445년). 느헤미야에게 있어서 예루살렘 도성은 단지 물리적인 건물 이상의 의미가 있었다.

예루살렘은 하늘의 왕이신 하나님의 도성이요, 거룩한 성이었다. 그 성의 회복은 곧 하나님 영광의 회복이요, 하나님 백성들의 자부심 회복을 의미했다. 그래서 그는 이 사역을 위해서 바사 왕궁에서의 안정된 직책을 잠시 접고 과감하게 예루살렘행을 택한다.

대적들이 그를 조롱하고 죽이고자 하였으나 그는 믿음으로 동족들과 단합하여 단기간에 성벽 중건 역사를 완성한다. 또한 에스라와 동역하여 신앙의 갱신 운동에도 온 힘을 기울였다. 느헤미야는 하나님께 대한 열정과 동족에 대한 안타까운 심정, 그리고 대적들과 과감하게 맞서 싸우는 용기를 갖춘 지도자였다. 또한 실의에 빠진 동족들을 일으켜 세워서 위대한 과업에 동참하도록 독려하고 공동체를 조직화시키는 탁월한 리더십을 가진 자였다.

1. 성벽 재건(1-7장)

느헤미야는 바사 왕의 술 맡은 관원으로 있으면서 예루살렘 성벽이 무너진 소식을 듣고 통곡하며 기도했다(1장). 느헤미야서는 기도로 시작해서 기도로 끝날 만큼 기도가 많이 등장한다. 느헤미야는 기도의 사람이었다. 기도를 통해서 용기를 덧입은 그는 왕 앞에 나아가 담대하게 성전 중건 의사를 피력하였다. 하나님의 도우심으로 느헤미야는 왕의 허락을 받고 돌아와서 실의에 빠진 백성들을 독려한다(2:17). 그는 동족이 어려움을 당하였을 때 자신을 돌아보지 않고 귀국하여 성벽 재건 사업에 뛰어드는 결단력과 사명감의 사람이다. 또한 일을 시작하기 전에 무너진 성벽의 상태를 탐사하는 치밀함을 가진 지도자였다. 혼자 일하지 않고 동족들을 독려함으로 동기를 부여하는 지도자이다.

그러나 호론 사람 산발랏과 암몬 사람 도비야, 아라비아 사람 게셈이 조롱하며 방해한다(4장). 하나님 나라 건설에 있어서 반드시 반대하는 세력들이 등장한다. 하지만 느헤미야는 이것으로 인해서 기가 죽거나 두려움 때문에 물러서지 않는다. 그는 오히려 온 이스라엘 백성들로 하여금 한 손에 일을, 한 손에 병기를 잡고 공사를 계속하도록 독려한다(4:17).

대적들은 느헤미야를 모살하고자 오노 평지에 나오도록 유도했지만 그는 요동하지 않고 중건 역사에 집중하였다. 사탄은 항상 하나님 역사를 중단하도록 여러모로 협박하고 두려움을 심는다. 그러나 느헤미야는 한눈팔거나 인간적으로 계산하지 않고 오직 하나님께 대한 믿음과 놀라운 집중력으로 성벽 재건에 매진하여 52일 만에 이를 완수한다(6:15).

2. 부흥과 신앙 개혁(8-13장)

성벽은 중건되었지만 백성들의 내면은 아직 황망하였다. 그들의 내면에 여호와의 율법이 없었던 것이다. 이에 느헤미야는 에스라와 더불어 7월에 온 백성을 수문 앞 광장에 모아놓고 말씀 사경회를 벌이며 일주일 동안 초막절을 지켰다. 이때 말씀을 듣고 온 백성들이 눈물을 흘리며 회개한다. 이전에 이스라엘의 신앙은 성전 안에서 이루어지는 제사가 중심이었다. 그러나 이제는 성전 밖 강단에서 말씀을 가르치는 말씀 신앙으로 바뀌게 되었다(8장).

9장의 기도는 이스라엘 역사 속에서 하나님이 베푸신 은혜와 자신들의 죄를 언급하며 대대적인 회개와 결단의 기도로 가득 차 있다. 성벽 재건을 계기로 그들은 자신들이 하나님이 택하신 선민 공동체임을 자각한다. 하나님과의 언약을 지키지 못하고 배반한 그들의 죄를 통회하고 하나님과의 언약을 새롭게 마음에 새기고자 결단한다. 그런 의미에서 외적인 성벽의 중건만이 아니라 내적인 신앙의 정통성을 회복하고 하나님과 맺은 언약에 순종하고자 하는 자세가 더 중요함을 가르쳐 준다.

이스라엘 백성들은 이방인들과 연혼하지 않고, 안식일을 준수하고 십일조 바치는 생활을 절대적으로 할 것을 다짐한다(10장). 그가 잠시 바사에 간 사이에 영적 자세가 해이해진 점을 느헤미야는 돌아와서 책망하며 이방적 요소를 척결하도록 훈련한다(13장). 느헤미야는 신앙 갱신 운동에 있어서 실제적인 헌신과 결단을 촉구하며 본을 보인 측면에서 영적 리더십의 본이 되었다.

그러나 에스라와 느헤미야를 통한 중건 역사는 전적으로 하나님의 사역이었다. 하나님이 강대국 왕들의 마음을 감동시키시고, 대적들의 간계를 파해 주셨다. 또한 백성들의 마음에도 감동을 주셔서 온 백성들이 단합하게 하셨다. 여기에 에스라와 느헤미야는 기도를 통해서, 믿음과 열정을 다해 헌신함으로 이스라엘 회복의 역사에 쓰임을 받은 것이다.

17. 에스더:
하나님 나라 백성의 기도

위기

1. 와스디의 폐위	3. 하만의 음모
2. 에스더의 간택	4. 죽으면 죽으리라

구원

5. 에스더의 연회	7. 하만의 처형	9. 부림절
6. 모르드개의 존귀	8. 모르드개의 영광	10. 유다 민족의 승리

요절, 에스더 4:16 "당신은 가서 수산에 있는 유다인을 다 모으고 나를 위하여 금식하되 밤낮 삼 일을 먹지도 말고 마시지도 마소서 나도 나의 시녀와 더불어 이렇게 금식한 후에 규례를 어기고 왕에게 나아가리니 죽으면 죽으리이다 하니라."

에스더서의 역사적 배경은 1차 포로 귀환과 2차 포로 귀환 사이인 BC 478년으로 추정한다. 아각 사람 하만은 적그리스도적인 존재로서 하나님의 백성들을 말살하고자 악한 궤계를 꾸민다. 이런 크나큰 위기를 극복할 인물로 하나님은 에스더를 준비시키신다. 그녀는 불우한 인간 조건의 여인이었지만 하나님이 거대한 제국의 왕비가 되게 하신다. 유다의 포로로서 바사의 왕비가 된 에스더는 민족의 위기의 때에 '죽으면 죽으리라' 는 자세로 기도함으로 민족을 구원한다.

사탄이 하나님의 백성을 죽이고자 하지만 하나님의 섭리 가운데 보호를 받으며 기도로 승리한다는 메시지를 전해 준다. 에스더서에는 '하나님'이라는 단어가 한 번도 등장하지 않지만, 보이지 않는 가운데서 도우시는 하나님의 손길을 느끼게 한다.

인류 역사가 겉으로 볼 때는 인간의 힘에 의해 좌우되는 것처럼 보인다. 그러나 숨어 계시는 하나님이 결정적인 순간에 섭리의 손길로 개입하신다는 사실을 가르쳐 준다. 이 역사에 쓰임 받는 사람들은 지극히 평범한 사람들이다. 포로 출신의 고아인 에스더가 왕후가 되고, 궁궐의 문지기 모르드개가 이스라엘 구원 역사에 결정적인 역할을 한다. 하나님은 택한 백성들을 축복하는 자에게는 축복을 내리시지만, 저주하는 자들에게는 저주를 내리신다.

하나님은 특정한 지역, 특정한 시대에만 역사하시는 분이 아니다. 시대와 장소를 초월해서 항상 살아 계셔서 택한 백성을 보호하시고 당신의 전능하심을 나타내신다. 이러한 사실은 국가가 멸망한 상태에서 여러 나라에 흩어져 살아가는 이스라엘 백성들에게 여호와 신앙을 고취시키는 효과를 가져왔을 것이다.

1. 민족의 멸망 위기(1-4장)

유대인 포로 고아인 에스더가 바사 왕의 왕비가 된 것은 놀라운 하나님의 은혜였다(2장). 그러나 아각(아말렉) 사람 하만이 자신에게 절하지 않는 모르드개를 미워하여 유대인들을 다 죽이고자 음모를 꾸민다(3장). 그는 음모를 시행할 날을 정하기 위해 제비(Purim)를 뽑는다(3:7). 이때 모르드개는 재를 뒤집어쓴 채 대성통곡한다. 이런 위기의 때에 하나님은 에스더를 예비해 두셨다.

에스더라는 이름은 '별' 이란 뜻으로 그녀의 용기와 지혜, 기도와 결단이 별처럼 아름답게 빛난다. 에스더는 왕비의 자리에 있지만 그 자리에 연연하지 않고 민족의 구원을 위해서 3일 동안 물도 마시지 않고 '죽으면 죽으리라' 는 자세로 금식하며 기도한다(4:16). 에스더는 3일 동안 금식한 후에 생명의 위협을 무릅쓰고 왕 앞에 나가서 하만의 계획이 취소되도록 왕을 설득한다.

2. 민족의 구원(5-10장)

기도를 받으신 하나님은 어느 날 밤 왕으로 하여금 역대 일기를 보게 하시고 모르드개가 왕을 암살하려던 자들을 고발했던 사건을 주목하게 하신다. 이를 계기로 왕은 모르드개에게 큰 상을 내린다(6장). 한편 에스더의 만찬에 초청받은 왕은 에스더로부터 하만의 음모를 듣고 하만을 나무에 매달게 한다(7장). 모르드개를 매달고자 했던 나무에 하만 자신이 달리고 이스라엘 백성들에게는 승리의 소식이 전파된다(8장). 이것이 부림절의 기원이다.

부림절은 '제비뽑기' 라는 뜻의 '부르' 에서 연유하였다. 부림절은 유대인들을 멸절하기 위해서 제비를 뽑기로 했지만 결과적으로 구원과 승리의 날이 된 것을 축하하는 절기이다. 포로기 시대에 하나님은 믿음의 사람들을 통해서 각 나라의 왕들에게 여호와 하나님을 전파하게 하시고 이방 땅에서 큰 승리를 이룩하게 하신다.

끝까지 신앙의 지조를 지킨 모르드개는 왕 다음의 지위로 승진하게 된다(10장). 각 나라 왕들의 마음을 감동시키신 하나님은 강대국의 왕들보다 더 높이 계시는 분이심을 증명해 보여준다. 고레스 왕 때의 에스라, 아닥사스다 왕 때의 느헤미야, 아하수에로 왕 때의 에스더, 느부갓네살 왕 때의 다니엘이 이방 땅에서 하나님의 영광을 높인 믿음의 장본인들이다.

18. 욥기:
하나님 나라 백성의 고난 해석

욥의 재난

1. 욥의 환난
2. 욥의 아내

인간의 논쟁

3. 생일 저주(욥)
4. 송사(엘리바스)
5. 악인의 보응(엘리바스)
6. 욥의 답변(욥)
7. 뼈를 깎는 고통(욥)
8. 공의 심판(빌닷)
9. 욥의 항의(욥)
10. 탄원 기도(욥)
11. 송사(소발)
12. 지혜와 권능(욥)
13. 하나님과 변론(욥)
14. 구원 갈망(욥)
15. 간사한 혀(엘리바스)
16. 눈물의 호소(욥)
17. 소망 없음(욥)
18. 악인의 올가미(빌닷)
19. 부활 신앙(욥)
20. 악인 필패(소발)
21. 헛된 위로(욥)
22. 죄의 지적(엘리바스)
23. 순금같이 나옴(욥)
24. 악인 심판(욥)
25. 벌레 같은 인생(빌닷)
26. 창조의 능력(욥)
27. 악인의 멸망(욥)
28. 지혜의 근본(욥)
29. 과거 회고(욥)
30. 현재 참상(욥)
31. 결백 주장(욥)
32. 엘리후의 격노
33. 하나님의 의로움(엘리후)
34. 하나님의 공의(엘리후)
35. 인간의 무익함(엘리후)
36. 하나님 찬송(엘리후)
37. 하나님의 오묘함(엘리후)

하나님의 판결

38. 자연 신비(하나님)
39. 동물 신비(하나님)
40. 교만 책망(하나님)
41. 악어 교훈(하나님)
42. 욥의 회개와 축복

요절, 욥기 23:10 "그러나 내가 가는 길을 그가 아시나니 그가 나를 단련하신 후에는 내가 순금같이 되어 나오리라."

욥기는 "하나님을 신실하게 섬기는 사람에게도 고난이 있는가?"라는 질문에 답을 주는 책이다. 욥기의 주인공은 BC 2000년 전의 인물로 추정한다. 욥기는 하나님과 사탄의 논쟁에서 시작하여 후에는 욥과 그의 친구들의 논쟁, 그리고 마지막에는 욥과 그 친구들에게 주시는 하나님의 메시지로 마치고 있다. 하나님을 경외하였던 욥에게 어느 날 갑자기 재앙이 닥쳐서 모든 소유를 잃어버린다. 여기에 대해서 욥의 친구들은 주로 인과응보적인 가치관에 기초해서 욥의 회개를 촉구한다.

욥은 나름대로 자기 의를 내세우며 자신을 방어하므로 갈등이 계속된다. 욥과 친구들의 논쟁의 핵심은 지혜에 관한 것이다. 고난에 대한 이유의 분석과 문제 해결의 방향을 잡는 데 누가 더 지혜로운가를 밀한다. 그들은 서로 자신의 생각과 말이 지혜롭다고 생각하고 이를 주장한다. 또한 상대방의 지혜에 대해서는 반박하고 조롱한다. 그러나 하나님이 마지막으로 나타나셔서 인간 지혜의 한계를 드러내시고 하나님의 주권과 지혜 앞에 모두를 굴복시키신다.

고난에 대한 인간의 고정적이고 기계적인 해석이 얼마나 위험한가를 욥기는 보여준다. 우리의 삶 속에서 일어나는 일들은 단순하게 도식적으로 설명할 수 없는 요소들이 너무나 많다. 이것에 대해서 섣불리 해석하고 그 해석의 잣대를 다른 사람에게 강요할 때 그것은 도움이 되지 못할 뿐더러 큰 상처와 독이 될 수 있다. 욥기는 인간들의 무의미한 논쟁을 길게 배치함으로써 인간의 소모적인 지식 자랑의 한계를 여실히 보여준다.

끝까지 이를 지켜보시며 결론으로 개입하신 하나님의 답변은 지극히 짧다. 이는 모든 인생에게 일어나는 일들에 대한 해답은 오직 하나님만이 알고 계시며, 그 해답은 의외로 단순하다는 것을 보여준다. 인간이 그 하나님의 영역에 들어가고자 하는 것은 무의미하다. 인간에게 저주처럼 보이는 고난은 오히려 결과적으로 볼 때 그 믿음을 순수하게 하며 내면을 강하게 하는 축복이 된다는 역설적인 진리를 가르쳐 준다. 그러므로 오직 주님의 뜻을 살피며 참고 기다리며, 주님의 음성을 듣는 인내와 겸손의 자세가 최상의 길이다.

1. 욥의 고난과 친구들과의 논쟁(1-37장)

하나님의 자랑인 욥에 대해서 사탄이 시비를 걸어온다. 하나님은 욥의 신앙을 증명하시기 위해 사탄의 시험을 허용하신다. 욥의 처는 이를 감당하지 못하지만 욥은 끝까지 순전함을 지킨다(1:21). 욥의 친구들, 엘리바스, 빌닷, 소발이 찾아와서 욥의 고난은 죄의 결과라고 다그친다. 그들은 죄 없이 망한 자가 없으며, 악을 밭 갈고 독을 뿌리는 자가 그대로 거둔다는 인과응보적 사상을 가지고 욥을 몰아세운다(4:7, 8). 세 번에 걸친 논쟁이 진행되면서 서로의 말은 점점 거칠어지고, 욥도 침착함을 잃어버린다.

다음으로 나타난 엘리후는 세 친구와는 달리 고난의 의미에 대해서 이야기하며 인간의 연약성과 하나님의 전능성을 피력한다(33장). 그는 하나님이 진노하심으로 벌을 주시는 것은 아니라고 말한다(35:15). 세 친구의 진단이 고정된 사고 체계를 따른다면, 엘리후는 그보다는 유연성이 있는 것처럼 보인다. 하지만 엘리후의 진단도 인과응보의 한계를 넘어서지는 못한다. 하나님은 이들의 손을 들어 주시지 않는다. 그들의 사고가 잘못된 것은 아니지만 적용이 잘못되었다.

문제는 까닭 없는 고난이 있다는 사실이다. 고난의 신비에 대해서 함부로 신학적 의미를 규정하고 도식화하는 것은 위험하다. 인생 속에 닥치는 고난은 때로 하나님께도 뜻밖의 일이다. 그러나 하나님은 그 속에 어떤 뜻을 가지고 계신다. 그것에 대해서 인간이 함부로 말할 일이 아니다. 고난에는 죄로 인한 고난도 있지만, 신비의 고난도 있고(욥 2:3), 교육적 고난도 있으며(욥 36:15), 공동체적 고난(렘 4:19)과 대속적 고난(사 53장)도 있다.

2. 하나님의 판결(38-42장)

하나님이 폭풍 가운데 나타나셔서 모든 인간들의 논쟁을 종식시키신다. 하나님은 창조 세계의 생성 과정의 신비(38장)와 동물의 생태 신비(39장)를 말씀하심으로써 인간의 무지를 질책하신다. 사물을 보는 하나님의 관점과 인간의 관점이 다르다. 인간은 자기를 중심으로 보지만 하나님은 우주를 중심으로 보신다. 욥은 이 하나님 앞에 입을 가리고 만다(40:4). 욥은 자신의 무지와 교만을 인정하고 하나님 앞에 회개한다. 욥의 신앙이 귀로만 듣는 신앙(피상적인 경험)에서 눈으로 보는 신앙(인격적인 경험)으로 발전하게 된다(42:5).

욥은 그동안 인간 중심적인 세상 읽기에서 하나님 중심적인 세상 읽기로 바뀌었다. 욥은 이 사실을 깨닫기까지 값비싼 대가를 지불하였다. 욥이 하나님의 주권을 인정하고 자신에게 상처를 준 친구들을 위해서 기도했을 때 하나님은 욥에게 갑절의 축복을 주신다. 이 세상에는 이해할 수 없는 일들이 너무 많으며 고난의 문제는 더더욱 그러하다. 그러나 그 고난조차도 하나님 지혜의 영역이며(28:28), 고난 속에 그리스도 십자가의 신비가 숨어 있다. "그러나 내가 가는 길을 그가 아시나니 그가 나를 단련하신 후에는 내가 순금같이 되어 나오리라"(23:10).

고난이 당장은 슬픔으로 다가오지만 단련을 통해서 순금처럼 우리의 인격을 만들어 주기 때문에 오히려 유익이다. 그러므로 진정한 지혜는 하나님을 경외하고 그 뜻을 겸손히 기다릴 뿐, 함부로 자기중심적인 견해를 기계적으로 대입하지 않는 것이다. 모든 답은 하나님이 쥐고 계시며 하나님의 때에 하나님이 직접 펼쳐 나가신다. 고난을 섣불리 선과 악의 문제로 대입시키며 결론짓고자 할 때 그 부작용은 감당하기 어렵다. 하나님의 영역은 하나님께 맡기고, 인간은 피조물의 위치에서 겸손히 지켜보며 답을 기다리는 것이 진정한 지혜자의 자세이다.

19. 시편: 하나님 나라 백성의 고뇌와 기도, 찬양

Ⅰ. 창세기, 창조

1. 복 있는 자
2. 메시아의 영광
3. 고난 속에서
4. 고통 극복
5. 반역의 때에
6. 참회의 시
7. 공의 촉구
8. 긍휼 찬양
9. 공의 찬양
10. 심판 촉구
11. 구원 확신
12. 평안 간구
13. 구원 간구
14. 어리석은 자
15. 시온의 백성
16. 복의 근원
17. 구원 간구
18. 고난 탈출
19. 하나님 영광
20. 환난 중 보호
21. 승리 감사
22. 메시아의 수난
23. 목자 여호와
24. 영광의 왕
25. 보호 간구
26. 의인의 탄원
27. 성전 사모
28. 응답 감사
29, 여호와의 위엄
30. 치유 감사
31. 구원 호소
32. 사죄 감사
33. 선민 찬양
34. 구원 체험
35. 원수 멸망
36. 악인 분별
37. 의인의 승리
38. 회개의 노래
39. 겸손의 노래
40. 구원 찬양
41. 하나님 신실

Ⅱ. 출애굽기, 구원

42. 하나님 사랑
43. 주의 영광 사모
44. 구원 호소
45. 왕의 결혼
46. 피난처 하나님
47. 만민의 하나님
48. 시온의 영광
49. 세상의 헛됨
50. 참된 제사
51. 통회 자복
52. 악인의 멸망
53. 무지 탄식
54. 구원 확신
55. 고난 중 신뢰
56. 주의 도움 바람
57. 안전한 피난처
58. 공의 승리
59. 고난 중 승리
60. 승리 간구
61. 하나님 피난처
62. 하나님 의지
63. 하나님 사모
64. 악인 징벌
65. 추수 찬송
66. 보호 감사
67. 만민 구원 간구
68. 시온 승리 간구
69. 메시아 수난 예언
70. 구원 간구
71. 보호와 인도
72. 메시아 예언

Ⅲ 레위기, 예배

73. 선악의 결국
74. 민족 구원 간구
75. 공의 보응 간구
76. 승리 감사 찬양
77. 고난 중에 은총
78. 역사의 교훈
79. 원수 징벌 간구
80. 회복 부흥 간구
81. 순종 촉구 감사
82. 공의 갈망
83. 원수 심판 간구
84. 성전 사모 찬양
85. 포로 귀환 감사
86. 보호 간구
87. 이방 구원 간구
88. 근심의 노래
89. 주의 성실 찬양

Ⅳ. 민수기, 광야

90. 모세의 기도	96. 만민이 찬양	102. 회복을 갈망
91. 환난 중에 간구	97. 하나님의 위엄	103. 인자하심 감사
92. 안식일 노래	98. 여호와의 구원	104. 창조주 찬양
93. 여호와의 권능	99. 거룩하심 찬양	105. 섭리 찬양
94. 공평하신 주	100. 기쁨으로 찬양	106. 민족 구원 감사
95. 구원을 찬양	101. 창조의 하나님	

Ⅴ. 신명기, 찬양

107. 해방 감사	122. 평강 찬송	137. 포로의 애가
108. 인자를 찬양	123. 긍휼 간구	138. 거룩한 나라
109. 저주시	124. 도움 간구	139. 전능을 찬양
110. 메시아 예언	125. 보호 찬양	140. 구원 찬양
111. 메시아 통치	126. 포로의 기도	141. 책망 소망
112. 정직의 축복	127. 축복의 근원	142. 원통 호소
113. 성은을 찬양	128. 경외의 축복	143. 구원 염원
114. 출애굽 회상	129. 악인의 종말	144. 선민의 복
115. 참신 분별	130. 회개 갈망	145. 광대하신 주
116. 구원의 은혜	131. 겸손 평안	146. 진정한 도움
117. 만민의 찬양	132. 법궤 모심	147. 시온의 회복
118. 도우시는 주	133. 형제의 연합	148. 만물의 찬양
119. 말씀 찬양	134. 성도 헌신	149. 성도의 영광
120. 대적 구원 감사	135. 참 신 찬양	150. 만민이 주 찬양
121. 보호를 찬양	136. 감사 권면	

요절, 시편 1:1, 2 "복 있는 사람은 악인들의 꾀를 따르지 아니하며 죄인들의 길에 서지 아니하며 오만한 자들의 자리에 앉지 아니하고 오직 여호와의 율법을 즐거워하여 그의 율법을 주야로 묵상하는도다."

시편은 하나님의 계시(revelation)에 대한 인간의 반응(response)으로서, 하나님과 인간이 만나서 형성된 수천 년 동안의 영성의 결정체라고 할 수 있다. 시편은 비유적, 감성적, 상상의 언어를 통해 하나님의 신비와 역설, 그리고 그분의 풍성함을 알도록 도와준다. 시편은 서술체보다는 대화체, 웅변체를 사용한다. 논리적, 과학적 언어만이 아니라 시적, 문학적 언어를 통해서도 하나님을 만나고 체험해 갈 수 있다.

하나님은 당신을 계시하심에 있어서 인간의 이성과 합리적인 이해에만 호소하지 않으신다. 오히려 우리의 오감, 정서, 상상력을 자극하심으로써 우리의 전인격을 사로잡으신다. 하나님이 사용하신 시의 언어는 우리를 감동시키고 변화시킨다. 그것은 하나님이 우리를 이성적 존재로만 창조하시지 않고, 감성적 존재로도 창조하셨기 때문이다. 하나님은 시편에 등장하는 이미지를 통해서 우리의 감각과 정서를 풍성하게 하시며 우리를 하나님의 깊은 세계로 초대하신다.

시편은 구약 시대 성도들의 신앙 고백이자, 하나님께 대한 기도와 찬양 모음이라고 할 수 있다. 시편의 히브리 명칭은 테힐림, 즉 '찬양'이다. 시편은 모두 5권으로 이루어져 있는데 각 권의 끝은 모두 찬양으로 이루어져 있다. 그것은 찬양이 하나님께 대한 인간의 의무이자, 존재 양식이며, 모든 문제의 돌파구임을 말해 준다. 찬양은 우리 자신을 온전히 하나님께 드리는 구체적인 표현이다.

시편은 하나님이 찬양받기에 합당하신 분이며, 우리는 하나님을 찬송하며 살아야 할 존재임을 가르쳐 준다. 시편의 많은 부분이 찬양으로 이루어져 있지만, 찬찬히 따져 보면 탄식의 내용도 상당히 많다. 탄식시가 찬양시보다 실제로 더 많다. 어쩔 수 없는 고통 속에서 탄식하며 부르짖으면서 인간은 하나님과 더 깊은 만남을 가지며 승화된 신앙의 차원으로 들어가게 된다.

하나님의 임재 체험은 영광의 산꼭대기뿐 아니라 깊은 절망의 심연에서도 이루어진다. 실제로 인생의 자국은 평탄함과 승리로만 점철되어 있지 않다. 그보다는 고통과 아픔, 이해할 수 없는 시련이라는 질곡의 순간들이 훨씬 더 많다. 하나님은 그런 암흑적 상황 속에서 탄식하며 드리는 시를 통해 우리를 만나 주신다. 시편의 전형적인 형태는 ① 하나님을 부르고, ② 탄원과 불평을 쏟아놓으며, ③ 간구하고, ④ 신뢰를 고백하며, ⑤ 찬양하고 맹세하는 패턴으로 이루어진다.

칼빈은 시편을 가리켜서 "영혼의 해부학"이라고 하였다. 인간이 살아가면서 겪는 고뇌와 아픔, 갈등과 감사, 죄 고백과 회개, 찬양과 예배, 기도, 탄식, 저주가 시편에 농축되어 있기 때문이다. 시편은 인간 내면의 모든 모습들을 숨김없이 진솔하게 드러내 보여주기 때문에 성경 중에서 사람들이 가장 좋아하고 즐겨 읽은 책이다. 시편은 교리나 원칙을 주장하지 않지만 사람들에게 진정한 힘과 위로를 주는 생명의 책이다. 저자로는 다윗(75편), 아삽(12편), 고라 자손(10편), 솔로몬, 모세, 헤만, 에단(2편) 등이다.

1. 창세기, 창조(1권, 1-41편)

시편 1권은 창세기의 주제와 비슷하며, 하나님의 창조를 찬양하는 내용이 돋보인다. 특별히 시편 8편은 창세기 1, 2장을 보는 듯하다. 다윗은 창조주 하나님의 영광을 찬양하며, 인간을 향한 사랑과 창조 질서에 대해서 경이감을 표현하고 있다. 시편 1편은 시편의 바탕이 되는 장으로 하나님 말씀에 기초한 행복론을 노래하고 있다. 3-7편은 탄식시로서 적들의 공격으로부터 구원해 주시기를 간구하는 내용이다.

9-13편은 가난한 의인이 도움을 호소하며, 불의로 고통당하는 자가 여호와의 구원을 소망하는 간구시이다. 14편에서는 하나님을 부정하는 인간의 어리석음을 질타한다. 15-24편은 힘과 승리를 주신 하나님을 찬양한다. 22편은 메시아의 고난을 예표하고, 23편은 선한 목자 예수님을 미리 보여준다. 25-37편은 고난 중에서도 도움을 주시는 하나님을 찬양한다. 32편은 사죄에 대한 감사의 찬양이다. 38-41편은 깊은 고통과 수렁 속에서 하나님을 앙망하는 내용이다.

2. 출애굽기, 구원(2권, 42-72편)

시편 2권은 출애굽기의 주제와 비슷하며, 이스라엘 민족을 향한 하나님의 사랑과 구원을 많이 다룬다. 42-48편은 고난과 압제 가운데 있는 이스라엘 민족을 도우시고 원수를 물리치시는 왕으로서의 하나님을 찬양한다. 49-53편은 하나님 앞에서 가져야 할 바른 자세를 노래하며, 특히 51장은 다윗이 범죄한 후에 드린 진솔한 회개 기도의 전형을 보여준다. 54-64편은 시련 속에서 도움을 주시는 하나님께 대한 다윗의 찬양과 감사이다. 65-72편은 시온의 보좌에 앉으셔서 온 세상을 다스리시는 왕 되신 하나님을 찬양한다.

3. 레위기, 예배(3권, 73-89편)

레위기가 하나님께 대한 제사를 다루고 있듯이 시편 3권은 성전 붕괴로 말미암아 실종된 제사를 사모하는 내용이다. 73-78편은 대적들에게 멸망당하고 성소를 상실한 아픔과 구원을 향한 열망을 노래한다. 78편은 105, 106, 136편과 함께 이스라엘의 역사를 상세히 언급하며 이스라엘 민족과 함께하시며, 구원을 베푸시고 인도하신 것에 대해서 찬양하는 서사시이다.

79-83편은 하나님이 이스라엘을 버리지 마시고 회복시켜 주시길 소망하는 내용이다. 84-89편은 시내 산에서 이루신 하나님의 계시에 근거하여 자비를 호소하고 있다. 89편은 에단의 시로서, 다윗 언약이 깨어진 것처럼 보일지라도 하나님이 기억하시고 인자를 베풀어 주시기를 간구하는 내용이다.

4. 민수기, 광야(4권, 90-106편)

시편 4권은 모세의 시(90편)를 비롯해서 저자 미상의 시들이 많다. 이 부분에서는 예루살렘의 황폐함 속에서 하나님의 왕권을 찬양하는 내용이 주류를 이룬다. 90-92편은 하나님이 우리의 거처요, 피난처가 되심을 노래한다. 하나님은 모든 대적들을 물리치시고 승리를 주시는 분이다. 93-99편은 하나님이 온 세상과 모든 민족의 통치자이심을 선포한다.

100-106편은 여호와의 통치에 대한 반응으로서 하나님의 성실하심에 대해 찬양한다. 하나님의 창조와 다스리심을 찬양하고 창조주의 위대한 사랑과 영광을 찬송한다. 105, 106편은 이스라엘 역사 속에서 그들을 구원하시고 인도하심에 대해서 찬송한다. 또한 그들이 하나님의 은혜를 배반했넌 과거를 반복하지 말도록 권면하고 있다. 4권의 마지막은 포로 상태에 있는 그들을 구원해 주시도록 간구하는 내용으로 막을 내린다.

5. 신명기, 찬양(5권, 107-150편)

5권은 신명기적으로 하나님의 말씀을 중시하고 있다. 전체적으로는 잡다한 내용을 다루며 공중 예배에 적합한 내용으로 가득 차 있다. 5권은 현재적 상황과 포로기 이후에 이스라엘 회복과 예배의 회복에 대한 열망으로 가득하다. 상실한 성전 예배를 앙망하며, 성전 예배를 위한 찬양이 중심을 이루고 있다. 107-118편은 자기 백성을 구원하신 하나님을 찬양하며, 장차 오실 왕에 대해서 축제적 노래를 부르고 있다. 110, 118편은 메시아적 제왕 시로서 이스라엘의 중요한 절기에 사용되었다.

119편은 율법을 찬양하는 위대한 시로서, 1절부터 176절까지 중에서 네 절(84, 121, 122, 132)만 빼고 모든 절에 말씀과 관계되는 단어가 나온다. 이 시는 하나님이 그 백성들에게 선물로 주신 언약이 얼마나 유익한가를 인식하고, 말씀을 사모하는 열정을 노래하고 있다. 120-137편은 성전에 올라가는 노래로서, 예루살렘을 순례하는 이스라엘 백성들이 성전을 사모하며 올라갈 때 불렀던 찬송이다.

130편은 깊은 절망의 심연에서 하나님께 부르짖는 탄식시이다. 절망의 순간은 분명 고통의 순간이다. 그러나 절망의 순간에 더욱더 간절히 하나님을 찾는다. 파수꾼이 아침을 기다리는 것보다 더욱더 간절히 하나님을 찾는다. 하나님은 능력의 산꼭대기에서만이 아니라 깊은 절망의 수렁 가운데서도 만날 수 있다.

138-145편은 여호와의 위대하심을 찬양하는 다윗의 시 모음이다. 146-150편은 할렐루야로 시작하는 시편으로서 하나님이 찬양받기에 합당하심을 강조하고 있다. 하나님은 창조주이시며, 연약한 자들을 도우시고, 자기 백성을 회복시키시는 분이기에 찬양받기에 합당하시다.

20. 잠언:
하나님 나라 백성으로 사는 지혜

청년을 향한 조언

1. 지혜의 근본
2. 지혜의 유익
3. 지혜의 축복
4. 지혜를 사랑
5. 음녀 조심
6. 개미 지혜
7. 음녀 경계
8. 지혜 찬양
9. 지혜 초청

솔로몬의 교훈

10. 경건과 행악
11. 의인과 악인
12. 진실과 거짓
13. 지혜와 미련
14. 정직과 거짓
15. 온순과 분노
16. 교만과 겸손
17. 화목과 다툼
18. 겸손과 교만
19. 안일과 성실
20. 정직과 속임
21. 공의와 불의
22. 정결과 사악
23. 유혹과 절제
24. 미련과 통찰
25. 슬기와 위선
26. 미련과 안일
27. 면책과 칭찬
28. 악인과 충성
29. 책망과 방종

아굴, 르무엘의 교훈

30. 아굴 잠언
31. 현숙한 여성

요절, 잠언 9:10 "여호와를 경외하는 것이 지혜의 근본이요 거룩하신 자를 아는 것이 명철이니라."

'잠언'(箴言)의 어원은 '경계하다'이고, 히브리어는 '마샬'(비교)이다. 잠언의 저자는 솔로몬과 여러 현자들, 아굴, 르무엘의 어머니 등이다. 잠언은 인간의 지혜가 여호와에 대한 경외심과 신뢰에서 비롯된다고 가르친다. 잠언은 비교법을 써서 인생의 지혜를 가르치고 있다. 잠언은 구약성경에서 가장 실제적인 책으로 매일 생활에서 부딪히는 여러 가지 지혜를 가르치고 있다. 특히 지혜의 길과 음란의 길을 대조하면서 젊은이에게 유혹을 이기고 하나님만 의지할 것을 충고한다.

또한 말을 어떻게 사용하는 것이 지혜인가에 대해서 많은 부분을 할애한다. 이런 점에서 잠언은 신약의 야고보서와 비슷한 점이 많다. 잠언의 핵심 단어는 '호크마'(지혜)로서, 여호와를 경외하는 것이 지혜의 근본이라는 말씀을 14번이나 반복하고 있다. 시편이 하나님과의 관계에서 갈등을 해결하고자 하는 내적인 고뇌와 기도적 요소가 많다면, 잠언은 하나님뿐 아니라 인간관계 속에서 실제적인 문제를 어떻게 해결해 갈 것인가에 대한 실천적인 권면을 많이 담고 있다.

1. 청년을 향한 조언(1-9장)

한 아버지가 아들에게 주는 교훈 시리즈로서 특히 젊은 청년에게 주는 간곡한 교훈의 메시지이다. 여호와를 경외하는 것이 지식의 근본이다(1:7). 인생의 성공은 영리함에 달려 있는 것이 아니라 하나님을 두려워하고 하나님의 뜻에 순종하는 데 있다. 지혜가 음녀로부터 그들을 보호해 주며, 호리는 말로부터 구원해 준다(2:16). 재물로 여호와를 공경해야 한다(3:9).

'공경'은 '카베드'로서 '상대방을 무겁게 여긴다'는 뜻이다. 우리는 우리에게 은혜 베풀어 주신 하나님께 대해서 물질적인 책임의식을 가질 필요가 있다. 여호와의 징계를 경히 여기지 말고 꾸지람을 싫어하지 말아야 한다(3:11). 모든 지킬 만한 것보다 마음을 지켜야 한다(4:23). 음녀의 입술은 꿀을 떨어뜨릴지라도 두 날 가진 칼같이 날카롭다(5:3, 4). 개미의 부지런함을 배워야 한다(6:6). 음녀를 따라가는 것은 소가 도수장으로 끌려가는 것과 같다(7:22). 불의한 이익을 추구하는 것은 멸망으로 가는 길이다(9:17, 18).

2. 솔로몬의 교훈(10-29장)

의인의 입은 생명의 샘이라도 악인의 입은 독을 머금었다(10:11). 입술을 제어하는 자가 지혜가 있다(10:19). 구제를 좋아하는 자가 풍족하게 된다(11:25). 지혜로운 혀는 양약과도 같다(12:18). 지혜로운 아들은 아비의 훈계를 듣는다(13:1). 매를 아끼는 것은 자식을 미워하는 것이다(13:24). 어떤 길은 사람의 보기에 바르나 필경은 사망의 길이다(14:12). 온순한 혀는 생명나무지만 패역한 혀는 마음을 상하게 한다(15:4).

우리의 행사를 여호와께 맡기면 경영하는 것이 이루어진다(16:3). 사람이 마음으로 자기의 길을 계획할지라도 그의 걸음을 인도하시는 이는 여호와이시다(16:9). 교만은 패망의 선봉이요 거만한 마음은 넘어짐의 앞잡이니(16:18). 죽고 사는 것이 혀의 힘에 달려있어서 혀를 쓰기 좋아하는 자는 혀의 열매를 먹게 된다(18:21). 가난한 자를 불쌍히 여기는 것은 여호와께 꾸어 드리는 것이다(19:17). 잠자기를 좋아하지 말아야 한다(20:13). 악인의 형통을 부러워하지 말아야 한다(24:1).

의인은 일곱 번 넘어질지라도 다시 일어난다(24:16). 경우에 합당한 말은 아로새긴 은 쟁반에 금사과이다(25:11). 면책은 숨은 사랑보다 낫다(27:5). 양 떼의 형편을 부지런히 살피며 소 떼에게 마음을 두어야 한다(27:23). 묵시가 없으면 백성이 방자히 행한다(29:18).

'묵시'는 '하존'으로, '고발과 책망'의 의미가 있다. 인생들은 예언자적 쓴소리가 없으면 방만해진다. 우리의 영혼을 경성시키는 예언자적 채찍이 반드시 필요하다.

3. 아굴, 르무엘의 교훈(30, 31장)

하나님의 말씀은 다 순전하며 하나님은 그를 의지하는 자의 방패시다(30:5). 너무 가난하지도 너무 부하지도 않게 기도해야 한다(30:8). 힘을 여자에게 쓰지 말아야 한다(31:3). 독주를 찾는 것이 주권자에게 마땅하지 않다(31:4). 현숙한 여인은 진주보다 값지다(31:10). 고운 것도 거짓되고 아름다운 것도 헛되나, 오직 여호와를 경외하는 여자는 칭찬을 받는다(31:30).

21. 전도서:
하나님 나라 백성의 행복론

허무한 인생

1. 인생 허무
2. 의미 없음
3. 하나님을 경외하라
4. 헛된 수고
5. 재물 헛됨
6. 부귀 한계

허무로부터 벗어나는 길

7. 지혜자의 책망
8. 권위에 복종
9. 본분을 지키라
10. 지혜의 유익
11. 청년의 때 할 일
12. 창조주를 기억하라

요절, 전도서 12:13 "일의 결국을 다 들었으니 하나님을 경외하고 그의 명령들을 지킬지어다 이것이 모든 사람의 본분이니라."

전도서는 '설교자' 라는 뜻으로 인생의 의미와 참 만족이 어디에 있는가를 가르쳐 주는 책이다. 전도서의 저자는 솔로몬이다. 전도서에는 '헛됨' 이라는 단어가 37번 언급됨으로써, 해 아래 있는 세상적인 권세와 인기, 쾌락, 야망 등이 무의미함을 말해 준다. 인간이 피조물이라는 사실을 절실하게 느낄 필요가 있다는 것이다. 그러므로 인생의 참된 의미는 인간 자체만의 능력과 지혜를 극대화시킬 것이 아니라 하나님이 정해 놓으신 질서 속에서 순종하며 살아야 한다.

과도한 욕심과 허무맹랑한 목표를 추구하지 말아야 한다. 인생의 의미는 하나님 안에서 찾을 수 있으며 하나님을 경외함으로써 인생의 공허함을 극복할 수 있음을 강조한다. 전도서는 허무주의로 끝나고 있지 않다. 수많은 부조리 가운데서도 인생의 진정한 가치는 하나님을 알고 하나님의 눈으로 인생을 보는 것이다. 그러므로 과욕을 부리지 말고, 하나님이 주신 은혜에 감사하고, 내게 주어진 분복을 누리며 사는 것에서 행복을 찾으라고 권면한다.

1. 허무한 인생(1-6장)

인생 자체가 허무한 것이다. 자연을 보아도 허무하고, 지혜를 써서 연구하는 것도 무의미하다. 해 아래 새것이 없다(1장). 술로 인한 희락과 사업의 번창으로 인한 돈, 은금 보화도 무익하다. 일평생 근심하며 수고하는 것이 슬픔뿐이다(2장). 3장에서는 28회에 걸쳐서 '때'에 제한을 받는 인생을 토로한다. 이 제한을 해결하는 길은 하나님의 주권을 인정하고 하나님을 경외하는 것이다. 사람은 모두 흙으로 돌아갈 것이기 때문에 자기 일에 즐거워하며 살아야 한다. 인생의 어두운 면을 보지 말고 좋은 면을 보고 낙을 누려야 한다(3장).

인생에 있어서 학대와 눈물, 시기와 고독, 변화무쌍함을 볼 때 죽음이 삶보다 낫게 보인다. 그래도 두 사람이 함께 더불어 사는 세상이 복이다(4장). 형식적인 신앙생활은 무의미하다. 정치 활동과 부귀도 허무한 것이다. 주님이 주신 분복을 따라 하나님을 기뻐하는 것이 좋다(5장). 많은 수명과 많은 자식도 기쁨이 되지 못한다(6장).

2. 허무로부터 벗어나는 길(7-12장)

극단을 피하는 것이 좋다. 지나치게 의인이 되지도 말고, 지나치게 지혜자도 되지 말아야 한다. 지나치게 악인이 되거나 우매자가 되면 수명만 단축될 뿐이다. 사람의 꾀는 어리석을 뿐이다(7장). 지혜로운 자는 왕에게 정면으로 도전하지 않고 물러서는 편을 선택한다. 아무리 지혜로운 자라도 현재의 상황을 변화시킬 수는 없다. 따라서 하나님을 경외하며 주신 인생을 즐기는 것이 낫다. 인간의 지혜는 한계가 있다(8장).

모든 사람이 결국은 죽는다. 그러므로 살아 있는 동안에 감사하고 오늘을 누려야 한다. 하나님이 주신 아내를 즐거워하며, 노동을 기쁘게 생각하고, 오늘 내가 할 수 있는 일을 기쁘게 해야 한다. 죽음을 기억하고, 살아 있다는 것을 축복으로 여기고 감사하고 즐겨야 한다. 우리 인간은 미래를 알 수 없기 때문에 인간에게 주어진 지금 현재의 삶이 중요한 것이며, 오늘 하나님이 주신 선물을 기초로 즐겁게 사는 것이 최선의 삶이다(9장).

불의한 통치자 아래에서 생존하기 위해서는 처세를 배울 필요가 있다(10장). 물질이 있을 때에 선을 베풀고 청년의 때에 젊음을 기뻐하고 즐거워해야 한다(11장). 청년의 때에 창조주를 기억해야 한다. 전도자의 결론은 하나님을 경외하는 것이 최선의 지혜라는 것이다. 인간의 노력과 수고도 하나님을 경외하는 것이 없으면 무의미하다. 하나님을 경외하고 명령을 지키는 것이 사람의 본분이다. 하나님은 모든 행위와 은밀한 것까지 심판하시는 분이기 때문에 겸손히 하나님의 뜻을 따라 사는 삶이 참다운 인생의 태도이다(12장).

22. 아가:
하나님 나라 백성의 사랑 이야기

사랑의 시작(1:1-5:1)

1. 사랑 고백
2. 사랑 화답
3. 혼인
4. 신혼의 대화

사랑의 성숙(5:2-8:12)

5. 사랑의 시련
6. 사랑의 회복
7. 사랑의 승리
8. 사랑의 열매

요절, 아가 8:7 "많은 물도 이 사랑을 끄지 못하겠고 홍수라도 삼키지 못하나니 사람이 그의 온 가산을 다 주고 사랑과 바꾸려 할지라도 오히려 멸시를 받으리라."

아가서(Song of songs)는 '가장 아름다운 노래'로서 남녀의 아름다운 사랑 이야기를 찬미하고 있다. 솔로몬이 그의 신부 술람미 여인에게 베푼 사랑을 노래하고 있다. 아가서는 결혼의 신성함과 아름다움을 교훈적으로 말해 준다. 또한 솔로몬의 자기 신부에 대한 사랑은 하나님의 택한 백성에 대한 사랑을 예표하고 있다. 이를 볼 때 한 남자의 자기 신부에 대한 애틋한 사랑은 우리 인생들을 향한 하나님의 깊은 사랑으로 해석되어질 수 있다.

아가서에 하나님이라는 명칭은 8장 6절에 단 한 번만 나온다. 그러나 구약에서 하나님의 택한 백성과의 언약 관계를 결혼으로 묘사한 부분은 여러 곳에서 발견할 수 있다(사 54:5-8, 61:10; 렘2:2-3, 2:20-25, 3:1-10; 겔 16, 23장; 호 1-3장). 또한 신약에서도 교회가 그리스도의 신부로 나타난다(고후 11:2, 엡 5:23-25, 계 19:7-9, 21:9). 이를 볼 때 아가서는 영적인 신랑 되신 하나님이 얼마나 택한 백성들을 사랑하시는가를 보여주는 책이라고 볼 수 있다.

아가서는 전통적으로 유월절에 낭독되었다. 이는 우리를 사랑하사 구원하신 은혜에 대한 찬미가 아가서에 농축되어 있기 때문이다. 교회사 속에서 청교도들은 아가서를 무척 좋아했다. 청교도 설교가들은 아가서를 영해하여 그리스도와 사랑의 교제, 그리고 그리스도와의 신비적 연합을 강조함으로써 박해 시절의 시련을 극복하고자 노력하였다.

1. 사랑의 시작(1:1-5:1)

솔로몬은 술람미 여인이 햇빛 아래서 일하여 얼굴이 검지만 어여쁜 자로 여기고 사랑한다. 솔로몬 왕은 여인의 아름다움에 탄복하고 최고의 찬사를 보낸다(1장). 여인은 자신을 향한 왕의 사랑에 감동하여 노래하고 있다. 왕은 여인을 찾아와서 사랑의 장으로 초청한다. 그런데 사랑의 터전인 포도원을 허무는 작은 여우가 있다. 항상 주님과의 사랑의 교제를 방해하는 훼방꾼이 있다. 그 장애물을 극복해야 한다(2장). 술람미 여인의 연인을 향한 사랑은 지극하여 꿈에서도 나타난다.

술람미 여인은 연인을 자기 집으로 인도하여 결혼을 승낙 받는다. 술람미 여인을 신부로 맞이하는 솔로몬 왕은 성대한 결혼식을 올린다(3장). 솔로몬 왕은 온갖 미사여구를 다 사용하여 술람미 여인의 아름다움을 칭송한다. 왕은 여인을 즐거움과 향품이 있는 정원으로 묘사한다. 여인도 왕의 사랑에 감동하여 그녀의 향기를 날려서 왕이 정원으로 올 수 있도록 간구한다(4장). 두 사람은 손님들이 잔치를 즐기고 있는 사이에 서로의 사랑을 기쁨으로 나누고 있다(5:1).

2. 사랑의 완성(5:2-8:14)

신랑이 먼 길을 달려 찾아왔고, 잠들어 있던 신부가 문을 열었건만 신랑은 이미 떠나 버렸다. 신부가 신랑을 찾아 달려가지만 찾지 못하고 그를 잃은 슬픔으로 병이 든다. 신랑의 깊은 배려에 감동한 신부는 신체 각 부분의 수려함을 묘사하며 칭송한다. 결혼 생활 동안 잠깐 겪었던 갈등은 이내 화해의 장으로 나아가게 된다(5장).

신부는 신랑을 찾아 나서고 양 떼의 무리 속에서 신랑을 만난다. 신랑은 신부의 사랑을 칭찬하며 그녀의 아름다움은 궁정의 모든 여인보다 뛰어나나고 고백한다. 왕에게 왕비가 60명이요, 후궁이 80명이고, 시녀는 무수하게 많지만, 그녀의 아름다움을 따라갈 수 없다(6장).

신랑은 신부의 아름다움을 조목조목 언급하며 다시 칭송한다.

신부는 그들의 사랑이 이전보다 훨씬 더 고차원적인 단계에 이르렀음을 고백한다. 신부는 신랑에 대한 사랑을 고백하며 그에 대한 헌신과 충성을 결심한다(7장). 두 사람의 사랑은 더욱 깊어지고, 마침내 밀월 여행을 떠나게 된다.

두 사람의 사랑은 타오르는 불과 같아서 누구도 끌 수가 없다. 온갖 재산을 주고도 살 수 없을 정도로 값지다. 죽음도 불사할 정도의 사랑이다. 두 사람은 잠깐 동안의 갈등을 극복하고 더 깊은 사랑을 확인하고 친정을 방문하게 된다. 두 사람은 서로의 사랑을 고백하는 노래를 부르며 막을 내린다(8장).

23. 이사야:
하나님 나라와 새 일

• 심판(1–39장)

유다 심판과 희망

1. 거역하는 백성
2. 시온의 회복
3. 부유층 심판
4. 여호와의 싹
5. 포도원의 노래
6. 이사야 소명
7. 임마누엘
8. 천천히 흐르는 물
9. 한 아기
10. 남은 자 구원
11. 한 싹
12. 구원의 노래

열국 심판 계획

13. 바벨론 심판
14. 게멍성
15. 모압 경고
16. 모압 심판
17. 다메섹 심판
18. 구스 회개
19. 애굽 심판
20. 애굽과 구스
21. 바벨론 멸망
22. 유다 멸망
23. 두로 멸망

심판과 메시아의 승리

24. 심판의 날
25. 하나님 백성 구원
26. 구원의 노래
27. 새 포도원의 노래
28. 사마리아 멸망
29. 예루살렘 함락
30. 애굽 의존 말라
31. 애굽의 한계
32. 메시아 통치
33. 앗수르 멸망
34. 만국 심판
35. 구원의 기쁨

역사적 사건

36. 앗수르 침공
37. 히스기야 기도
38. 히스기야 치유
39. 히스기야 교만

• 회복(40–66장)

이스라엘 구원 예언

40. 내 백성을 위로하라
41. 도움의 하나님
42. 공의의 종(노래1)
43. 새 일을 행하리니
44. 우상 숭배 무익
45. 구원자 고레스
46. 바벨론 우상들
47. 바벨론 몰락
48. 구원 약속
49. 이방의 빛(노래2)
50. 학자의 혀(노래3)
51. 시온의 구원
52. 복음 전파
53. 고난의 종(노래4)
54. 장막 터 넓히라
55. 물로 나아오라

만민 구원, 새 창조

56. 이방인 구원
57. 우상 주의
58. 참된 금식
59. 죄 자백과 구속
60. 빛을 발하라
61. 메시아의 사명
62. 헵시바
63. 보복과 구원의 날
64. 공동체 회복 기도
65. 새 하늘과 새 땅
66. 새 예루살렘

요절, 이사야 43:19 "보라 내가 새 일을 행하리니 이제 나타낼 것이라 너희가 그것을 알지 못하겠느냐 반드시 내가 광야에 길을 사막에 강을 내리니."

이사야서는 창조에서 새 창조까지, 멸망에서부터 구속에 이르는 모든 여정을 담고 있다. 총 66장으로 되어 있는 이사야서는 성경(66권)의 축소판이라고 할 수 있다. 이사야서 1-39장(구약 39권)의 주제는 하나님의 의와 거룩, 공의와 심판을 강조함으로써 구약적 주제와 상응한다. 반면에 40-66장(신약 27권)의 주제는 하나님의 영광과 긍휼, 은혜와 소망으로서 신약의 주제와 비슷하다. 이사야는 임박할 전쟁과 그 전쟁에서의 구원, 바벨론 포로, 포로 귀환, 메시아의 초림, 복음의 세계화, 종말적 사건들, 최종적으로 완성될 하나님 나라의 모습을 생생하게 보여준다.

이사야는 BC 750년에서 700년까지 예루살렘에서 활동한 선지자였다. 이사야가 선지자로 부르심을 받을 당시는 웃시야 왕이 죽고 요담이 왕이 되었을 때로서, 유다의 경제적 상황은 비교적 부유하였다. 그러나 영적으로 부패하였고, 정치적으로는 앗수르의 세력이 강력해져서 심히 위급한 상황이었다.

초반부 그의 메시지는 심판에 대한 격렬한 메시지이다. 그러나 후반부는 부드러움과 희망에 찬 음성으로 바뀐다. 하나님의 심판은 결코 하나님과 이스라엘 백성의 관계의 끝이 아니라 새로운 시작이었다. 그들은 심판을 통해서 회개하고, 자신들과 온 세계를 향한 하나님의 새로운 소망을 바라게 된다. 이사야는 격동의 시기에 살면서 하나님의 메시지를 목이 터져라 외친 격정적이고 심정적인 선지자라고 할 수 있다.

이사야 시대에 이슈는 누구를 의지할 것인가 하는 것이었다. 당시 사람들은 애굽을 의지하자는 파와 앗수르를 의지하자는 파로 나누어서 분쟁하였다. 그러나 이사야는 오직 하나님만이 의지의 대상임을 역설한다. 하나님이 세우시는 시온이 안식처요, 시온은 구원의 기초석이 된다는 것이다(28:16).

이사야서에는 메시아가 고난 받는 종의 모습으로 다뤄지고 있다. 42장, 49장, 50장, 53장은 '종의 노래'로서 메시아의 종 됨을 잘 나타내 준다. 여호와의 종은 잔혹함과 학대를 당하며 마침내 생명을 내어줄 것이다. 종은 인류의 구원을 위해서 희생 제물이 된다(53장). 하나님은 자신의 구속받은 백성들을 의와 평강과 정의의 나라로 인도하기 위해서 고난 받는 종을 이용하신다.

여호와의 종은 종의 형체를 입고 죽기까지 복종하신 그분 예수 그리스도를 가리킨다(빌 2:7, 8). 유대인들에게 고난은 일반적으로 죄의 대가요, 저주의 상징이었다. 유대인들은 고난받는 메시아를 원하지 않았다. 때문에 끝까지 예수님을 메시아로 받아들일 수 없었다. 그러나 메시아의 고난받는 종의 사역을 통해서만이 새 이스라엘이 탄생한다.

이사야 40-66장은 이스라엘의 역사적 운명의 엄청난 반전을 보여준다. 특히 이사야 56-66장에 예고된 총체적 구속은 새 창조를 가리킨다고 할 수 있다. 이 새 창조는 이사야 65장 17절(새 하늘과 새 땅)에서 명시적으로 언급되고 있다. 패망을 맛본 하나님의 백성들은 포로에서 해방되어 새 하늘과 새 땅의 중심지, 즉 시온으로 돌아오게 될 것이다.

1. 유다 심판과 희망(1-12장)

하나님은 죄 가운데 있는 그 백성들을 강대국을 통해 심판하실 것을 말씀하신다. 그들은 죄 때문에 발바닥에서 머리까지 성한 곳이 없다(1:6). 그러나 그들이 하나님께 나와서 변론하면 하나님은 그들의 죄를 사하실 것이다(1:18). 하나님은 당신의 백성을 정결케 하신 후에 시온을 회복하실 것이다(2:2). 이스라엘은 젊은이부터 늙은이에 이르기까지 부패하였고, 종교 지도자들도 타락하였다(3장). 이처럼 타락한 백성들에게 하나님의 메시지를 전하도록 하기 위해서 하나님은 이사야를 부르셨다(6장). 하나님은 임마누엘 예언을 통해서 구원의 징조를 보여주신다(7장).

메시아는 한 아기로 오셔서 비로소 하나님 나라를 건설하실 것이다(9장). 이는 그 위에 여호와의 영이 임하기 때문에 가능하다. 지혜와 총명, 모략, 재능의 영으로 말미암아 평화가 회복된다. 하나님과 인간의 관계, 인간 간의 대립, 인간과 자연 세계와의 갈등 문제까지 해결된다. 메시아의 화평케 하는 역사는 이스라엘뿐만 아니라 전 인류에게까지 미치게 된다(11장). 만민이 결국은 하나님께로 돌아오게 될 것이며, 그때 그들은 하나님을 구원의 주로 감사하고 찬양하게 될 것이다(12장).

2. 열국 심판 계획(13-23장)

하나님은 이스라엘만의 통치자가 아니라 만국의 통치자이시다. 그러므로 바벨론, 앗수르, 애굽을 비롯해서 열방의 죄도 어김없이 심판하신다. 특히 지극히 교만하여져서 자신을 계명성이라 부르며 하나님보다 더 높아졌던 바벨론은 스올에 떨어지는 수치를 당하게 될 것이다(14장). 하나님은 거룩하신 분으로서 누구의 죄도 용납하지 않으신다. 그러나 또 이런 심판 가운데서도 애굽과 앗수르가 회개하고 하나님으로부터 치유의 은혜를 받을 것을 말씀하신다(19장).

3. 심판과 메시아의 승리(24-35장)

하나님은 '여호와의 날'에 대한 경고를 통해 인간들의 죄를 심판하실 것과 그의 백성들을 구원하실 것을 말씀하신다(24-27장). 하나님은 이스라엘 백성들이 술 취한 죄(28장), 하나님을 속이는 죄(29장), 하나님 대신에 애굽을 신뢰한 죄(30-32장) 때문에 심판하신다. 하나님은 열국을 심판하시고 택하신 백성을 구원하신다(34-35장). 죄로 말미암아 광야와 메마른 땅처럼 되었던 곳에 다시 백합화가 피게 된다(35:1). 다리를 저는 자가 사슴처럼 뛰게 되고, 뜨거운 사막이 변하여 연못이 될 소망을 보여주신다(35:6, 7). 그러므로 보복해 주실 하나님을 소망하며 두려워하지 말고 굳세어야 한다.

4. 역사적 사건(36-39장)

앗수르가 침공했을 때 랍사게는 하나님을 조롱하며 이스라엘 백성들에게 불신과 두려움을 심는다. 이때 히스기야 왕은 옷을 찢고 하나님 앞에 나아가 기도한다. 하나님은 히스기야의 기도를 들으시고 여호와의 사자를 보내셔서 185,000명을 죽게 하신다(37:36). 이는 앗수르의 침공 때 하나님의 징조의 말씀을 듣지 않고 친앗수르 정책을 쓴 히스기야의 아버지 아하스 왕과 대조를 이룬다(7장). 히스기야는 또 죽을병에 걸렸을 때 통곡하여 기도함으로 15년의 목숨을 더 연장받게 된다(38장). 그러나 바벨론 왕이 문병 왔을 때 축복의 근원이신 여호와 하나님을 자랑하지 않고 자신의 보물 창고를 자랑함으로써 하나님을 슬프시게 하였다.

이로써 장차 그의 나라가 바벨론에게 멸망당할 것을 예언하신다(39장). 하나님 나라로 세우심을 받은 이스라엘이 이방 신을 섬기는 강대국에 의해 멸망을 당하고 성전은 황폐화되고 백성들은 포로로 끌려가는 상황은 너무나 감당하기 힘들었다. 이것은 단지 국가적 위기일 뿐만 아니라 신앙적 위기였다. 여호와 신앙의 패배가 아닌가 생각되었다. 그러나 여기에는 그들의 신앙적 부패를 제거하고 그들의 신앙을 순수하게 하고자 하시는 하나님의 깊은 뜻이 숨어 있었다.

5. 이스라엘 구원 예언(40-55장)

하나님은 바벨론 포로 생활을 통해 그들을 정화시키시고, 여호와의 종(42, 49, 50, 53장)의 고난을 통해 구원하실 소망을 심어 주신다. 하나님은 당신의 백성들을 위로하시고(40장), 구원을 선포하신다(41장). 세상의 왕들은 무력으로 세계를 지배하고자 하는 반면에 '여호와의 종'은 상한 갈대도 꺾지 않은 사랑과 비폭력적인 겸손을 통해서 세상에 진정한 평화를 가져온다(42장). 하나님은 창조주요, 유일하신 구원자요, 역사의 주관자로서 새 일을 행하신다(43장).

여기서 '새 일'은 이스라엘이 바벨론으로부터 해방되어 돌아오는 것도 있지만 그것만이 아니고 모든 나라, 모든 백성들이 하나님을 인정하고 하나님께 돌아오는 본질적인 하나님 나라의 회복을 의미한다. 하나님은 이 일을 위하여 심지어 바사 왕 고레스를 목자로 택하셔서 구원의 역사를 이루신다(45장). 이 하나님 나라의 회복과 승리는 세상적인 방법으로 이루어지지 않는다. 고난당하는 여호와의 종을 통해서 이루어진다. 여호와의 종은 하나님의 공의를 회복시키시고, 구원을 시온에 베푸신다.

여호와의 종은 말씀의 선포자이다. 하나님은 '여호와의 종'이 선포하는 날카로운 말씀을 통해 이스라엘을 다시 세우시고, 나아가서는 이방의 빛으로서 온 세상을 하나님께로 돌아오게 한다(49장). '여호와의 종'은 온갖 매질을 당하며, 모욕을 당하는 아픔 가운데서도 학자의 혀로 말씀을 전파해서 인생들을 깨우치는 사명을 감당하게 된다(50장). '여호와의 종'은 모든 죄인들의 죄를 대신 담당하고 죽음으로써 구원을 선물로 베풀어 준다.

하나님 나라의 회복은 강력한 군사적 힘에 의해서가 아니고 고난의 종의 희생과 헌신을 통해서 이루어진다. 이것은 죄 문제를 해결하기 위한 대속적 고난이다(53장). 그의 고난과 죽음은 수치가 변하여 영광이 되게 하고(54장), 풍성한 삶을 약속해 준다(55장).

고난의 종이 고난과 아픔이라는 자기 희생의 중보적 헌신을 통해서 하나님 나라를 회복하셨듯이, 이스라엘도 시온의 회복을 위해서 고난의 길을 가야 한다. 하나님 나라의 회복을 꿈꾸는 주님의 종으로 부르심을 받은 자들도 기꺼이 고난의 종이 되고자 결단할 때 새 일의 사역을 이룰 수 있을 것이다.

6. 만민 구원, 새 창조(56-66장)

하나님의 구원 사역은 이방인에게도 위로를 가져다준다(56장). 그러나 악인은 철저히 심판하신다(57장). 참된 예배의 행위는 금식이 아니라, 회개와 하나님을 간절히 찾는 진심에 있다(58, 59장). 약속의 날에 시온에 영광이 임하고 열방이 그에게로 나아온다(60장). 성령의 부으심으로 말미암아 은혜의 해가 선포된다(61장). 하나님은 이스라엘을 다시 신부와 같이 영접하시고(62장), 원수는 심판하신다(63장). 이제 마지막으로 이사야의 기도가 이어진다. 하나님은 아버지로서 긍휼을 베풀어 주시길 소망한다(64장).

구원의 절정은 하나님이 새 하늘과 새 땅을 창조하시고(65장), 참된 예배가 회복될 때 성취된다(66장). 하나님은 이스라엘의 남은 자들과 이방인 중에서 신실한 자들을 구원하실 것이며, 그 구원은 만민을 포함한 범세계적인 것이 될 것이다. 2장 2-4절에서 선포되었던 시온의 영광은 66장 18, 19절과 병행을 이루며 성취되고 구체화된다. 구원자를 동한 새 하늘과 새 땅의 새 창조 사역(65:17)은 요한계시록에서 예수님의 재림과 함께 성취된다(계 21:1).

24. 예레미야:
하나님 나라와 새 언약

유다 심판 예언

1. 예레미야 소명
2. 유다 타락 책망
3. 우상 숭배 책망
4. 북방 침략 경고
5. 예루살렘 패역
6. 멸망 예고
7. 살육의 골짜기
8. 죄의 형벌
9. 주야로 통곡
10. 우상 숭배 책망
11. 언약의 파기
12. 예레미야 쟁변
13. 썩은 베띠
14. 가뭄, 기근, 칼
15. 유다 심판
16. 재앙과 회복
17. 안식일 성수
18. 토기장이 비유
19. 깨진 오지병
20. 바스훌의 핍박
21. 왕의 요청 거부
22. 유다 왕가 멸망
23. 의로운 가지
24. 무화과 광주리
25. 70년 포로 예언

예레미야 수난

26. 죽음의 협박
27. 멍에의 표징
28. 하나냐 거짓 예언
29. 예레미야의 편지

이스라엘 구원

30. 회복 약속
31. 새 언약
32. 밭을 사라
33. 공의로운 가지
34. 시드기야에 경고
35. 레갑 족속

예레미야 수난

36. 불타는 두루마리
37. 굴에 갇힘
38. 항복 권고
39. 예루살렘 함락
40. 총독 그다랴
41. 그다랴 피살
42. 이주하지 말라
43. 애굽으로 이주
44. 예레미야의 최후 예언
45. 바룩에게 메시지

열국 심판 예언

46. 애굽 심판
47. 블레셋 멸망
48. 모압 멸망
49. 5개국 멸망
50. 바벨론 심판
51. 바벨론 멸망
52. 유다 멸망

요절, 예레미야 31:31 "여호와의 말씀이니라 보라 날이 이르리니 내가 이스라엘 집과 유다 집에 새 언약을 맺으리라."

예레미야는 여호와를 반역한 유다의 멸망을 앞두고, BC 626-586년에, 40년 동안 백성들에게 심판의 메시지를 전하였다. 그 당시는 유다가 혼란 속에서 방황하다가 바벨론에게 멸망하게 되는 가장 암울한 시기였다. 예레미야가 활동할 당시 유다는 요시야 왕의 개혁 운동으로 말미암아 많은 긍정적인 변화를 겪지만 영적, 도덕적 부패의 뿌리를 뽑기에는 역부족이었다.

예레미야는 바벨론을 164번이나 언급하면서 바벨론이 이스라엘을 심판하는 도구가 될 것을 예언하고 있다. 그는 이스라엘 백성들의 우상 숭배와 배교, 도덕적 타락과 변질된 예배 등을 각종 상징적인 환상을 통해 질책하며, 회개를 촉구하고 있다(살구나무, 끓는 가마, 썩은 베띠, 포도주 병, 토기장이 진흙, 깨어진 옹기 환상 등).

멸망해 가는 조국을 바라보며 달갑지 않은 파멸의 메시지를 전해야 했던 그는 인간적으로 생각할 때 불행한 선지자였다. 그는 눈물의 선지자로서 고독과 배척, 투옥의 아픔을 당하며 유다의 멸망을 지켜보면서 백성들과 아픔을 같이했다. 예레미야는 이스라엘이 살 수 있는 길은 오직 하나님의 말씀에 순종하여 바벨론에게 항복하는 데 있다고 목이 터져라 외친다.

그러나 왕을 비롯해서 백성들은 그들의 헛된 자존심과 왜곡된 신앙으로 인해 예레미야의 말을 듣지 않는다. 결국 신앙적으로, 도덕적으로 부패한 선민 이스라엘과 주변 열국들이 하나님의 무서운 심판을 받을 수밖에 없게 된다.

이스라엘 백성들은 성전이 있는 한 안전하다고 생각하고 성전 예배에 대해서만 신경을 썼다. 그러나 실제 삶에서 그들은 부도덕하고 부정직하고 불의와 부패가 만연하였다. 가진 자들의 가난한 자에 대한 박해는 심했고, 도덕적 부패는 심각한 상태였다. 이런 상태에서는 결코 성전이 면죄부가 될 수 없었다.

그래서 하나님은 오히려 바벨론을 통해서 성전을 무너뜨리심으로 그들의 왜곡된 성전 의식을 수정하신다. 하나님은 성전이라는 건물을 통해서가 아니라 이스라엘 백성들의 마음속, 그들의 영에 하나님의 말씀을 새기셔서 영원한 언약, 새 언약을 삼으시겠다고 약속하신다(31:33). 하나님은 한 의로운 가지(메시아)를 통해서 새로운 회복의 역사를 이루실 소망을 보여주신다(33:15).

하나님은 언약에 대해서 스스로 매인 바 되시고 신실한 분이시다. 하나님은 언약 백성이 범죄할 때 이방 나라와 함께 심판하시지만 완전히 멸하지는 않고 다시 회복시킴으로 언약을 지키시는 분이다. 죄에 대한 심판과 죄인에 대한 사랑은 하나님의 양면성을 잘 보여주는 모습이다. 예레미야서는 연대기적인 순서보다는 주제별로 기록되어 있는 것이 특징이다. 사실적 기록과 더불어 중간중간에 예레미야의 풍부한 감성과 내적 고통, 슬픔, 애타는 심정, 확신과 결단 등이 농축되어 있는 책이다.

1. 유다 심판 예언(1-29장)

예레미야는 부르심을 받았을 때 심히 어렸지만 하나님은 이에 개의치 않으시고 그를 통하여 뽑고, 파괴하며, 파멸하고, 넘어뜨리며, 건설하고, 심는 역사를 이루실 것을 약속하신다. 살구나무 환상을 통해 그 약속이 속히 이루어질 것이며, 끓는 가마 환상을 통해 무서운 북쪽 군대의 침략이 있을 것을 예언하신다(1장). 그들은 생수의 근원 되신 하나님을 버리고 스스로 웅덩이를 판 것 때문에 심판을 받는다(2:13). 그들은 성전을 자랑하였지만 실상은 성전이 도둑의 소굴로 전락하였다(7:11). 하나님은 분노로 말미암아 불순종한 이스라엘을 뽑아 버리겠다고 경고하신다(12:17).

예레미야는 목숨 걸고 재앙의 메시지를 전하느라 결혼도 하지 않았다(16:2). 예레미야는 악한 자들의 책략으로 인해 구덩이에 던져진다. 이로 인해 예레미야는 자신을 죽이려는 책략을 알고 그들의 죄를 사하지 말아 달라고 기도한다(18:23). 그의 기도는 십자가에 못 박히면서도 "아버지 저들을 사하여 주옵소서"(눅 23:34)라고 기도하신 예수님의 기도에는 못 미치지만, 하나님 나라를 위해 쓰라린 고통을 감내하는 선지자의 절규를 보게 한다.

하나님은 부패한 유다를 옹기 그릇 깨뜨리듯이 멸하리라고 경고하신다(19:10). 하나님은 멸망하기 직전까지도 유다가 회개하기를 기대하셨다. 그러나 심판의 메시지를 전한 예레미야만 사람들에게 조롱거리가 되었다. 그는 이제 다시는 말씀을 전하지 않고자 결심해 보지만, 그 마음이 불붙는 것 같아서 골수에 사무쳐 답답하여 견딜 수가 없다(20:9).

그러나 여호야김 왕은 예레미야의 경고의 메시지에 대해서 전혀 귀를 기울이지 않았다. 여호야김 왕은 오히려 호화로운 왕궁을 짓고 사치스러운 삶을 일삼았다. 가난한 백성을 돌아보지 않고 그들을 억압하는 악을 행하였다. 이로 인해서 여호야김과 그의 아들 여호야긴은 하나님의 무서운 징계를 당하여서 큰 수치를 당할 것을 예레미야는 경고하였다(22장).

하나님은 멸망의 원인인 거짓 목자를 치시고, 한 의로운 가지를 일으키실 것이다(23:5). 당시에 거짓 선지자들은 나름대로 왕의 귀를 간지럽게 하는 예언을 하였지만 그들은 모두 어용 선지자들이었다. 반면에, 예레미야는 여호와의 회의에 참여하여 하나님의 말씀을 알아듣는 진정한 선지자였다. 그에게 임한 하나님의 말씀은 견고한 바위까지도 부스러뜨리는 불방망이 같았다(23장).

하나님의 경고의 말씀에도 아랑곳하지 않고 자기 만족에 빠져 있는 시드기야 왕과 그의 신복들은 썩어서 냄새 나는 무화과와 같았다. 반면에, 포로로 끌려간 자들이 오히려 좋은 무화과와 같음을 하나님은 환상을 통해 보여주셨다(24장). 그 환상처럼 유다는 칼과 기근과 전염병으로 멸망하게 될 것이다. 그러나 바벨론에게 멸망한 후 70년 만에 회복될 것이다(25:12). 기럇여아림의 우리야는 경고의 메시지를 전하고 애굽으로 망명하였다. 그러나 여호야김 왕이 사람을 애굽까지 보내서 그를 연행하여 칼로 죽여서 평민의 묘지에 던져 버렸다(26장).

이처럼 서슬퍼런 상황 속에서도 예레미야는 멍에를 목에 얹고 예언하면서 유다가 앞으로 바벨론에게 망하여 바벨론의 멍에를 메게 될 것을 경고한다(27장). 그러나 어용 선지자 하나냐는 포로로 끌려간 백성들이 2년 내에 귀환할 것이라고 말하며 예레미야의 멍에를 깨뜨려 버린다. 하지만 하나냐는 거짓 예언으로 인해 그 해

일곱째 달에 죽는다(28장).

2. 구원의 희망(30-35장)

하나님은 이스라엘의 상처에서 새 살이 돋아나게 하시며 그들을 번성케 하시고 하나님과의 관계성을 회복시키실 것이다(30장). 하나님은 시온의 회복을 이루시며, 그 땅을 물 댄 동산같이 축복하실 것이다. 그 날에 하나님의 법을 그들의 마음에 기록하여 영원한 언약으로 삼겠다고 말씀하신다(31장). 하나님은 이를 '새 언약'이라고 하신다.

하나님은 무한하신 사랑으로 택한 백성을 긍휼히 여기신다. 아무리 나라가 망하고 성전이 무너지고 백성들이 흩어졌다 할지라도 하나님은 언약을 파기하지 않으신다. 이는 하나님이 당신의 택한 백성을 결코 포기할 수 없다는 의미이다. 극도의 시련 속에서도 하나님은 새 이스라엘에게 새 언약을 주셔서, 새 출발을 하게 하신다. 그들은 마음에 언약이 새겨졌기 때문에 하나님의 법에 전적으로 순종하게 될 것이다.

가시적 성전과 언약은 진정한 언약의 모형에 불과하다. 이것은 장차 예수 그리스도의 보배 피를 통해서 우리 마음에 새겨질 새 언약의 그림자인 것이다(눅 22:20). 새 언약은 하나님의 무조건적인 은혜와 사랑의 성격을 가진다. 이 새 언약은 예수님의 초림과 십자가 대속의 사랑 사건을 통해서, 그리고 성령님이 우리 안에 내주하심으로 성취되었다.

하나님은 이 회복의 소망 가운데 예레미야로 하여금 땅을 구입하도록 하신다. 이것은 그 땅에 미래가 있다는 희망의 상징이 된다(32장). 이스라엘은 이 회복의 소망 가운데 부르짖어 기도해야 한다(33:3).

3. 예레미야의 수난과 유다의 멸망(36-52장)

예레미야가 구술하고 바룩이 적은 두루마리 책을 여호야김 왕은 불에 던져 태워 버린다(36장). 바벨론의 느부갓네살이 예루살렘을 침공하러 올 즈음 여호야김 왕은 죽고, 그의 아들 여호야긴이 왕이 되었다. 그러나 예루살렘 성은 바벨론에 의해 포위당한 지 두 달 만에 항복하고 여호야긴은 바벨론에 포로로 끌려간다. 이후 요시야의 아들이요, 여호야긴의 삼촌인 시드기야가 왕이 되어서 3년 동안 바벨론을 섬긴다. 이때도 시드기야는 호시탐탐 바벨론에 대항하고자 힘을 키운다.

이때 예레미야는 바벨론을 섬기는 것이 사는 길이라고 말하다가 구타를 당하고 웅덩이에 던져진다(37장). 결국 예레미야의 말을 듣지 않고 무리하게 바벨론을 대적하여 일어난 시드기야는 마침내 바벨론 군대의 의해 BC 586년에 멸망을 당한다. 시드기야는 자기가 보는 앞에서 아들들이 죽임을 당하고 자신은 두 눈이 뽑힌 채 끌려간다(39장).

예레미야는 멸망 전 감옥에서 풀려나와 바벨론으로 갈 것을 제안 받았지만 남은 자들과 함께 유다 땅에 남기로 결심한다(40장). 그러다가 바벨론이 총독으로 세운 그다랴가 요하난과 이스마엘 등에 의해 살해되는 사건이 발생한다. 그다랴를 살해하는 자들은 보복이 두려워서 애굽으로 피신을 하고 예레미야도 이들에 의해 애굽으로 옮겨지게 된다(43장). 열방에 대한 심판 예언(46-51장)은 예레미야서의 뒤쪽에 배치되어 있다. 바벨론에 끌려간 여호야긴 왕이 37년 만에 감옥에서 풀려나와 위신을 회복하게 되는 것은 이스라엘 회복의 희망을 예표해 준다(52장).

25. 예레미야 애가: 하나님 나라 백성의 애통함

1. 예루살렘 함락을 애곡
2. 예루살렘 함락의 곤경
3. 예루살렘 함락의 뜻
4. 예루살렘 함락에 대한 회개
5. 예루살렘 회복을 위한 호소

요절, 예레미야 애가 3:48 "딸 내 백성의 파멸로 말미암아 내 눈에는 눈물이 시내처럼 흐르도다."

예레미야 애가는 예레미야의 후속편으로서 예루살렘의 멸망을 회고하면서 예레미야가 눈물을 흘리며 탄식한 시이다. 이 시에는 또 죄의 자백과 심판에 나타난 하나님의 공의로우심이 잘 드러난다. 예레미야는 죄로 말미암아 황폐하게 된 예루살렘을 바라보며 슬피 울며 눈물이 물같이 흘러내린다. 누구도 그를 위로해 주는 자가 없음으로 그는 탄식이 많고 마음이 병들었다(1장).

하나님의 진노는 불처럼 맹렬하게 타올라서 예루살렘의 모든 궁을 불사르셨다. 또한 모든 종교적 의식도 폐하시고 성소와 제단마저도 원수의 손에 의해 훼파되게 하셨다. 선지자들은 더 이상 묵시를 받지 못하게 되었다. 여인들이 자기가 낳은 아이들을 먹으며 제사장들이 성소에서 죽임을 당하는 비극을 당하였다(2장).

하나님은 택한 백성을 조롱거리로 만드셨다. 하지만 하나님은 언약을 지키시는 신실한 분이시요, 회복을 이루시는 긍휼이 풍성하신 분이시다(3:22, 23). 그러므로 하나님의 사랑을 기초로 하나님을 소망하며 다시 하나님께로 돌아갈 것을 예레미야는 촉구하고 있다(3:40). 이스라엘의 죄는 신앙의 순수성을 잃어버린 데서부터 시작되었다(4:1). 이로 말미암아 하나님의 진노를 불러일으킬 수밖에 없게 되었다. 그러나 예레미야는 주께서 마음을 돌이키셔서 그들을 새롭게 해주시고 옛적과 같이 해주시기를 소망하며 간구하는 것으로 끝을 맺고 있다(5:21).

눈물의 선지사 예레미야는 멸망당할 예루살렘 성전을 보시고 우셨던 예수님의 그림자이다(마 23:37, 38). 예레미야는 예수님의 그림자로서 대적들로부터 조롱과 멸시를 받았다. 또한 자기 백성들의 죄를 자신이 담당하고 짊어지는 고난을 감당하였다. 이스라엘 백성들은 솔로몬 성전이 무너져 내리던 때(BC 586년)와 헤롯 성전이 무너진 때(AD 70년)에 예레미야 애가를 읽었다.

26. 에스겔:
하나님 나라와 새 영

회개 촉구

1. 생물 환상
2. 두루마리 수여
3. 사명 받음
4. 상징: 박석, 눕기, 떡
5. 상징: 수염, 삭도
6. 심판 예언
7. 종말 임박
8. 성전 우상 숭배
9. 악인 살육
10. 영광 떠남
11. 심판과 보응
12. 포로 됨 상징
13. 거짓 선지자 정죄
14. 우상 숭배 결과
15. 포도나무 비유
16. 창녀 예루살렘
17. 두 독수리 비유
18. 신 포도 속담
19. 방백 애가
20. 심판과 회복
21. 정의의 검
22. 예루살렘의 죄
23. 음란한 자매
24. 아내의 죽음

열방 심판

25. 4개국 심판
26. 두로 심판
27. 두로 애가
28. 두로 왕 심판
29. 애굽 멸망
30. 애굽 심판
31. 애굽 최후
32. 애굽 애가

축복 예언

33. 파수꾼 에스겔
34. 이스라엘 목자들
35. 에돔 심판
36. 새 마음, 새 영
37. 마른 뼈 환상
38. 곡과 마곡의 침략
39. 곡과 마곡의 멸망

새 성전의 환상

40. 성전 광장, 문들
41. 성소
42. 제사장 방들
43. 새 성전 영광
44. 제사장 직무
45. 새 성소 측량
46. 새 제사
47. 생명수 강
48. 성읍 분배

요절, 에스겔 37:14 "내가 또 내 영을 너희 속에 두어 너희가 살아나게 하고 내가 또 너희를 너희 고국 땅에 두리니 나 여호와가 이 일을 말하고 이룬 줄을 너희가 알리라 여호와의 말씀이니라."

에스겔은 요시야 왕 시대에 제사장의 아들로 태어났다. 그는 20대 중반에 제사장이 되어 예루살렘이 무너지고 성전이 파괴되고, 동족들이 바벨론에 포로로 끌려가는 참담한 민족의 현실을 목도하였다. 그는 여호야긴 왕 때 느부갓네살에 의해 2차 포로로 바벨론에 끌려갔다. 에스겔은 바벨론의 그발 강가에 위치한 델아빕에서 포로들과 함께 살았다. 그는 고국에 대한 그리움과 성전에 대한 사모함으로 깊은 슬픔 가운데 있었다.

이때 하나님은 그를 선지자로 부르시고, 빨리 예루살렘에 돌아갈 것이리는 거짓된 희망에 부풀어 있던 1차 포로민들에게 오히려 예루살렘이 철저히 파괴될 것이라는 메시지를 선포하게 하셨다. 유다 백성들이 바벨론에 포로로 끌려가게 된 것은 그들의 범죄로 말미암은 당연한 결과이기 때문에 그들은 이를 거부할 것이 아니라 겸허히 수용해야만 했다. 하나님은 이스라엘의 죄로 인해 그들을 철저히 심판하시고 정결케 하신 후에 마침내 회복의 역사를 이루실 것을 말씀하셨다.

여기서 회복의 역사는 단지 정치적인 의미를 말하는 것이 아니라 성전과 예배 의식의 회복을 의미한다. 이는 나아가 신약 시대에 경험하게 될 예수 그리스도의 초림을 통한 하나님 나라의 영광을 의미하며, 궁극적으로는 예수님의 재림을 통한 새 하늘과 새 땅의 영광을 의미한다.

에스겔 1-24장은 예루살렘 멸망 이전 예루살렘에 대한 심판과 멸망을 전하면서 "회개하라"고 외치고 있다. 25-32장은 이방 나라에 대한 하나님의 심판을, 33-48장은 유다의 회복을 예언하면서

"힘내라"는 격려의 메시지를 전하고 있다. 심판으로 말미암아 하나님의 영광이 성전에서 떠난다(9:3, 10:4, 18-19, 11:22-25).

그러나 하나님의 영광은 다시 성전의 회복으로 묘사된다(43:1-5). 성전 의식과 종교 지도자들이 부패하고 타락할 때 하나님은 그 영광을 거두어 가시고 성전을 파괴하도록 하신다. 그러나 그들을 정결케 하신 후에는 성전에 하나님의 영광이 다시 임재하게 되며, 그 성전을 통한 새로운 생명의 역사가 역동적으로 일어날 것을 말씀하신다.

에스겔은 '하나님에 의하여 강해진 자'란 뜻이며, 하나님이 그 강하신 능력으로 이방 나라들을 심판하시고, 포로 된 자신의 백성들을 구원해 내신다는 메시지를 선포한다. 에스겔은 여러 가지 상징적인 표현과 비유들을 통해 하나님의 심판과 회복의 메시지를 전하고 있다. 특히 36-48장은 요한계시록 20-22장과 병행을 이루고 있으며 하나님의 영광이 임하실 새 이스라엘 공동체, 교회 영광의 회복을 말해 주고 있다. 그리고 그 회복의 역사는 새 영을 통해서 이루어질 것을 예언하고 있다(36, 37, 47장).

1. 회개 촉구(1-24장)

에스겔은 여호와의 병거 환상을 통해서 하늘 보좌에 앉으신 하나님의 영광을 보게 된다. 하나님은 성전에 매여 계시지 않고 바퀴 달린 환상으로 바벨론까지 가서 그곳에서 그를 만나 주셨다(1장).

이 하나님께서 에스겔에게 사명을 주시기를 이스라엘 백성들이 듣든지 아니 듣든지 경고의 메시지를 전하라고 하신다(2:2). 에스겔은 하나님이 주신 말씀의 두루마리를 먹고 말씀을 전할 준비를 한다(3:3). 그는 이스라엘의 파수꾼으로서 악인들을 깨우쳐야 한다(3:17).

하나님은 여러 가지 상징 행동을 통해서 이스라엘 심판의 모습을 보여주신다(4, 5장). 하나님은 이스라엘 각 골짜기에 우상의 제단들을 철저히 훼파하실 것이다(6장). 이제 재앙이 임하여 심판의 날이 다가오고 있으며 하나님은 외적으로는 적군의 칼을 통해서, 내적으로는 선염병과 기근을 통해서 치실 것이다(7장).

8장에서는 이스라엘의 종교적 타락상의 극치를 보여준다. 성전에 가증스럽게도 각종 곤충 짐승 형상을 그려 놓았다(8:10). 여인들은 바벨론의 신 담무스를 향해서 경배한다(8:14). 제사장들이 성전을 등지고 이방 종교 의식을 따라 태양을 향해 경배한다(8:16). 그 땅에 피가 가득하고 불법이 가득 찼기 때문에 하나님은 분노를 쏟아 벌하실 수밖에 없었다(9:9). 결국 여호와의 영광은 성전을 떠나고야 말았다(10:18).

그러나 하나님은 징계를 통해서 그들의 마음에 새 영을 부어 주시고 돌 같은 마음을 제하고 부드러운 마음을 주셔서 하나님과 다시 언약을 맺기 원하신다. 하나님은 이스라엘을 멀리 이방 나라로 내쫓으셨지만, 그곳에서 그들에게 잠깐 성소가 되어 주신다. 이로써 하나님은 이스라엘 땅과 성전 건물에 매여 계시지 않는 분임을 보여주신다(11장). 거짓 선지자들은 예루살렘이 당장 회복될 것처럼 허탄한 묵시를 전파하였다. 그들은 백성들을 유혹하여 평강이 없음에도 불구하고 평강이 있다고 선포하였다(13장).

그러나 하나님은 세 가지 비유를 통해서 그들의 죄를 드러내시고 심판을 예고하신다. 이스라엘은 땔감으로나 쓰이는 쓸모없는 포도나무가 되어 버렸다(15장). 강대국인 애굽을 의존하고 흠모하므로 영적 음행을 자행하더니, 그것도 부족해서 이제는 바벨론에게 마음을 빼앗김으로 영적 간음을 행하고 있다(16장). 두 독수리로 표현되는 바벨론과 애굽을 의존하고 있다(17장). 하나님은 이들의 죄로 인해 심판을 당하게 하시고 연한 가지를 꺾어 높은 산에 심어서 무성한 나무가 되게 하시고 각종 새들이 날아오게 하실 것이다.

이는 장차 메시아를 통해 이루어질 구원과 만민 회복에 대한 환상이다(17:22, 23). 결국 이스라엘은 망하고 여호아하스는 애굽으로 끌려가 죽고, 여호야긴은 바벨론으로 끌려가 죽을 것을 예언하신다(19장). 하나님을 버리고 강대국을 의존한 두 자매, 오홀라(북왕조)와, 오홀리바(남왕조)는 강대국들에 의해 망하게 된다(23장). 하나님은 에스겔 아내의 죽음을 통해서 이스라엘이 사랑하는 성전의 멸망을 예언하신다(24:18).

2. 열방 심판(25-32장)

인접 국가들인 암몬, 모압, 에돔, 블레셋, 두로, 시돈, 애굽 등이 심판 받을 것을 말씀하신다. 특히 애굽에 대한 심판 예언이 많은 부분을 차지하는 이유는 바벨론에 끌려간 이스라엘 백성들이 강대국 애굽에 대한 막연한 향수가 있었기 때문에 애굽이 결코 의지의 대상이 되지 못함을 가르쳐 주기 위함이었다. 애굽은 바벨론에게 망하게 될 것이다(30:25). 이스라엘은 세상 권력을 의지하지 말고 전능하신 하나님 한 분만을 믿고 의지해야 한다.

3. 축복 예언(33-39장)

하나님은 에스겔을 다시 파수꾼으로 삼으시고 하나님을 대신하여 경고의 메시지를 전하게 하신다(33:7). 하나님은 양들을 제대로 돌보지 않는 거짓 목자들을 심판하신다. 그리고 다윗과 같은 목자를 세우셔서 양들을 먹이고 그들을 돌보게 하실 것이다(34:23). 에돔은 에서의 후손으로 방계 족속임에도 불구하고 유다의 땅을 차지하고자 욕심을 부리는 것 때문에 멸망을 당하게 될 것이다(35장).

이스라엘은 자기 죄 때문에 멸망을 당하지만, 하나님은 그들을 긍휼히 여기셔서 새 영을 부어 주신다. 이로 인해 굳은 마음을 제거하시고 부드러운 마음을 갖게 하셔서 하나님의 말씀에 순종하게 하신다(36:26, 27). 하나님의 영은 마른 뼈와 같은 이스라엘 백성들에게 임하여 큰 군대로 일어나는 회복의 역사를 이루신다(37장). 이제 죽음의 날들은 지나가고 새로운 생명의 시대가 다가오고 있음을 알려 주신다. 하나님은 이스라엘의 대적인 곡을 물리치시고 이스라엘 회복의 역사를 이루신다(38, 39장).

4. 새 성전의 환상(40-48장)

하나님은 에스겔에게 새 성전의 환상을 보여주신다. 새로운 성전에서는 더 이상 우상 숭배의 가증한 일이 자행되지 않는다. 하나님의 영광이 성전으로 들어오셔서 마침내 이스라엘의 회복이 이루어진다(43:4). 성전에서 흘러나온 물(성령)은 온 땅을 적시고, 생명을 살아나게 하며 온 만물을 새롭게 한다.

에덴동산 꼭대기에서 발원한 네 갈래의 강물이 에덴을 풍성하게 한 것과 병행을 이룬다. 즉 성전에서 흘러나온 물에 의해 에덴이 회복됨을 시사해 준다(47장). 생명을 주는 강은 하나님의 임재를 상징하며, 후에 요한계시록 22장에 나오는 생명수 강의 예표가 된다(22:1-5). 땅의 재분배가 이루어지는데, 이것은 가나안 정복 후에 지파별 땅의 분배가 이루어지는 것과 병행을 이루는 것으로서 하나님 나라 백성의 놀라운 미래를 소망하게 한다(48장).

27. 다니엘:
영원한 하나님 나라

역사적 사실

1. 뜻을 정한 다니엘	3. 풀무불 속에서 믿음	5. 벨사살, 손가락 글씨
2. 느부갓네살, 큰 신상 꿈과 해석	4. 느부갓네살, 큰 나무 꿈과 해석	6. 사자 굴 속에서 다니엘

예언적 계시

7. 네 짐승에 대한 이상	9. 다니엘의 기도, 70이레 이상	11. 열국 예언
8. 두 왕국 이상	10. 하늘의 사자	12. 종말 예언

요절, 다니엘 2:20 "다니엘이 말하여 이르되 영원부터 영원까지 하나님의 이름을 찬송할 것은 지혜와 능력이 그에게 있음이로다."

다니엘은 바벨론 1차 침략 때 여호야김 왕과 함께 포로로 끌려갔다. 그는 바벨론 왕 느부갓네살 때 16세의 나이로 포로가 되어서 85세인 바사 왕 고레스 3년(BC 536년) 때까지 살았다. 다니엘은 '하나님은 심판자' 라는 뜻으로, 하나님의 통치권이 이스라엘뿐 아니라 이방 국가에도 미치고 있음을 분명히 가르친다.

하나님은 각 나라와 국왕들을 자신의 뜻에 따라 세우기도 하시고 폐하기도 하시는 분임을 가르쳐 준다. 하나님은 이스라엘이 불순종으로 말미암아 나라가 망하고 고난을 당하고 있지만, 하나님이 그 백성을 보존하고 계신다는 신실하심을 가르쳐 준다.

또한 다니엘이 이방 땅에서 일사각오의 정신으로 믿음의 중심을 지키며 기도함으로 이루어 낸 승리를 통해, 하나님의 백성이 어떻게 살아야 하는가를 가르쳐 주고 있다. 포로기에 백성들의 마음에 파고드는 불신은 과연 하나님의 언약은 유효한가와 여호와 하나님은 살아 계시는가였다.

그러나 포로 시대의 신앙 영웅 다니엘이 이방 땅에서 숱한 위기를 극복하고 드라마틱한 믿음의 승리를 쟁취하는 것을 통해, 여호와 하나님은 유일한 하나님이시며 하나님의 언약은 폐기되지 않았다는 사실을 보여준다. 또한 세계 역사를 주도하는 것처럼 보이는 강대국들의 흥망성쇠를 통해 인간 역사의 한계를 말해 준다. 하나님이 정하신 때를 기준으로, 메시아 왕국을 중심으로 세계 역사가 움직여 감을 가르쳐 주고 있다.

다니엘서의 주제는 하나님의 주권적 통치와 하나님 나라의 승리라고 할 수 있다. 모든 역사는 여호와 하나님의 손안에 있으며 여호와가 모든 신들과 왕보다 뛰어나신 분이라는 것을 사건과 환상들을 통해서 보여주신다. 에스겔서가 성전 회복을 통한 신앙적 회복을 강조한다면, 다니엘서는 이스라엘의 정치적 회복과 승리를 강조하고 있다.

특히 다니엘서는 주변 나라의 미래에 대한 예언과 인류 역사의 종말적인 계시까지 내다보고 있다는 점에서 요한계시록과 통하는 바가 있다. 넓은 시각에서 볼 때 인류 역사는 구속사가 주류를 이루며 시련 속에서도 여호와 신앙을 견지하는 남은 자들을 통해 구원 역사는 계속되어 간다.

다니엘이 깊은 절망을 뚫고 희망의 세계로 나아갈 수 있었던 것은 그의 변함없는 기도 생활과 말씀을 붙드는 생활 때문이었다. 지속적인 기도와 말씀 중심의 삶이 시련을 넘어 영적인 시각으로 시대를 통찰하게 하며 현실을 극복하고 희망의 세계로 나아가게 한다.

1. 역사적 사실(1-6장)

다니엘과 세 친구들은 바벨론의 왕을 섬기기 위해 선택된 유대 청년들이었다. 그러나 처음부터 뜻을 정하여 포도주와 부정한 음식을 거절하였다. 이로써 하나님은 이들을 더욱 윤택하게 하시고 넘치는 지혜와 총명을 주셨다(1장).

느부갓네살이 꿈을 꾸고 번민할 때 다니엘이 그의 꿈을 알아맞히고 해석을 하여 왕의 인정을 받게 된다. 꿈에 나타난 신상의 각 부분은 각 왕조를 상징한다. 금으로 된 머리는 바벨론을, 은으로 된 가슴과 팔은 메대와 바사를, 놋으로 된 배와 넓적다리는 헬라를, 쇠로 된 종아리와 발은 로마를 의미한다.

그리고 신상을 부서뜨리는 돌은 메시아 왕국, 즉 새 창조의 하나님 나라를 의미한다. 하나님에 의해 준비된 돌이 신상을 부서뜨리듯이, 종말의 때에는 인간이 주도하는 세상 나라들이 부서지고 하나님이 주도하시는 하나님 나라가 완성될 것이다. 그러므로 하나님 나라 백성들이 역사의 주역임을 믿고 이방 땅에서도 여호와 신앙으로 무장하고 살아야 한다(2장).

느부갓네살 왕의 금 신상에게 절하지 않는 다니엘의 세 친구들은 풀무불에 던져질 위기에 처하게 되었다. 그러나 그들은 끝까지 타협하지 않고 마침내 풀무불에 던져진다. 이때 그들은 불 속에서도 구원을 받으므로 여호와만이 유일하시고, 진정으로 살아 계신 하나님 되심을 증명하여 보여준다. 아이러니하게도 이스라엘 백성들은 역사의 최악의 상황에서 가장 강력한 여호와 신앙을 체험하게 된다. 당대 최고의 권력을 가진 바벨론보다 여호와 하나님의 권세가 더 우월하다는 것을 보여준다. 또한 하나님께 대한 믿음과 사랑이 강렬하여 자신들의 목숨까지도 기꺼이 바치고자 하는 자들이 바로 하나님 나라 백성들이요, 그 하나님 나라 백성들은 반드시 승리하게 된다는 메시지를 가르쳐 준다(3장).

다니엘은 또다시 느부갓네살의 꿈을 해석하게 된다. 그 꿈의 의미는 왕이 짐승같이 되어서 들풀 가운데 거한다는 것이다. 느부갓네살은 이 말을 듣고도 교만을 회개하지 않음으로 말미암아 들에서 소처럼 풀을 먹고 배회한다. 이로써 그는 결국 하나님을 인정하고 찬양하게 된다(4장). 벨사살 왕은 여호와의 성전에서 가져온 잔에 술을 부어 마시는 가증한 일을 행함으로 하나님의 징계를 받아 죽게 된다. 이로써 메대가 멸망한다(5장).

다니엘은 시기를 받아서 사자 굴에 던져지지만 그곳에서도 살아남는다. 그는 죽음을 앞두고도 하루에 세 번씩 기도함으로 하나님이 사자의 입을 봉하시는 기적을 체험하게 된다. 그는 이방 땅에서 하나님의 살아 계심을 증거하는 생생한 증인으로 인정을 받는다(6장).

2. 예언적 계시(7-12장)

다니엘이 벨사살 왕 원년에 꿈으로 환상을 본다. 사자, 곰, 표범, 열 뿔 가진 괴물 같은 짐승들을 보게 되는데 이는 각각 바벨론, 메대 바사, 헬라, 로마제국을 상징한다. 열 뿔 중에서 한 작은 뿔은 적그리스도로서 성도들을 핍박한다. 그러나 하나님의 심판으로 말미암아 적그리스도는 멸망하고 성도들은 영원한 나라를 얻게 된다. 이때 하늘로부터 오신 인자 같은 이가 세상의 모든 권세를 접수하고 영원한 나라를 건설하게 된다(7장).

다니엘은 한 현저한 뿔이 나타나서 제사를 폐하고 성소를 허물어뜨리는 환상을 보게 되는데, 이는 안티오쿠스 에피파네스를 의미한다. 그는 이스라엘을 강압적으로 헬라화시키고자 했기 때문에 안식일 준수, 절기 행사, 할례, 성소 제사를 금하였다. 그는 성소를 헐고 대신에 우상의 제단을 세우고 돼지머리를 놓고 제사를 지내며, 돼지고기를 먹도록 강요하였다. 제우스 신에게 절하지 않는 유대인 10만 명을 십자가에 매달아 처형하였다.

이런 그의 악행은 마카비 혁명으로 성전이 정결케 될 때까지 계속된다. 하나님은 이처럼 사악한 자를 통해서 당신의 택한 백성들을 정결케 하신다. 그러나 적그리스도는 결국 하나님의 손에 의해 멸망하게 된다(8장).

다니엘은 예레미야서 연구를 통해 이스라엘이 멸망한 후 70년 만에 회복될 것을 알게 된다. 그는 자기 백성들의 죄를 안고 하나님께 나아가 금식하고 회개하며 중보 기도를 한다. 이때 하나님은

'70이레' 예언을 말씀해 주시는데, 이는 이스라엘이 포로 생활에서 해방되는 시기부터 그리스도의 초림 때까지, 더 나아가서는 재림 때까지의 전 기간을 상징적으로 말해 준다. 하나님은 시련을 통해 그들의 죄에 대한 징계가 끝나고, 영원한 의가 드러나게 되며, 거룩하신 이가 기름 부음을 받게 된다는 소망(그리스도의 재림)을 보여주신다(9장).

다니엘이 힛데겔 강가에서 세 이레 동안 금식하고 있을 때 하나님은 영광스러운 메시아의 환상을 보여주셨다. 다니엘의 기도 응답이 있기까지 사탄의 방해가 있었지만 천사의 도움으로 마침내 계시가 임하게 된다. 하나님은 계시를 통해서 세상에는 진리의 대적자들, 즉 하나님의 뜻을 방해하는 세력들이 끊임없이 일어난다는 사실을 가르쳐 주신다.

세상에는 하나님의 뜻을 이루는 선한 천사들과 하나님의 뜻을 방해하고자 하는 악한 천사들 사이에 끊임없는 영적 전쟁이 벌어지고 있다. 그러나 하나님이 자기 백성들을 위해서 싸우시기 때문에 진리가 승리한다는 환상을 보여주신다(10장). 이 환상은 알렉산더 대왕이 일어날 것과 프톨레미와 셀류쿠스가 전쟁을 하게 될 것, 그리고 안티오쿠스 에피파네스가 이스라엘을 핍박하게 될 것을 포함하고 있다. 이는 말세에 있을 대환난에 대한 예언이기도 하다.

그러나 아무리 극심한 환난 가운데서도 하나님의 말씀을 믿고 의지하며 가르치는 자들이 있다. 그들은 핍박을 받아 순교를 당하기도 하지만, 그들은 정결한 믿음으로 말미암아 장차 하나님의 영광에 참여할 것이기 때문에 지혜로운 자들이다. 적그리스도는 교만하여 자신을 신격화시키고, 온갖 악한 짓을 하는데, 그것은 그 배후에서 사탄이 조종하기 때문이다. 그러나 아무리 적그리스도가 강하다 할지라도 마지막 날에 멸망을 당하게 된다(11장).

하나님은 또한 세상 끝 날에 있을 대환난과 선민에 대한 구원, 그리고 부활에 대해서 말씀해 주신다. 하나님은 대환난의 시대에도 천사장 미가엘을 통해서 거룩한 성도들을 보호하실 것이다. 성도들은 자신들의 이름이 생명책에 기록될 것이기 때문에 기뻐할 수 있다.

혼돈과 시련 가운데서도 하나님의 구원 계획을 영접하는 지혜자는 빛이 날 것이요, 많은 사람들을 구원의 길로 인도하는 자는 별과 같이 영원토록 비추게 될 것이다. 박해나 현실이 어렵다고 포기하지 않고, 끝까지 중심을 지키며, 말씀 전파에 힘쓰는 자에게는 주님의 은혜가 임하게 될 것이다(12장).

28. 호세아:
포기할 수 없는 하나님 나라

이스라엘의 죄악상

1. 음란한 아내와 결혼
2. 우상 숭배의 죄
3. 고멜 속량
4. 심판 경고
5. 심판 선언
6. 책망과 권면
7. 달궈진 화덕
8. 반역죄와 심판
9. 배반에 대한 심판

하나님의 애뜻한 사랑

10. 묵은 땅을 기경하라
11. 불붙는 사랑
12. 책망과 심판 경고
13. 배은망덕의 죄
14. 회개하면 축복

요절, 호세아 11:8 "에브라임이여 내가 어찌 너를 놓겠느냐 이스라엘이여 내가 어찌 너를 버리겠느냐 내가 어찌 너를 아드마같이 놓겠느냐 어찌 너를 스보임같이 두겠느냐 내 마음이 내 속에서 돌이키어 나의 긍휼이 온전히 불붙듯 하도다."

호세아는 북이스라엘이 가장 경제적으로 번영할 때인 여로보암 2세 때의 선지자이다. 여로보암 2세 때 북이스라엘은 외적으로 더할 나위 없이 번성하였다. 북쪽으로는 다메섹을 물리치고, 동쪽으로는 아람을 정복하고, 모압과 암몬도 몰아내었다. 이것은 솔로몬 시대의 영화를 회복했다는 의미이다. 그러나 신앙적으로는 심히 부패하였고, 사회적으로 빈부격차는 극심하였다. 부자들은 자신들의 재산을 불리기에 바빴고, 가난한 자들은 종으로 팔려갔다.

북이스라엘이 여호와 신앙을 버리고 바알 숭배에 빠져 다른 신과 연애함으로 영적으로 바람을 피우고 있었다. 정치 지도자들은 하나님을 의지하기보다 앗수르와 애굽 사이를 오가며 뇌물로 환심을 사고자 하였다. 종교 지도자들도 이를 방관하고 자신들의 유익만을 탐하였다. 하나님과 이스라엘의 관계는 마치 결혼한 사이와 같았건만 그들은 영적 간음을 행하고 있었던 것이다. 이에 하나님은 분노하여 이들을 심판하실 수밖에 없었다.

그러나 하나님은 이스라엘을 포기하지 않으시고 불붙는 사랑으로 돌이키길 원하신다. 이 하나님의 마음을 대변하기 위해서 호세이로 하여금 음란한 여인 고멜과 결혼하게 하시고, 그를 돌보게 하신다. 이스라엘은 음란한 고멜처럼 원래 부정한 자였지만 하나님의 은혜로 하나님의 신부, 하나님의 백성이 되었다. 그렇지만 하나님의 은혜를 까먹고 그들은 끝없이 한눈팔고 영적인 외도를 거듭한다. 그런 그들을 심판하시지만 다시 아내로 삼으려는 하나님의 사랑은 안타까움으로 인해 불붙는 듯하다.

남편에게 신실하지 못한 아내를 데려오기 위해서 온갖 수모를 겪는 호세아의 모습 속에서 우리는 인간의 이해를 초월하는 하나님의 지고한 사랑을 느낄 수 있다. 어찌하든지 죄를 정결케 하시고 새로운 사랑의 관계를 회복하기 원하시는 하나님의 사랑은 장차 그리스도의 십자가 사랑을 통해서 구체화된다.

1. 이스라엘의 죄악상(1-9장)

하나님은 우상 숭배에 깊이 빠진 이스라엘을 바람난 아내 고멜로 표현하시고, 호세아로 하여금 그 고멜과 결혼하여 아들을 낳게 하신다. 그 아들 로루하마, 로암미는 각각 '긍휼이 없다', '내 백성이 아니다' 라는 뜻이다. 하나님은 죄에 빠진 이스라엘을 긍휼히 여기지 않으시고, 심판하셔서 흩으신다(1장). 하나님은 이스라엘과 영적으로 결혼한 것과 같았지만 그들의 영적 간음으로 말미암아 이별을 선포하실 수밖에 없었다.

그러나 하나님은 그들의 입에서 바알을 제거하시고, 그들을 불쌍히 여기셔서 다시 그들에게 장가들기 원하신다(2장). 이스라엘이 여호와를 아는 지식을 버렸을 때 하나님께 버림을 받게 되었다(4장). 그들이 여호와께 정조를 지키지 않았기 때문에 하나님은 사자와 같이 임하셔서 그들을 움키실 것이다(5장).

그들은 여호와께로 돌아가서 힘써 여호와를 알아야 한다. 하나님은 이스라엘의 외적인 종교 생활로 만족하지 못하신다. 하나님이 원하시는 것은 제사가 아니고 인애요, 번제가 아니고 하나님을 아는 것이다. 하나님과의 인격적인 교제와 깊은 사랑의 관계를 하나님은 그토록 원하신다(6장).

그러나 그들은 눈에 보이는 쾌락과 현실적 유익을 사모하는 마음에 안달이 나 있었다. 그들은 음란에 대한 욕망 때문에 달궈진 화덕같이 되고, 위선 때문에 뒤집지 않은 전병과 같이 되었다. 이스라엘은 애굽과 앗수르를 의지한 죄 때문에 심판을 받게 된다(7장). 그들이 이렇게 된 데는 선지자들의 무기력함에도 원인이 있다(9:7).

2. 하나님의 애틋한 사랑(10-14장)

이스라엘은 두 마음을 품은 죄 때문에 심판을 받게 된다(10:2). 그러므로 묵은 땅을 기경하고 지금 여호와를 찾아야만 한다(10:12). 하나님은 범죄한 이스라엘을 심판하시지만 그들을 결코 버리실 수가 없다. 그들을 향한 긍휼의 마음이 불붙듯 하기 때문이다(11:8). 아무리 자식이 부모를 배반하고 탕자가 되었을지라도 그 자식을 포기할 수 없는 부모처럼, 하나님은 이스라엘을 포기하실 수가 없다.

그들의 죄가 아드마(소돔)와 스보임(고모라)과 같기 때문에 원칙대로라면 소돔과 고모라처럼 심판을 받아서 없어져야 마땅하다. 그러나 하나님은 그들을 엎으실지언정 없애지는 않는다. 여기에 하나님의 아이러니한 사랑이 있다. 이것이 바로 죄인들을 향한 하나님의 긍휼의 마음이다.

하나님은 반복해서 이스라엘의 배반을 안타까워하신다. 그들에게 출애굽의 은혜를 베푸셨건만 교만하여 하나님을 버렸기 때문에 사자같이 삼키실 수밖에 없다(13장). 하나님은 심판을 말씀하시지만 하나님의 진정한 의도는 그들로 하여금 돌아오도록 하는 데 있다. 사자같이 찢으시겠다던 하나님은 이내 이슬처럼 임하셔서 이스라엘이 백합화처럼 피어나게 하시겠다고 약속하신다. 하나님은 이스라엘을 상자 꽃피고 열매 맺고 향기 나는 존재로 만들어 주실 것이다(14장). 장차 이스라엘은 하나님의 넘치는 사랑으로 말미암아 새로운 출애굽을 통한 새 창조의 역사를 경험하게 될 것이다.

29. 요엘:
주의 영이 부어지는 하나님 나라

1. 황충 재앙 2. 여호와의 날(만민에게 영) 3. 구원 약속

요절, 요엘 2:28-29 "그 후에 내가 내 영을 만민에게 부어 주리니 너희 자녀들이 장래 일을 말할 것이며 너희 늙은이는 꿈을 꾸며 너희 젊은이는 이상을 볼 것이며 그 때에 내가 또 내 영을 남종과 여종에게 부어 줄 것이며."

요엘 선지자는 남유다의 선지자로서 '여호와의 날'에 임할 심판에 대해서 예언하고 있다. '여호와의 날'은 인간의 죄를 향한 하나님의 최후 심판의 예표이다. '여호와의 날'은 회개하는 자에게는 구원이, 대적하는 자에게는 영벌이 임하는 날이다. 하나님은 타락한 이스라엘 백성들을 메뚜기 재앙을 통해서 치실 것이다. 메뚜기 재앙은 단순한 자연 현상이 아니라 하나님의 징계의 채찍이다. 하나님은 이처럼 징계를 통해서 자기 백성들의 회개를 촉구하신다. 마지막 날에 하나님은 징계를 통해서 세상을 심판하실 것이다.

그러나 또 자비의 하나님은 그들에게 여호와의 영을 부어 주셔서 회복의 역사를 이루실 것이다. 그러므로 임박한 그 날을 대비하여 즉시 회개하고 하나님께 나아와서 영원한 구원의 복을 받아야 한다. 하나님이 부어주시는 여호와의 영을 덧입어서 새로운 창조

역사에 동참하는 자가 그 복의 주인공이 된다.

하나님은 범죄한 이스라엘을 메뚜기 재앙과 가뭄 재앙으로 치신다. 그러므로 그들은 금식일을 선포하고 성회로 모여서 회개해야 한다(1장).

그들은 이제라도 금식하며 울며 애통하며, 마음을 찢고 하나님께로 돌아와야 한다. 그때 하나님은 그들을 극진히 사랑하셔서 자기 백성을 불쌍히 여기실 것이다. 그 후에 여호와의 영을 부어주셔서 꿈을 꾸게 하시고 회복의 역사를 이루실 것이다. 하나님이 부어주시는 성령으로 말미암아 자녀들은 장래 일을 말하게 되며, 늙은이는 꿈을 꾸고, 젊은이는 이상을 보게 될 것이다(2:28). 말일에 하나님이 택하신 백성들에게 부어 주시는 가장 큰 축복은 성령을 부어 주시는 축복이다. 예수님의 초림을 통해서 이 축복은 이미 임하였다. 또한 오순절 성령 강림을 통해서 신약 교회는 이 풍성한 복을 누리게 되었다(행 2:17-21). 이제 예수님을 믿고 성령으로 거듭난 자들은 그의 신분 고하에 상관없이 하나님의 놀라운 구원과 성령 임재의 축복을 덧입게 된다. 이 하나님의 축복은 남은 자들, 즉 여호와의 이름을 부르는 자에게는 누구에게나 임하게 된다(2장).

하나님은 사로잡혀 간 이스라엘이 돌아오게 하시고, 이스라엘을 괴롭힌 열방들은 그들이 행한 대로 보응하신다. 하나님은 이스라엘의 편이 되어 주시고 그들에게 시온은 거룩한 처소요, 축복의 땅이 될 것이다. 열방은 망할지라도 유다와 예루살렘은 영원할 것이다(3장).

30. 아모스:
정의를 추구하는 하나님 나라

이스라엘 심판에 대한 경고

1. 5개국 심판 경고
2. 모압과 유다의 죄
3. 이스라엘 심판
4. 바산의 암소들아
5. 여호와를 찾으라
6. 지도자들의 사치
7. 다림줄 환상
8. 말씀 듣지 못한 기갈

이스라엘 회복에 대한 소망

9. 다윗의 장막 회복

요절, 아모스 5:24 "오직 정의를 물같이, 공의를 마르지 않는 강같이 흐르게 할지어다."

아모스는 남유다 사람이었지만 여로보암 2세가 통치하고 있던 북이스라엘을 향해서 회개의 메시지를 전했다. 당시 그들이 정치적으로, 군사적으로, 경제적으로는 풍요했지만 영적으로는 심히 부패했기 때문이다. 아모스는 평범한 목자요, 뽕나무 재배자였다. 그러나 그는 누구보다 강력하게 북이스라엘의 종교적 혼합주의와 지도자들의 부정부패, 향락주의, 배금주의, 가난한 자들에 대한 억압과 무정, 무자비를 질타하고 있다.

이스라엘은 스스로 하나님의 선민이라는 자부심이 있었지만 실제 삶은 전혀 그렇지 못했다. 그들은 정치적, 경제적 풍요로 말미암아 교만에 빠져 있었기 때문에 영적인 위기의식을 느끼지 못하고 있었다. 더구나 선지자들마저 그런 죄에 대해서 책망하지 않고 타협하고 있었다. 그들은 직업 종교인으로 전락하고 말았다. 이스라엘은 현실적인 풍요를 위해서 하나님과의 관계뿐 아니라 이웃과의 관계도 파괴된 상태에 있어서 심판이 불가피하였다.

북이스라엘에서 함께 활동한 선지자인 호세아가 이스라엘의 영적인 부패의 모습을 주로 질타하였다면, 아모스는 영적인 측면만이 아니라, 사회 경제적 부패를 강도 높게 책망한다. 하나님이 원하시는 것은 형식적인 종교 의식이 아니라 공평과 정의의 실천이다. 아모스 선지자는 불의한 북이스라엘이 하나님의 공의로우신 심판을 받을 수밖에 없음을 거듭 강조하고 경고한다. 아모스의 예언처럼 북이스라엘은 여로보암 2세가 죽은 이후에 급속히 국력이 약화되었고, 25년 후인 BC 722년에 앗수르에게 멸망하고 만다. 그러나 아모스서의 후반부는 하나님이 다윗의 무너진 장막을 일으켜 세우시며 포로 귀환의 은혜를 베풀어 주실 소망을 보여주고 있다.

1. 이스라엘에 대한 심판 경고(1-8장)

이스라엘 주변의 여러 나라들은 그 악행으로 말미암아 하나님의 심판을 받게 될 것이다(1장). 유다는 하나님의 말씀을 멸시했기 때문에 심판을 받고, 이스라엘은 온갖 종류의 악행을 행했기 때문에 심판을 받게 된다(2장).

당시 부유층들이 너무나 타락했기 때문에 하나님은 사자같이 임하셔서 큰 재앙을 내려 심판하실 것이다. 그 심판은 너무나 무서운 것이어서 목자가 사자의 입에서 양을 건져낸다 할지라도 겨우 양의 두 다리와 귀 조각만을 건져냄같이 될 것이다(3:12). 그들의 사치의 상징인 겨울궁, 여름궁, 상아궁도 파괴될 것이다(3:15). 풍요의 상징처럼 여겨졌던 바산의 암소들도 갈고리로 꿰어 끌려갈 것이다(4:1, 2). 각종 재앙과 전염병으로 치실 것이다(4:9, 10).

그러나 그들이 회개하고 힘써 여호와를 찾으면 살게 될 것이다(5:4). 그들은 악을 미워하고 선을 사랑하며 정의를 세워야 한다(5:15). 하나님은 이스라엘이 아무리 형식적인 제사를 많이 드릴지라도 받지 않으신다. 오직 정의를 물같이, 공의를 마르지 않는 강같이 흐르게 해야만 한다(5:24).

아모스는 북이스라엘의 우상 숭배의 본거지인 벧엘에서 심판의 메시지를 전하였다. 그러자 거짓 선지자 아마샤는 아모스로 하여금 더 이상 벧엘에서 예언하지 말고 남유다로 내려가서 거기서 떡을 먹고 예언하라고 조롱한다. 자신들이 있는 벧엘은 왕의 성소요, 왕의 궁궐이기 때문에 안전하다고 자랑한다(7:12). 그러나 아모스는 이에 굴하지 않고 비록 뽕나무 재배자일지라도 하나님의 권위를 덧입어서 하나님 말씀을 전하는 것이라고 단호하게 말한다. 하나님의 경고의 말씀을 듣지 않는 그들은 장차 아내가 창기가 되며, 자녀들이 칼에 죽임을 당하고, 땅이 나눠지고, 백성들은 포로로 잡혀갈 것이라고 분명하게 선포한다(7:17).

하나님은 여름 과일 한 광주리를 보여주시며 이스라엘의 끝이 이르렀음을 경고하신다. 그들은 여호와의 말씀을 듣지 못한 기갈에 시달릴 것이다(8장).

2. 이스라엘 회복에 대한 소망(9장)

하나님은 그들의 죄를 끝까지 추적해서 심판하실 것이다(9:3). 그러나 하나님은 이스라엘을 완전히 멸하시지는 않고 남은 알곡을 모으신다(9:8). 하나님은 다윗의 무너진 장막을 일으키시고, 약속의 땅에 다시 택하신 백성들을 돌아오게 하실 것이다. 결국은 만국을 기업으로 얻는 축복을 주실 것이다.

31. 오바댜:
에돔을 심판하는 하나님 나라

요절, 오바댜 1:18 "야곱 족속은 불이 될 것이며 요셉 족속은 불꽃이 될 것이요 에서 족속은 지푸라기가 될 것이라 그들이 그들 위에 붙어서 그들을 불사를 것인즉 에서 족속에 남은 자가 없으리니 여호와께서 말씀하셨음이라."

오바댜는 '여호와의 종'이라는 뜻을 가진 선지자로서 교만한 에돔에 대한 심판의 메시지를 전하고 있다. 에돔은 에서의 후손으로서 유다의 형제 민족이지만 유다가 어려움에 처할 때 도움을 주기는커녕 오히려 고통을 가중시켰다. 출애굽 여정에서 그들의 가는 길을 방해하였고, 유다가 바벨론에게 약탈당할 때 바벨론 편에 서는 등, 유다의 비극을 보고 기뻐하였다.

하나님은 이런 에돔을 철저히 심판하시고 야곱의 집은 회복시키실 것을 말씀하신다. 하나님께 적대적인 모든 이방 국가들은 멸망을 당하게 될 것이며, 회개하고 돌아온 택한 백성에 대해서는 하나님의 자비가 임할 것을 말해 주고 있다.

에돔은 사해 남쪽 세일 산의 바위 틈에 거주하면서 자신들의 거주지(페트라)가 천연적 요새로서 더할 나위 없이 안전하다는 거만함이 가득하였다(1:3). 하지만 그런 에돔도 동맹국들에 의해서 침략을 당하게 된다(1:7). 형제 국가인 유다에게 행한 포학으로 인해 영원히 망하게 된다(1:10). 그들은 유다가 이방 나라에게 수탈을 당할 때 도움을 주기는커녕 대적자 편에 섰다(1:11). 결정적인 순간에 유다는 불과 불꽃이 될 것이며, 에돔은 지푸라기가 될 것이다(1:18). 그들은 결국 남은 자가 없이 망하게 될 것이다. 반면에 유다는 구원을 받고 여호와께 속하게 될 것이다(1:21). 에돔은 하나님 나라 건설을 방해하는 세력들의 대표라고 볼 수 있다.

오늘날에도 하나님 나라가 건설되고 확장되는 것을 거부하고 가로막는 세력들이 존재한다. 하나님은 그들의 교만을 반드시 치실 것이고, 마침내 하나님 나라가 승리하게 하실 것이다. 지금도 하나님의 백성들을 핍박하고 괴롭히는 악의 세력들이 존재한다. 그러나 최후 심판의 때에 하나님은 그런 악의 세력들을 심판하실 것이며 택함 받는 하나님의 백성들에게는 주님의 위로와 승리가 임하게 될 것이다.

32. 요나:
이방인도 사랑하는 하나님 나라

1. 도망가는 요나
2. 요나의 기도
3. 니느웨 백성들의 회개
4. 박넝쿨의 교훈

요절, 요나 4:11 "하물며 이 큰 성읍 니느웨에는 좌우를 분변하지 못하는 자가 십이만여 명이요 가축도 많이 있나니 내가 어찌 아끼지 아니하겠느냐 하시니라."

요나는 북이스라엘 갈릴리 출신의 선지자로서 그 이름은 '비둘기'를 의미한다. 요나는 북이스라엘 왕 여로보암 2세 때에 활동했다. 하나님은 요나로 하여금 가장 잔인한 적대국가 앗수르에 가서 하나님의 말씀을 전파하도록 방향을 주신다. 그러나 그는 배타적인 선민의식과 이스라엘 민족주의 때문에 이를 거부하여 반발하다가, 물고기 뱃속에 들어가게 된다. 결국 그는 회개하고 하나님께 순종하여 니느웨 백성들을 회개시키는 사역을 하게 된다. 요나는 이를 기뻐하지 않지만 하나님은 그의 좁은 마음을 책망하시고 만민을 향한 보편적인 사랑을 소유하도록 촉구하신다.

요나서는 하나님의 사랑이 택한 백성 이스라엘에게만 한정되지 않고, 모든 만민을 향한다는 사실을 가르쳐 주고 있다. 창조주 하나님의 사랑은 혈통과 신분을 뛰어넘어 누구든지 죄를 회개하는 자에게 임하는 보편적인 사랑이요 범세계적인 사랑이다. 그러므로 택한 백성은 세계 만민을 향한 선교적 마인드를 가지고 나아가서 누구든지 도울 수 있어야 한다.

하나님은 요나로 하여금 니느웨에 가서 심판의 메시지를 전하라는 방향을 주셨다. 그러나 요나는 자기 나라에게 위협이 되고, 이방 종교의 중심지일 뿐 아니라, 또한 자기 동족들을 괴롭혀 온 니느웨를 돕고 싶지 않았다. 요나는 하나님의 얼굴을 피하여 니느웨가 있는 동북쪽이 아니라 다시스(스페인)가 있는 서쪽으로 간다. 그러나 하나님은 요나가 풍랑을 만나게 하시고 물고기 뱃속에서 회개하게 하신다(1장).

요나는 비로소 물고기 뱃속에서 기도로써 하나님께 감사하고 서원한다. 물고기가 그를 삼킨 것은 분명히 하나님의 징계이지만, 물 가운데서 구원하신 하나님의 은혜에 대해서 그는 감사하고 찬양한 것이다. 요나가 하나님의 뜻에 순종하고자 결단했을 때 물고기는 요나를 땅에 토해낸다(2장).

요나가 하나님의 뜻에 순종해서 니느웨에 가서 하나님의 경고의 말씀을 전했을 때 니느웨 사람들이 하나님의 말씀을 영접하고 금식하며 회개한다. 이를 보신 하나님이 뜻을 돌이키셔서 재앙을 내리지 않고사 하신다(3장).

그러나 요나는 하나님이 니느웨를 구원하신 것을 매우 싫어하고 화를 낸다. 하나님은 투정 부리는 요나에게 벌레와 뜨거운 동풍, 박넝쿨을 통해서 좁은 마음을 질책하시고 하나님의 진심을 알게 하신다. 요나는 박넝쿨 하나도 아끼면서 죄로 죽어가는 12만여 명의 생명에 대해서는 무관심했던 것이다(4장).

하나님은 니느웨 사람들이 회개하는 것뿐만 아니라 요나 한 사람이 편협한 마음을 회개하고 하나님께로 돌이키기를 원하셨다. 요나는 선지자임에도 불구하고 자기 중심성과 민족주의, 편협함, 어린아이 같은 유치함을 넘어서지 못하고 있다. 더구나 하나님으로부터 심한 훈련을 받았음에도 불구하고 혈기를 꺾지 않고 있다. 하나님은 여기에 대해서 감정적으로 대응하지 않으시고 해학적인 사건을 통해 요나를 깨닫게 하시는 섬세한 사랑을 보여주신다.

33. 미가:
정의롭고 인자로운 하나님 나라

1. 심판 경고
2. 심판과 회복 희망
3. 지도자를 책망
4. 하나님의 전에 이르자
5. 메시아 예언
6. 형식 종교 책망
7. 이스라엘은 일어나리라

요절, 미가 6:8 "사람아 주께서 선한 것이 무엇임을 네게 보이셨나니 여호와께서 네게 구하시는 것은 오직 정의를 행하며 인자를 사랑하며 겸손하게 네 하나님과 함께 행하는 것이 아니냐."

미가는 이사야와 동시대의 선지자이며 미가서는 이사야서의 축소판이라 할 수 있다. 미가 선지자는 북이스라엘의 멸망을 목도하였다(BC 722년). 그는 예루살렘으로부터 남서쪽으로 40km 떨어진 모레셋이라는 시골 출신의 선지자였다.

미가서는 북이스라엘과 남유다 모두를 겨냥하여 예언하지만 중심축은 남유다이다. 미가는 하나님의 백성들이 마음이 담기지 않는 종교 의식을 행하고 사회적 불의를 행하는 데 대해서 책망한다. 당시 유나 사회에는 약자들을 억압하고 가난한 자들을 착취하는 불의한 지도자들이 많이 있었다. 뇌물을 먹고 부당하게 재판하는 자들, 속여서 장사하는 자들이 판을 치고 있었다. 거기다 종교 지도자들마저 부도덕하고 불경건하였다. 미가는 그 시대의 억압받는 자들의 아픔을 대변하는 선지자요, 가진 자들의 이기심을 폭로하는 예언자였다.

이처럼 불경건과 불의함으로 인해 하나님은 유다를 심판하실 수밖에 없지만 심판이 최종 목적은 아니다. 하나님은 남은 자들을 통해 구원과 회복의 역사를 이루실 것이며, 장차 올 메시아를 통해 다윗 언약이 성취될 것을 말씀하신다. 오직 메시아가 오실 때만 공평과 정의가 바로 세워지고 사회에 진정한 평화가 올 수 있다. 또한 각자의 마음에도 진정한 평화와 하나님 나라의 기쁨이 임할 수 있다. 그런 점에서 미가서는 하나님의 공의와 인자하심의 양면성이 조화되어 나타나고 있다고 할 수 있다. 장차 이루어질 메시아 왕국도 공의가 온전히 실현되고 인자가 풍성하게 흘러넘치는 나라일 것이다.

1. 심판 예언(1-3장)

북이스라엘은 심각한 우상 숭배의 죄로 말미암아 심판을 받을 것이다. 그 죄는 남유다에게도 영향을 미쳤다. 그들은 산당에서 우상을 섬기고, 마술을 행하며, 음행을 일삼았다. 그들은 죄로 인한 형벌로 장차 애통하게 될 날이 온다(1장).

힘 있는 자들은 약자의 재산을 약탈하였고, 선지자들은 거짓 예언을 일삼았고, 술과 방탕에 빠져 있었다. 이 시대는 자기 이익의 극대화를 꿈꾸는 지극히 이기적인 시대였다. 주로 침상에서 죄악된 일을 계획하고 자신의 토지와 주택을 넓히기에 여념이 없었다. 거짓 예언자들이 판을 쳤고, 술로 방탕한 생활을 일삼았다. 그들은 하나님께 징계를 받아 멸망할 수밖에 없었다. 그럼에도 불구하고 하나님은 남은 자들을 통해서 구원의 역사를 이루실 것이다(2장).

정의를 행하는 것이 지도자들의 본분이거늘 그들은 백성의 가죽을 벗기고 살을 뜯어먹을 만큼 무자비했다. 그들은 시온을 피로, 예루살렘을 죄악으로 건축할 만큼 포악하고 악랄하였다. 그들은 뇌물을 좋아했으며 종교 지도자들은 돈을 목적으로 사역하였다. 이로 말미암아 철저히 심판을 받을 것이다(3장).

2. 희망의 메시지(4-7장)

미가서 4장은 이사야 2장을 연상시킬 정도로 비슷하다. 끝날에 많은 이방인들이 여호와의 산에 오르기 위해서 나아올 것이다. 여호와의 말씀이 가장 존귀함을 받을 것이며 열방 나라들은 심판을 당하고, 전쟁 없는 평화 시대가 오게 된다. 하나님은 이방 나라에 사로잡혀 갔던 이스라엘을 돌아오게 하시고 승리를 주신다. 하나님은 신앙적으로, 정치적으로, 사회 경제적으로 타락한 자들을 징계하시고 심판하시지만 회개한 자들을 통해서 새롭게 시온을 회복할 소망을 보여주신다(4장).

보잘것없는 작은 마을 베들레헴에서 구원자가 나실 것이다(5:2). 그는 여호와의 능력과 권세를 덧입고 오셔서 땅 끝까지 이르러 사람들의 마음에 평강을 주실 것이다. 이스라엘의 남은 자들은 이슬처럼 단비처럼 온유하게 임하여서 사람들에게 은혜를 베풀게 된다. 또한 때로는 젊은 사자와 같이 용감하게 되어서 구원의 역사를 이루게 하신다. 그날에 더 이상 우상 숭배가 판을 치지 못하게 될 것이며, 점쟁이들이 없어지게 될 것이다(5장).

하나님은 이스라엘 백성과 변론하기 원하신다. 대화하며 사랑의 관계성을 회복하기 원하신다. 이스라엘은 많은 제물로 하나님께 환심을 사고자 하지만 하나님이 진정으로 기뻐하시는 것은 공평과 정의, 그리고 겸손이다(6장).

유다는 부도덕과 불경건으로 심판을 받게 될 것이다. 그러나 미가는 구원의 하나님을 바라본다. 하나님은 이스라엘을 회복시키셔서 실추된 명예를 회복시켜 주신다. 미가는 하나님의 자비를 기초로 그를 찬양하며 기도한다. 세상 사람들은 "네 하나님이 어디 계시냐" 하며 조롱할지라도, 주와 같은 분이 없음을 확신하기 때문에 미가는 간절히 기도할 수 있었다. 하나님은 진노를 오래 품지 않으시고 성실과 인애를 베푸시는 분이기 때문이다(7장).

34. 나훔:
앗수르를 심판하는 하나님 나라

1. 니느웨 심판 경고　　2. 니느웨 멸망 예언　　3. 니느웨 멸망 원인

요절, 나훔 1:12 "여호와께서 이같이 말씀하시기를 그들이 비록 강하고 많을지라도 반드시 멸절을 당하리니 그가 없어지리라 내가 전에는 너를 괴롭혔으나 다시는 너를 괴롭히지 아니할 것이라."

나훔서는 앗수르의 니느웨를 심판하시겠다는 하나님의 심판의 메시지이다. 니느웨는 요나의 메시지를 듣고 잠시 겸손해져서 회개하므로 하나님의 심판을 면했다. 그러나 디글랏 블레셀 3세와 그의 아들 살만에셀이 통치할 때 강대국이 되자 마음이 높아져서 교만해졌다. 그들은 너무나 잔혹하였고, 악독하기로 유명했기 때문에 하나님의 심판을 피할 수 없게 되었다. 나훔은 요나보다 100년 후에 활약한 선지자이다.

앗수르는 BC 722년에 북이스라엘을 멸망시키고, 유다를 속국으로 삼은 근동의 최대 강대국이었다. BC 663년에는 애굽을 침공하여 노아몬을 무너뜨릴 정도로 막강한 나라였다. 그러나 앗수르는 정복한 나라의 군사들을 죽여서 살을 벗겨 뼈를 산더미처럼 쌓아두기도 하고 사지를 절단하기도 하는 등 너무나 잔인하였다. 속

국의 백성들을 모조리 다른 지역으로 강제 이주시키고, 다른 지역 사람들을 데려다 심어서 혼혈이 되게 하였다. 니느웨는 그 위로 마차 3대가 함께 달릴 수 있을 정도로 견고한 성벽을 구축하고 있었다.

그런 견고한 앗수르도 나훔이 예언(1:8)한 것처럼 범람한 물로 멸망하여 수백 년 동안 제국 자체가 진흙 속에 묻혀 있었다. BC 612년에 바벨론의 나보폴라살과 메대의 시악사레스 2세의 연합군이 성벽의 틈으로 침입해서 그 성을 불태우고 정복함으로 앗수르는 멸망하였다. 그 후 앗수르의 유적은 AD 1842년까지 세상 사람들에게 거의 알려지지 않았다. 요나서에는 앗수르가 이방 나라일지라도 불쌍히 여기시고 구원하기 원하시는 하나님의 자비의 마음이 잘 나타나 있다면, 나훔서는 교만하고 불의하게 된 앗수르를 철저하게 심판하시는 하나님의 권능과 거룩하심이 선명하게 드러난다.

하나님은 자기를 대적하는 자에게 진노를 품고 보복하시는 분이다. 반면에 자기에게 피하는 택한 백성들에게는 은혜를 베푸신다. 앗수르가 비록 강하고 유다를 괴롭혔지만 하나님이 치심으로 더 이상 그렇게 하지 못할 것이다. 하나님은 한때 자기 백성 이스라엘을 징계하시기 위해 앗수르를 심판의 막대기로 사용하셨다. 그러나 앗수르가 한도를 넘어서서 이스라엘을 짓밟았다. 하나님은 이제 그의 멍에를 깨뜨리시고 결박을 끊으셔서 앗수르로부터 이스라엘을 구원하실 것이다(1장).

하나님은 잔인한 앗수르의 대적이 되어서 철저히 그들을 멸하실 것이다. 이를 위하여 하나님은 바벨론과 메대의 강력한 연합군을 사용하신다. 앗수르는 한때 많은 재물을 자랑하며 쾌락과 사치를 일삼았다. 이를 위해서 약소국들의 식량을 약탈하고 풍요를 누렸다. 그러나 그들이 자랑하던 영광은 순식간에 약탈을 당하게 된다. 반면에 야곱의 영광은 회복시켜 주신다(2장).

앗수르는 자신들의 이익을 위해서 다른 나라의 무고한 피를 많이 흘리게 한 나라였다. 또한 마술과 각종 우상으로 열방을 미혹하였지만 이제는 하나님이 치셔서 큰 수치를 당하고 망하게 될 것이다. 니느웨는 돈 많은 상인들과 귀족들, 그리고 견고한 성벽을 자랑했지만 결국 허망하게 무너지고 백성들은 흩어지게 될 것이다. 그동안 앗수르로 인해서 고통을 받았던 나라들은 앗수르의 멸망을 보며 손뼉을 치게 될 것이다. 죄와 악독으로 가득한 피의 성읍 앗수르는 그를 돌보는 목자가 없어서 망하게 된다(3장).

35. 하박국:
오직 믿음으로 사는 하나님 나라

1. 질문하는 하박국 2. 응답하시는 하나님 3. 찬양하는 하박국

요절, 하박국 2:4 "보라 그의 마음은 교만하며 그 속에서 정직하지 못하나 의인은 그의 믿음으로 말미암아 살리라."

하박국은 예레미야와 동시대에 활약했던 선지자이다. 대부분의 선지자들이 하나님의 입장에서 이스라엘 백성들을 책망하고 죄를 지적하고 회개를 촉구하는 반면, 하박국은 백성들의 입장에서 하나님께 질문하고 문제를 제기하는 형식을 취한다. 그는 악이 세상에 넘실거리고 강포함이 득세하는데 하나님이 왜 내버려 두시는가에 의문을 제기하였다. 또한 비록 유다가 죄를 범했을지라도 더 악한 바벨론에 의해 멸망을 당해야 한다는 사실을 받아들이기가 힘들었다.

하박국의 항변에 대해 하나님은 죄에 대해 반드시 심판하실 것이라고 말씀하신다. 또한 심판의 도구로 사용하셨던 바벨론도 결국은 자신들의 죄로 말미암아 하나님께 심판 받을 것이기 때문에, 의인은 하나님의 주권을 믿고 오직 믿음으로 살아야 한다고 말씀해 주신다. 이에 하박국은 눈에 보이는 현실과 인간 조건을 초월해

서 하나님 자체로 인해 기뻐하게 된다.

인간은 때로 하나님의 뜻을 이해할 수 없다. 그러나 하나님의 계획은 완전하고 섬세하시다. 잠시 융성해 보이는 이방 나라들도 결국은 하나님의 손안에 있기 때문에 의인은 어떤 상황 가운데서도 하나님의 신실하심을 믿고 살아야 한다. 하나님만이 존귀하시고, 완벽하시며, 영광을 받기에 합당한 분이시기 때문이다.

하박국의 첫 번째 질문은 "왜 하나님이 유다의 죄악을 처벌하시지 않고 가만 두시는가?"였다(1:3). 이에 대해서 하나님은 사나운 바벨론 사람을 일으키셔서 유다를 치겠다고 대답하신다. 그러자 하박국은 하나님께 두 번째 질문을 던진다. "왜 하나님은 유다보다 더 악한 바벨론을 도구로 사용하셔서 택한 백성을 징계하시려고 하는가?"이다(1:13). 바벨론이 무자비하게 여러 나라를 멸망시키는 것을 이해할 수 없었다. 하박국은 불의에 대한 의문은 있었지만 역사를 주관하시는 하나님께 대한 신뢰와 믿음은 부족하였다.

인간은 미처 생각이 미치지 못할지라도 하나님은 때를 정해 놓으시고 그 뜻대로 역사를 이끌어 가시는 분이시다. 우리는 더디게 느껴질지라도 하나님은 반드시 정하신 때에 뜻하신 바를 성취하시는 공의로우신 분이다. 그러므로 의인은 오직 믿음으로 살아야 한다고 대답하신다(2:4). 하나님은 바벨론 편을 들어 주시는 것이 아니라, 그들의 죄와 악행에 대해서도 철저히 심판하실 것이다. 그때 물이 바다 덮음같이 여호와를 인정하는 것이 온 세상에 가득하게 될 것이다(2:14). 의인의 고통은 잠시뿐이지만, 악인의 고통은 영원하다. 오직 여호와 하나님께서 성전에서 좌정하시고, 그의 통치를 받고 있는 온 천하는 하나님 앞에 잠잠해야 한다(2:20).

하나님의 묵시를 받은 하박국은 마음의 모든 의혹이 사라지고 기쁨과 확신을 덧입게 된다. 그는 절망보다는 오히려 회개를 통한 부흥을 소망하게 된다(3:2). 출애굽의 영광을 이루셨던 하나님은 당신의 택한 백성을 바벨론에서도 돌아오게 하실 것을 믿게 되었다. 아얄론 골짜기에 태양을 멈추게 하신 하나님이 대적들을 멸하시고 주의 백성을 구원하실 것을 확신하게 되었다. 의구심과 불평으로 힘들었던 하박국의 내면에 놀라운 희열이 임하게 된다.

이제 하박국은 환란의 날에 인내하고 기다리며, 어떤 환경 가운데서도 하나님께 대한 소망과 신뢰를 지속하겠다고 결단한다. 구원의 하나님만이 기쁨의 대상이다. 하나님만이 힘이 되시고 우리를 영광스럽게 하신다(3:17-19).

36. 스바냐:
긍휼이 넘치는 하나님 나라

1. 심판의 날　　2. 열국 심판　　3. 잠잠히 사랑, 축복 약속

요절, 스바냐 3:17 "너의 하나님 여호와가 너의 가운데에 계시니 그는 구원을 베푸실 전능자이시라 그가 너로 말미암아 기쁨을 이기지 못하시며 너를 잠잠히 사랑하시며 너로 말미암아 즐거이 부르며 기뻐하시리라 하리라."

'스바냐' 라는 이름은 '여호와에 의해 감추어졌다' 는 뜻이다. 스바냐는 예레미야나 하박국과 비슷한 시대에 활동했던 선지자로, 유다가 종말로 치닫고 있었던 때였다. 스바냐가 활동했던 요시야 시대는 나름대로 신앙 개혁을 이루고자 하는 노력이 있었지만, 워낙 므낫세와 아몬의 악한 통치가 많은 영향을 미쳤기 때문에 한계가 있었다. 스바냐는 유다와 열국들이 다가올 하나님의 심판 앞에서 회개하고 돌이킬 것을 촉구한다. 불의한 세상 가운데서도 하나님은 모든 세계를 견고히 붙들고 계시며, 유다를 비롯해서 우상 숭배에 빠져 있는 이방 나라들을 심판하실 것이다.

그러나 하나님은 심판만 하시는 분이 아니다. 의로운 자들과 악한 자들을 구별하셔서 남은 자들은 구원하신다. 하나님의 징계의

목적은 멸망이 아니라 징계를 통해서 바른길로 인도하여 구원하는 데 있다. 하나님은 이스라엘이 허물이 있을지라도 견딜 수 없는 기쁨으로 사랑하시고 회복시키기를 원하신다. 하나님이 구원을 베풀 전능자이시기 때문에 이스라엘도 환난 앞에서 기뻐할 수 있다. 스바냐서에는 '구원' 이 강조되어 있으며, 하나님의 공의와 긍휼의 양면성이 잘 나타나 있다.

1. 여호와의 날에 임할 심판(1:1-3:8)

하나님은 우상을 숭배하며 악을 행하는 모든 자들을 여호와의 날에 멸절하실 것이다. 하나님은 모든 만물을 철저하게 진멸하시는 분이시다. 그 분노는 구체적으로 유다 백성들에게 임하게 된다. '그 날' 은 여호와께서 분노하신 날이요, 만물이 고통하는 날이다. 그 날에 우상을 숭배하는 자들, 이방의 풍습을 좇고 백성들을 압제하는 자들, 경제적인 유익을 위해서 포악과 거짓을 일삼는 자들, 부정직한 상인들은 심판을 받게 된다(1장).

각 사람은 하나님의 무서운 진노가 임하기 전에 회개하고 하나님을 찾아야 한다. 이스라엘 주변에 이방 나라들도 하나님의 심판을 받을 것이다. 그러나 고난 가운데서도 하나님을 의뢰하는 자들은 하나님이 숨겨주신다. 남은 자에게 하나님은 은혜를 베푸신다(2장).

이방 나라들의 심판을 보고도 이스라엘은 수치를 깨닫지 못하고 악행을 계속한다. 방백들은 탐욕에 울부짖는 사자와 같았고, 재판장들은 욕망에 사로잡힌 이리와 같았다. 선지자들은 경솔하고,

제사장들은 말씀에 불순종하였다. 이에 하나님은 여러 나라를 소집하여 이스라엘에게 진노를 내리신다(3:8).

2. 구원의 기쁨(3:9-20)

그날에 하나님은 이방 나라들을 오히려 정결케 하여 하나님을 찬양하며 예배드리게 하신다. 이스라엘의 남은 자들이 돌아와서 하나님을 찾게 된다. 심판의 날에 하나님은 교만한 자들을 제하시고 가난하지만 겸손하게 하나님을 의지하는 자들을 '남은 자'로 보호하신다. 하나님은 '남은 자'를 박해하던 자들과 이스라엘의 대적자들을 심판하시고, 그들과 함께하신다. 때문에 더 이상 두려워할 필요가 없다.

구원자 하나님은 그들로 말미암아 기쁨을 이기지 못할 만큼 어쩔 줄 모르고 기뻐하신다. 또한 그들을 잠잠히 사랑하시며 즐거이 부르신다. 택한 백성을 향한 하나님의 기쁨과 사랑은 표현할 수 없는 감격과 열정으로 표현된다. 마침내 하나님은 온 세상에서 수욕을 받던 그들을 끌어 모으셔서 명성과 칭찬을 받게 할 것이다. 남은 자들을 통한 회복과 구원의 영광은 궁극적으로 예수 그리스도를 통해 성취될 것이다.

스바냐서는 무서운 진노에 대한 경고에서 시작해서 견딜 수 없는 감격과 기쁨으로 끝을 맺는다. 스바냐서는 심판과 회복이라는 주제가 여호와의 날이라는 중심축을 기준으로 가장 확연하게 대비되는 책이다.

37. 학개:
하나님 나라 백성의 우선순위

1. 성전을 재건하라　　　　2. 영광스러운 성전

요절, 학개 1:8 "너희는 산에 올라가서 나무를 가져다가 성전을 건축하라 그리하면 내가 그것으로 말미암아 기뻐하고 또 영광을 얻으리라 여호와가 말하였느니라."

학개서는 이스라엘 백성들이 바벨론에서 귀환한 후에 기록된 책이다. 학개는 스룹바벨과 함께 바벨론으로부터 예루살렘으로 돌아와서 자기보다 젊은 스가랴 선지자와 함께 활동하였다. BC 538년에 바사 왕 고레스는 유다 포로들이 고국으로 돌아가 성전을 짓도록 허락한다. BC 536년에 성전 재건을 시작했지만 사마리아인들과 인근 주민들의 반대로 성전 중건은 15년 동안이나 중단되었다. 또한 폐허가 되어 버린 유다 땅에서 힘든 노역을 해야 하는 고충과 고레스의 뒤를 이은 바사 왕 캄비세스 2세의 무관심 등도 성전 중건이 지체된 이유였다.

이에 학개 선지자가 일어나서 총독 스룹바벨과 대제사장 여호수아, 그리고 백성들을 격려하며 성전 재건을 시작하도록 촉구한다. 학개는 상황을 핑계로 하나님께 중심을 드리지 않고, 자기들

집짓기에 바쁜 이스라엘 백성들의 이기심을 책망하고, 온 마음을 드려 성전 중건 역사에 헌신하도록 권면한다.

학개서의 주제는 하나님께 최우선권을 두고 하나님께 먼저 진심을 드리라는 데 있다. 그들이 집을 잃고 포로가 되어서 이방 땅에서 포로 생활을 하게 된 이유도 하나님께 마음의 최우선권을 두지 않았고 참된 예배가 실종되었기 때문이었다. 학개서는 단지 성전 건물의 회복만이 아니라 하나님을 중심으로 한 신앙의 본질 회복을 촉구하는 메시지이다. 성전 건축의 재개는 하나님과의 바른 관계를 정립한다는 점과 이스라엘 백성들의 공동체적 신앙을 회복한다는 점에서도 중요한 의미가 있었다.

학개서는 미래의 성전에 대해서도 말해 주고 있다. 이 성전은 예수님이 오셔서 새 성전이 되실 것이며, 장차 재림하셔서 새 하늘과 새 땅을 건설하실 때 이루어질 새 예루살렘을 의미하기도 한다.

포로 생활에서 돌아온 자들이 성전 재건이 중단되자, 하나님의 때가 이르지 않았다고 핑계대고, 자신들의 호화로운 집을 짓기에 바빴다. 학개는 그들의 행위가 얼마나 악한가 스스로 살피고, 당장 산에 올라가서 나무를 베어다가 성전을 건축하라고 명하였다. 그들이 하나님께 먼저 진심을 드리지 않았기 때문에 하나님이 한재가 들게 하셔서 고통을 겪게 하신 것을 주목하라고 하였다. 먼저 하나님을 섬기는 데 진심을 드리지 않으면 아무리 곡식을 많이 뿌릴지라도 수확이 적고, 먹어도 배부르지 않고, 입어도 따뜻하지 않게 된다. 그것은 구멍 뚫린 전대에 돈을 넣는 것과 같다.

하나님은 학개의 메시지를 통해서 총독 스룹바벨과 대제사장 여호수아, 그리고 백성들의 마음을 감동시키셔서 성전 건축 역사를 재개하게 하셨다. 하나님의 위임을 받은 한 사람 학개의 믿음의 도전이 지도자들을 비롯한 모든 백성들의 마음을 움직이고 감동시켜서 대역사를 시작하게 하신다(1장).

막상 성전 건축 역사를 시작하였지만 현실은 만만치 않았다. 그들은 지치고 피곤한 가운데 있었다. 이런 그들에게 학개는 마음을 굳세게 하라고 권면한다(2:4). 하나님이 성전 재건을 계기로 모든 상황을 반전시키시고, 나중 영광이 솔로몬 성전의 영광보다 크게 하실 것이기 때문이다. 하나님은 그들과 함께하시되 언약의 말씀과 성신으로 임재하시기 때문에 담대할 수 있다(2:5). 과거에 애굽에서 가지고 나온 보물로 성막을 짓듯이 그들은 이제 바사 왕국에서 가지고 나온 은금으로 성전을 짓게 될 것이다(2:8). 하나님은 성전 건축으로 말미암아 온 세상과 만물을 진동시키실 것이다. 그것은 궁극적으로 만국의 보배가 되시는 구원자 예수님이 이 땅에 진정한 성전으로 오실 것임을 의미한다.

하나님은 외적인 성전 건축이 시작되었을지라도 그들의 마음을 온전히 하나님께로 돌이키지 않는 것에 대해서 책망하신다(2:17). 하나님이 원하시는 것은 외적인 의식이나 건물보다 하나님을 경외하는 마음과 진심이 회복되는 것이다. 이처럼 하나님 중심의 가치관이 회복될 때 하나님은 복을 주신다고 약속하신다(2:19). 하나님은 열방의 주인이요, 역사의 주관자로서 세상 나라들을 멸하시고 철저히 심판하실 것이다. 그 날에 하나님은 스룹바벨을 높이시고 인장을 삼으실 것이다. 스룹바벨은 여호야긴 왕의 손자로서 다윗 왕조가 지속될 것을 보장하는 표상이 된다.

이 말씀은 장차 이 땅에 오셔서 새 성전을 세우시게 될 예수 그리스도를 통해서 마침내 성취된다(요 2:19). 그러므로 스룹바벨 성전의 재건은 온전한 성전의 회복이 아니라 성전의 본질이신 예수 그리스도를 향한 그림자라고 할 수 있을 것이다.

38. 스가랴: 여호와의 신으로 재건되는 하나님 나라

8가지 환상

1. 네 뿔, 네 대장장이
2. 측량줄 잡은 자
3. 대제사장 정한 옷
4. 오직 나의 영으로
5. 날아가는 두루마리
6. 네 병거
7. 금식 문제
8. 예루살렘 회복 약속

메시아의 예언

9. 시온의 왕
10. 축복 약속
11. 은총과 연락
12. 선민의 승리
13. 죄로부터 정결
14. 여호와의 통치

요절, 스가랴 4:6 "그가 내게 대답하여 이르되 여호와께서 스룹바벨에게 하신 말씀이 이러하니라 만군의 여호와께서 말씀하시되 이는 힘으로 되지 아니하며 능력으로 되지 아니하고 오직 나의 영으로 되느니라."

스가랴는 선지자이며 제사장이다. 그는 바벨론 포로기 중에 태어난 자로서 1차 포로 귀환 때 스룹바벨과 함께 예루살렘으로 돌아왔다. 그는 학개와 스룹바벨, 제사장 여호수아와 같은 시대 사람이지만 가장 나이가 어렸다. 스가랴서의 역사적 배경은 학개서와 동일하다. 성전 중건 역사는 중단되고 유대인들은 낙심한 가운데 있었다. 하나님은 학개가 성전 중건 역사를 독려한 두 달 뒤에 스가랴에게 임하셔서 여러 가지 환상을 보여주셨다.

스가랴서는 8개의 환상과 4가지 메시지, 2개의 경고로 이루어져 있다. 1-8장까지는 성전을 재건하고 있는 남은 자들을 격려하는 내용이다. 그리고 9-14장까지는 장차 오실 메시아 예언에 대한 말씀이다. 학개서가 성전 재건 자체를 강조하고 있다면, 스가랴서는 성전 재건과 함께 이루어야 할 신앙적 개혁에 더 관심을 기울이고 있다. 아울러 스가랴서는 성전 재건이 갖는 영적인 의미와 진정한 성전이 되시는 메시아를 통해서 이루실 미래적인 일까지 예견하고 있다. 메시아의 다스림으로 말미암아 박해에서 평화로, 부정함에서 거룩으로 변화되는 소망을 보여주고 있다.

스가랴서는 신비스런 환상들이 많이 등장하여 해석을 난해하게 한다. 그러나 각각의 환상들은 당시의 역사적 의미를 간직하고 있다. 또한 장차 메시아의 초림과 재림을 통해서 이루어질 하나님 나라를 소망하게 하며, 이를 대비해서 순전한 믿음을 가지고 성결한 삶을 살도록 촉구하고 있다.

1. 8가지 환상(1-6장)

유다 백성들이 포로 생활하다 돌아왔고 우상을 제거했지만, 그들의 마음은 온전히 하나님께로 돌아오지 못한 상태였다. 하나님은 이스라엘 백성들이 회개하고 돌아오도록 촉구하는 의미에서 8가지 환상을 보여주셨다. 그들의 조상들은 회개하지 않다가 심판을 자초하였다. 그러므로 그들이 조상들처럼 죄악된 행실에서 떠나 돌아오지 않는다면 다시 심판이 임할 수 있기 때문에 철저하게 회개하고 마음을 돌이키도록 촉구하고 있다.

① 붉은 말을 탄 사자(1:8-17) - 붉은 말 탄 사자는 여호와께 포로된 지 70년이 되었다고 호소한다. 주님은 예루살렘 성전 건축이 시작될 것이고 시온을 위로할 것이라고 예고하신다.

② 네 뿔과 네 대장장이(1:18-21) - 네 뿔로 상징되는 유다를 괴롭힌 강대국들, 즉 앗수르, 바벨론, 바사, 헬라를 멸하실 것이다.

③ 측량줄 잡은 사람(2:1-13) - 황폐한 예루살렘 성읍을 다시 쌓을 것이다. 예루살렘 성은 그 사람이 측량하는 대로 측량되지 않으며 하나님이 거룩한 성이 되신다. 예수님의 초림으로부터 시작하여 재림으로 완성될 하나님 나라를 의미한다.

④ 대제사장 여호수아(3:1-10) - 이스라엘의 죄를 사하시고 정결케 하실 것이다. 제사장 나라로서의 영광을 회복하게 된다.

⑤ 순금 등대와 두 감람나무(4:1-14) - 스룹바벨과 여호수아에게 성령을 부어 주셔서 성전 개건 역사를 능히 이루게 하신다. 성전 재건 역사는 정치적 힘으로 되지 않고 성령의 능력으로 된다.

⑥ 날아가는 두루마리(5:1-4) - 하나님을 모욕하고, 사람들에게 악을 행하는 자들을 말씀으로 심판하실 것이다.

⑦ 에바 속에 있는 여인(5:5-11) - 악한 자들은 심판을 받아 저주의 땅으로 추방당할 것이다. 악은 하나님의 거룩하신 땅에 머물 수가 없다.

⑧ 네 병거(6:1-8) - 대적들을 물리치시고 이스라엘을 돌아오게 하실 것이다. 하나님의 백성에게 최종적인 승리가 있을 것이며 그 나라가 완성될 것이다.

마지막으로 '싹' 이라 이름 하는 사람이 나타나서 성전을 건축할 환상을 보여주시는데, 이것은 일차적으로 총독 스룹바벨과 대제사장 여호수아를 가리키며, 이들을 통해 성전이 재건되고 백성들에게 평화가 임할 것을 의미한다. 이것은 또한 왕이요, 제사장이신 메시아 예수님을 통해서 우리를 평화로 다스려 주시고, 우리의 죄를 사하실 것을 의미한다(6:12).

하나님은 진정한 금식에 대해서 말씀해 주시고, 공정한 재판을 행하고, 약자들을 배려할 것을 촉구하신다(7장).

하나님은 이제 예루살렘에 돌아오셔서 친히 왕이 되시고 그들을 견고하게 하시고 기쁨과 희락을 베풀어 주신다. 그러므로 그들은 두려워하지 말고 힘을 내서 재건 역사에 힘을 써야 한다(8장).

2. 메시아의 예언(9-14장)

앞부분에서 성전 재건을 통해서 이스라엘이 회복되는 8가지 환상을 보여주셨다면, 뒷부분에서는 다가올 하나님 나라의 영광을 보여주신다. 하나님은 교만한 강대국을 심판하신다. 겸손하셔서 나귀 타고 입성하시는 메시아를 통해 평화의 시대가 올 것이다. 그분은 자기 백성들에게 승리를 주시는 전사이시며, 양 떼들에게 구원을 주시는 목자가 되어 주신다. 그로 말미암아 택한 백성들은 왕관의 보석처럼 빛나게 되고, 범사에 형통하게 하신다(9장).

하나님은 흩어진 언약 백성을 불러 모아 돌아오게 하신다. 그들을 전과 같이 번성하게 하실 것이다. 그들의 돌아옴을 저지하는 자들을 하나님이 제거하시고, 하나님만을 의지하게 하신다(10장).

자기 백성의 목자로 오신 메시아는 은총과 연합으로 보살펴 주실 것이다. 그러나 선한 목자로 오신 메시아는 자기 백성들에게 배척을 당하시고 버림을 받을 것이다. 선한 목자를 거부한 자들은 악한 지도자에 의해 파멸을 당하게 될 것이다(11장).

마지막 날에 예루살렘을 에워싼 대적들이 해하려 하겠지만 하나님이 택한 백성들을 보호하시고, 그들에게 승리를 주실 것이다. 하나님이 당신의 자녀들에게 은총과 자비를 구하는 영을 부어 주셔서 회개하게 하신다. 사람들은 장차 자신들이 메시아를 배척한 것을 애통해하며 통곡하게 될 것이다(12장).

하나님은 그들의 죄를 정결케 하실 것이며, 자기 백성에게 불같은 시험을 겪게 하시고, 이를 이기는 자는 영화롭게 하신다. 당신의 목자를 치시는 이해할 수 없는 방법을 통해 남은 자들을 정결케 하시고 그들을 구원하신다(13장). 여호와께서 거룩한 전사가 되셔서 대적들을 파하시고, 자기 백성들을 구원하시며, 천하의 왕이 되실 것이다. 원수들은 무너지고, 진노 중에 구원 받은 자들이 돌아와서 하나님을 예배하게 된다. 여호와의 날, 하나님이 만국의 왕으로 등극하시게 되는 날에 만민이 주님께 나아와 감사와 성결의 예배를 드리게 된다. 속죄의 은총으로 말미암아 온 세상에 하나님의 거룩하심이 가득하게 될 것이다(14장).

스가랴서에는 예수님의 행적을 미리 알려주는 예언들이 생생하게 기록되어 있다. 예수님이 나귀를 타고 예루살렘에 입성하시게 될 것이다(9:9). 예수님이 유다에게 은 삼십에 팔리게 될 것이다(11:12). 예수님이 찔림을 당하게 될 것이다(12:10). 예수님이 우리의 죄와 더러움을 씻으실 것이다(13:1). 예수님의 팔에 상처가 남을 것이다(13:6). 사람들이 목자 되신 예수님을 치면 제자들이 흩어지게 될 것이다(13:7).

39. 말라기:
하나님 나라 백성의 온전한 신앙

1. 도둑맞은 제단
2. 타락한 백성
3. 온전한 십일조
4. 여호와의 날

요절, 말라기 3:10 "만군의 여호와가 이르노라 너희의 온전한 십일조를 창고에 들여 나의 집에 양식이 있게 하고 그것으로 나를 시험하여 내가 하늘 문을 열고 너희에게 복을 쌓을 곳이 없도록 붓지 아니하나 보라."

말라기는 '나의 사자'라는 뜻이다. 학개와 스가랴 선지자의 활약으로 성전이 중건되었지만, 그들이 꿈꾸는 영광스러운 하나님의 나라는 완전하게 회복되지 않았다. 에스라, 느헤미야가 회개와 영적 부흥의 역사를 이루고자 애를 썼지만 상황은 쉽게 개선되지 않았다. 그들의 예배는 형식적이 되었고, 제사장들은 타락하였고, 백성들은 십일조와 헌물을 소홀히 하였다. 이방인들과의 잡혼은 사라지지 않았다. 3차 귀환을 이끌어서 성벽 중건 역사에 지대한 영향을 미쳤던 느헤미야가 아닥사스다 왕궁에 돌아가 있던 7년 동안 이스라엘의 영적 상황은 크게 후퇴하고 있었다. 그들은 영적 무감각과 신앙적 회의에 빠져 힘을 쓰지 못하고 있었다. 이에 말라기 선지자가 이스라엘의 부패상을 책망하며 회개를 촉구하였다. 말라기는 학개와 스가랴에 활동(BC 520년)한 지 100년 후에 활약하였으며, 그의 선지서는 질문하고 답하는 형식을 취하고 있다.

말라기에는 "우리가……하였나이까?"라는 질문이 일곱 번 나온다.

	7개의 질문	말씀
1	"주께서 어떻게 우리를 사랑하셨나이까?"	1:2
2	"우리가 어떻게 주의 이름을 멸시하였나이까?"	1:6
3	"우리가 어떻게 주를 더럽게 하였나이까?"	1:7
4	"우리가 어떻게 여호와를 괴롭혀 드렸나이까?"	2:17
5	"우리가 어떻게 하여야 돌아가리이까?"	3:7
6	"우리가 어떻게 주의 것을 도적질하였나이까?"	3:8
7	"우리가 무슨 말로 주를 대적하였나이까?"	3:13

이러한 항변은 이스라엘이 하나님을 향해서 도전하거나 변명하는 말들이다. 그들은 자신들의 죄를 심각하게 생각하지 않고 합리화하며 물질주의, 형식주의와 타협하며 살고 있었다.

이에 하나님은 말라기 선지자를 통해 그들의 죄를 노골적으로 드러내시고 원색적으로 책망하신다. 그들이 진정으로 회개하고 돌아오면 하나님은 그들을 용서하사 복 주실 것이고, 악인과 의인을 구별하여 심판하실 것이다. 그들은 현실을 탓하며 이기적으로 살 것이 아니라, 메시아 왕국을 소망하며 성전 기능을 활성화하고 온전한 십일조 생활을 확립해야 한다. 공의와 선행을 회복하고 하나님 나라 백성다운 내면을 회복해야 한다. 또한 당시에 사람들은 기대했던 메시아 왕국이 바로 임하지 않는 것에 대해서 깊은 회의에 빠져 있었다. 여기에 대해서 말라기는 곧 언약의 사자가 나타나 메시아 탄생을 위한 예비적 사역을 하게 될 것을 예견하고 있다.

말라기서의 핵심은 하나님의 백성들이 하나님과 언약 관계를 신중하게 유지해야 한다는 것과 메시아가 오시기 전 먼저 선구자가 옴으로써 새로운 날이 시작될 것이라는 희망을 선포하는 것이다. 메시아의 선구자 세례 요한이 와서 주의 길을 곧게 하기까지 400년 동안 하나님의 계시는 침묵하였다. 이를 신구약 중간기라 부른다.

이스라엘은 하나님의 사랑을 많이 받았지만 이에 대한 감사가 없었다. 오히려 '하나님이 자신들을 어떻게 사랑하셨는가?' 하면서 대들고 있었다. 하나님을 섬기는 제사장들조차도 종의 자세가 없이 하나님을 만홀히 대하였다. 그들은 하나님의 이름을 멸시하였고, 주의 제단을 경멸하였다. 그 증거로 훔친 물건, 병든 것, 저는 것을 재물로 하나님께 가져왔다. 그들은 하나님께 드리는 제사를 번거롭게 생각하고 비웃었다. 하나님께 서원했건만 하나님을 속여서 흠 있는 재물을 드렸다. 하나님은 이들을 안타깝게 생각하시고 차라리 성전 문을 닫고 싶어 하신다(1장).

하나님은 이스라엘 백성들의 마음에 언약의 말씀을 두기 원하셨다. 그 언약은 생명과 평안의 언약이다. 그 언약을 굳게 지키고 가르치고 전파해야 할 대표적인 사람들이 제사장이요, 레위인들이었다. 그러나 그들은 만군의 여호와의 사자로서의 사명을 저버리고 많은 사람들로 하여금 오히려 율법을 거스르게 하였다. 이로써 하나님이 모든 백성들 앞에서 멸시와 천대를 받으시게 되었다. 이에 분노하신 하나님은 그들의 얼굴에 똥을 바르겠다고 하신다(2:3). 또한 백성들은 함부로 이혼하고 이방 여인과 결혼하였다(2:11). 이로써 하나님이 기뻐하시는 성결을 욕되게 하였다. 너무나 슬퍼하신 하나님은 그들의 제물을 돌아보지도 않고자 하신다. 하나님은 이혼하는 것과 이웃을 학대하는 것은 미워하시는 분이므로 거짓을 행하지 말고 회개해야 한다. 그들은 더 이상 하나님을 괴롭게 하지 말고 정의의 하나님 앞에 회개하고 마음을 돌이켜야만 한다.

하나님은 금을 연단하여 정결하게 하듯이 택한 백성들을 정결케 하셔서 의로운 예배를 드리게 하신다. 그러나 그들은 하나님께 마땅히 드려야 할 십일조를 드리지 않으므로 하나님의 것을 도적질하였다. 이 세상을 만드신 하나님은 모든 것의 주인이시며 우리가 가지고 있는 재물의 주인이 되신다. 이를 깨닫고 그들이 회개하고 온전한 십일조를 드린다면 하나님이 복을 퍼부어 주실 것이다. 하나님을 경외하고 그 이름을 존중하는 자는 하나님의 은혜를 받게 된다(3장).

교만한 자와 악행하는 자는 저주를 받지만 하나님을 경외하는 자에게는 공의로운 해가 떠올라서 축복의 빛을 비추실 것이다. 그때 외양간에서 나온 송아지와 같이 기쁨을 누리게 될 것이다. 마지막 날에 메시아의 선구자가 와서 백성들의 마음을 예비할 것이다. 그때 하나님께로 마음을 돌이키는 자들은 하나님의 축복을 받게 되겠지만 돌이키지 않는 자들은 저주를 받게 될 것이다. 구원자로 오신 예수님을 영접하는 자는 구원을 받게 될 것이고, 영접하지 않는 자는 심판을 받을 수밖에 없다(4장).

• 분열 왕국 기간의 선지자

선지자	연대	역사적 배경	핵심 내용
오바댜	848-841	에돔과 바벨론 연합군이 남유다를 침공하고 멸망시킴	에돔은 멸망당할 것이고 이스라엘은 회복될 것임
요엘	835-796	강대국의 패권 다툼 속에 위기에 처한 남유다	장차 임할 여호와의 날 심판 계획과 회복 소망
요나	793-753	정치 경제적으로 최전성기이지만 영적으로 타락	니느웨를 향한 하나님의 보편적인 사랑과 긍휼
아모스	793-750	북이스라엘의 경제적 번영과 사회적 부패와 불의함	이스라엘에 대한 심판과 선민에 대한 회복 소망
호세아	755-723	북이스라엘의 최악의 타락과 영적 암흑 상태	택한 백성을 향한 하나님의 분노와 불타는 사랑
이사야	739-680	만연된 우상 숭배와 부패, 앗수르의 침공	하나님의 심판과 남은 자를 통한 구원의 역사, 메시아 소망
미가	735-690	우상 숭배와 형식적 종교, 경제적 부패가 심각함	심판 선언과 회개 권면, 메시아 왕국에 대한 희망

• 포로기 중의 선지자

선지자	연대	내용	메시지
다니엘	605-536	1차 바벨론 침공에서 포로 귀환 직전까지	이스라엘과 열국을 통치하시는 하나님, 종말론적인 구원 역사
에스겔	593-570	2차 바벨론 침공에서 바벨론 포로기까지	이스라엘의 멸망과 성전 회복 희망, 새 영의 역사

• 단일 왕국 기간의 선지자

선지자	언대	역사적 배경	핵심 내용
나훔	663-612	앗수르의 니느웨가 교만해져서 안하무인이 되어 있음	니느웨를 심판하시고 유다를 구원하심
스바냐	640-630	요시야 개혁 이전에 우상 숭배와 극심한 타락	주의 날에 있을 심판과 구원의 소망, 하나님의 기쁨
예레미야	627-586	유다의 타락과 바벨론의 침공, 유다의 멸망	유다의 심판 예언, 회개 촉구, 예루살렘 회복의 소망
하박국	612-605	요시야 시대 이후로 극도의 도덕적, 영적 타락	의인은 상황에 관계없이 믿음으로 살아야 함

• 포로기 이후의 선지자

선지자	연대	내용	메시지
학개	520-519	영적 안일과 인본주의, 자기중심적 신앙생활	우선적으로 성전을 재건할 때 축복이 임할 것임
스가랴	520-470	1, 2차 포로 귀환과 성전 재건 과정의 어려움	성전 재건과 더불어 메시아 왕국이 도래할 것에 대한 소망
말라기	432-430	백성들의 위선적인 신앙과 종교 지도자들의 타락	하나님께 대한 사랑과 영적 물질관을 회복하도록 촉구

제2부

신약성경

1. 마태복음:
하나님 나라의 왕, 예수님

왕의 탄생

1. 예수님 족보
2. 동방 박사 경배
3. 세례 받으심
4. 시험 받으심

왕의 선포

5. 팔복 설교
6. 주기도문
7. 좁은 문
8. 백부장 종 치유
9. 중풍병자 치유
10. 열두 제자 부르심
11. 세례 요한의 질문
12. 안식일 의미
13. 천국 비유(8가지)
14. 오병이어 기적
15. 사천 명 먹이심
16. 베드로 신앙고백

왕의 고난과 승리

17. 변형되심
18. 천국에서 큰 자
19. 부자 청년
20. 포도원 품꾼 비유
21. 승리의 입성
22. 혼인 잔치 비유
23. 화 있을진저
24. 종말 예고
25. 열 처녀, 달란트 비유
26. 최후의 만찬
27. 십자가에 죽으심
28. 부활과 사명

요절, 마태복음 28:18-20 "예수께서 나아와 말씀하여 이르시되 하늘과 땅의 모든 권세를 내게 주셨으니 그러므로 너희는 가서 모든 민족을 제자로 삼아 아버지와 아들과 성령의 이름으로 세례를 베풀고 내가 너희에게 분부한 모든 것을 가르쳐 지키게 하라 볼지어다 내가 세상 끝날까지 너희와 항상 함께 있으리라 하시니라."

마태복음은 유대인들을 대상으로 쓰여진 책이다. 그래서 예수님은 유대인들이 존경하는 믿음의 조상 아브라함과 메시아 왕국의 모형이었던 다윗 왕의 자손으로 소개된다. 마태복음 1장의 족보는 왕의 족보이다. 예수님은 왕으로 오신 분이다. 2장에 나오는 동방 박사들도 '왕'을 찾기 위해서 이방 땅에서 왔다. 이는 예수님이 만왕의 왕으로서 왕적 권세를 가지신 분임을 말해 준다. 마태복음은 히브리서와 함께 구약을 가장 많이 인용하고 있다. 이는 예수님이 약속된 메시아이심을 말해 준다. 마태복음은 '하나님 나라'라는 단어가 가장 많이 나오는 복음서이다(51회).

예수님은 여러 가지 가르침과 비유 설교를 통해서, 그리고 많은 이적들을 통해 하나님 나라가 어떤 것인가를 사람들에게 구체적으로 보여 준다. 이는 모세의 설교, 그리고 모세를 통해서 이루어진 출애굽기 기적과 병행을 이룬다. 이로써 예수님은 '새 모세'로 소개된다. 모세는 자기 백성들을 바로의 손에서 구원하여 약속의 땅, 가나안으로 인도한다. 이와 같이 예수님도 우리를 사탄의 권세에서 구원하여 영원한 하나님 나라로 인도하신다.

예수님은 사랑과 평화, 공의로 우리를 다스리시는 진정한 왕이시다. 이 예수님의 다스리심을 받을 때 우리 마음에 하나님 나라가 임하게 된다. 예수님의 가르침은 구약의 율법을 폐하는 것이 아니다. 오히려 구약 율법의 문자적인 의미를 넘어서서 하나님이 본래 가르치셨던 내적인 동기를 촉구하신다. 그러나 유대인들은 예수님의 왕 되심을 거부하고 도리어 예수님을 십자가에 못 박는다. 하지만 예수님을 그리스도로 고백한 제자들과 이방인들을 통해 하나님 나라가 건설되었다. 예수님은 이 나라가 세상 모든 족속에게로 확장되기 원하셨다.

1. 왕의 탄생과 선포(1-16장)

마태는 예수님의 탄생을 왕의 족보를 기초로 기록하고 있다(1장).

유대인들에게는 오랫동안 메시아가 왕적 존재로 예언되어 왔다(사 9:7; 렘 23:3-6, 30:8-10, 33:14-16, 25, 26; 겔 37:21; 호 4:5). 첫 사람 아담의 범죄는 인간에게 맡겨진 통치권을 사탄에게 강탈당하는 사건이었다. 그러나 예수님의 탄생은 사탄에게 빼앗긴 통치권을 회복하고 하나님 나라를 출범시키는 대사건이다. 예수님의 왕적 사역이 시작되려고 했을 때 사탄이 다가왔다. 사탄은 쉬운 방법으로 사역을 완수하도록 유혹하였다. 그러나 예수님은 십자가를 통해서 하나님 나라를 건설하고자 굳게 결심함으로 단호하게 사탄의 유혹을 물리치신다(4장). 예수님이 귀신을 쫓아내신 사건들은 아담의 패배를 만회하는 저주의 역전이다.

모든 나라에는 법과 규범이 필요하다. 예수님은 하나님 나라의 법을 산상보훈으로 선포하셨다(5-7장). 예수님의 산상보훈 말씀은 모세의 십계명과 병행을 이루며, 십계명에 대한 실천적 해석이라고 할 수 있다. 산상보훈은 '하나님 나라의 대헌장' 으로서, 천국 시민의 기준이 된다고 말할 수 있다. 8, 9장의 10가지 기적은 출애굽기의 10가지 재앙과 병행을 이룬다. 모세가 10가지 재앙을 통해 자기 백성들을 바로의 손에서 구원하여 약속의 땅으로 인도하였다면, 예수님은 여러 가지 이적을 통해 우리를 각종 인생 문제로부터 구원하여 하나님 나라로 인도하신 새 모세요, 진정한 구원자라고 할 수 있다.

예수님은 갈릴리 어부 등 부족한 자들을 하나님 나라의 일꾼으로 부르셔서 함께 일하기 원하셨다(10장). 13장에서 예수님은 각종 비유들을 통해 하나님 나라의 비밀을 가르치시고 사모하게 하셨다(씨 뿌리는 자, 가라지, 겨자씨, 누룩, 감추인 보화, 값진 진주, 그물 비유 등). 마태복음에는 전체적으로 14개의 비유가 등장한다. 예수님은 오병이어 기적과 물 위를 걸으신 기적을 통해서 자신이 하나님의 아들이심을 보여주신다(14장).

예수님은 그리스도(왕)요, 하나님의 아들로 고백을 받기에 합당하시다. 그 신앙고백 위에 하나님의 교회가 세워지게 된다(16장). 이 교회는 구약적 의미의 성전이 아니라 예수님을 하나님의 아들로 고백하고 따르는 성도들의 공동체로서 감히 사탄의 권세가 해하지 못한다.

2. 왕의 고난과 승리(17-28장)

예수님은 그리스도요, 왕이심을 변화산의 영광스러운 모습을 통해 보여주셨다(17장). 그러나 그 영광은 십자가의 고난을 통한 영광이다. 하나님 나라에서 진정으로 위대한 자는 섬기는 자요, 끝까지 형제를 용서하는 자이다(18장). 부자는 천국에 들어가기가 어렵다. 자기 소유를 팔아서 베푸는 자에게 천국 보화가 있게 된다(19장). 하나님 나라는 자신의 노력의 대가가 아니라 오직 주님의 은혜로

들어갈 수 있다(20장). 예수님은 갈릴리 사역을 마치시고 유대의 예루살렘을 향하여 가셔서 승리의 입성을 하신다(21장). 예수님은 나귀 타고 입성하시는 겸손의 왕이요, 섬김의 왕이시다. 그러나 종교 지도자들과의 갈등이 심화된다. 천국은 겸손한 자, 그리고 믿음의 예복을 입은 자에게 주어진다(22장).

갈릴리에서 8복을 이야기하셨던 예수님은 이제 7화를 선포하신다(23장). 예수님은 성전 붕괴와 함께 종말에 대해서 예언하시고(24장), 종말을 대비하는 자세를 촉구하신다(25장). 예수님은 자신의 몸과 피를 언약의 증거로 내어주실 것을 약속하시고(26장), 마침내 인류의 죄를 위한 대속 제물이 되어 십자가에 못 박히신다(27장). 그의 몸의 찢겨짐은 하나님과 죄인들을 막고 있는 휘장을 찢어지게 만들었다. 예수님의 죽음과 함께 땅이 진동하고 바위가 터지고 무덤이 열리고, 자던 성도의 몸이 일어나게 된다(27:52).

예수님의 십자가는 새로운 세계가 열리게 하는 열쇠이다. 부활하신 예수님은 사망 권세를 파하고 하늘과 땅의 모든 권세를 회복하신다(28:18). 죄와 죽음을 이기신 예수님은 모든 민족의 왕으로서 만민에게 복음이 전파되기를 원하신다. 예수님은 하늘과 땅의 모든 권세를 가지신 진정한 왕으로서 사랑과 평화로 인생들을 다스리신다. 이 예수님의 다스리심을 받을 때 우리의 마음에 진정한 하나님의 나라가 임하게 된다.

2. 마가복음: 하나님 나라의 종, 예수님

종의 사역

1. 복음의 시작
2. 죄인을 부르러 오심
3. 열두 제자 부르심
4. 씨 뿌리는 비유
5. 거라사인, 야이로
6. 오병이어
7. 수로보니게 여인, 에바다
8. 신앙고백
9. 변형되심
10. 부자 청년

종의 헌신과 승리

11. 예루살렘 입성
12. 포도원 농부 비유
13. 말세의 징조
14. 최후 만찬
15. 십자가(엘리 엘리)
16. 그가 살아나셨다

요절, 마가복음 10:45 "인자가 온 것은 섬김을 받으려 함이 아니라 도리어 섬기려 하고 자기 목숨을 많은 사람의 대속물로 주려 함이니라."

마가복음은 4복음서 중에서 가장 먼저 쓰여진 복음서이다. 마가복음의 저자 마가는 비교적 부유한 유대 가문 출신으로, 그의 어머니는 120명의 사람들이 모여서 예배드릴 수 있는 처소를 가지고 있었다(행 12:12). 그는 바울과 바나바의 첫 번째 선교 동반자였다(행 12:25). 처음에는 연약하여서 바울에게 인정을 받지 못하였지만(행 15:37-38), 후에 바울과 화해하였고(골 4:10), 베드로와 동역하였으며(벧전 5:13), 베드로를 통해 예수님의 행적을 전해 듣고 마가복음을 기록하였다. 그래서 마가복음은 베드로에 대한 기록이 섬세하게 기록되어 있다. 마가복음은 로마인들을 겨냥해서 쓰여졌기 때문에, 유대인들에게 중시되었던 율법과 유대 관습에 대해서는 별로 기록하지 않고 있다.

마가복음은 달려가는 복음서, 행동하는 복음서로서, '즉시' 또는 '곧'(straightway)이라는 단어가 42회나 사용된다. 이는 급하고 직선적인 베드로적 성격을 대변한다. 마가복음은 예수님의 탄생기사를 쓸 겨를도 없이 오직 예수님의 기적과 각종 이적들을 급하게 기록하였다. 마가복음에는 20개의 이적이 기록되어 있다. 마가복음은 속히 예수님의 사역을 증거해야 할 필요성 때문에 단순하고 긴박하게 기술되어 있다. 때문에 설교가 많은 마태복음과 달리 예수님의 사역이 많이 기록되어 있다. 또한 사역을 뒷받침하는 기도와 전도가 강조된다(1:35, 38).

마가복음의 전반부(1-11장)는 주로 예수님의 이적 기사이고, 후반부(12-16장)는 주로 예수님의 수난 받으심에 대한 기록이다. 특히 전체 내용의 40%가 예수님 생애의 마지막 한 주간의 고난에 집중하고 있다. 마가복음을 상징적으로 황소에 비유하는데, 예수님은 황소처럼 부지런히 주의 일을 하시다가 마침내는 제단에 바쳐지는 소와 같이 대속 제물로 자신을 바치셨다. 마가복음은 예수님을 섬기는 종이요, 자신을 많은 사람의 대속 제물로 주기 위해서 오신 분으로 증거하고 있다(10:45).

마가복음의 수신자인 로마인들은 힘과 권세를 중시하였다. 그러나 예수님은 하나님의 아들로서 왕적 권세를 가졌지만 오히려 낮아지고 섬기시고 베푸시고 자신을 버리심으로써 다른 사람들을 구원하는 역설적 진리를 보여주신다.

마가는 예수님의 고난과 십자가를 유난히 강조한다. 사역 초반부터 예수님을 배척하고 적대시하는 자들이 많이 소개된다. 예수님은 헌신적인 사역을 하시고 마침내 자신을 십자가 제단에 바친 고난 받는 메시아이다. 그러나 그 고난의 배후에 승리자의 모습이 있으며, 마침내 부활의 승리로서 고난이 열매를 맺는다. 이는 당시 네로의 박해로 말미암아 고난 받고 있는 성도들에게 예수님도 고난을 받으셨지만, 결국 부활 승리하셨다는 위로와 희망의 메시지가 되었다. 예수님도 가족들에게 오해를 받으셨고, 종교 지도자들에게 비난을 받으셨으며, 제자에게도 배반을 받으셨다. 고난을 받고 죽임을 당하셨지만 끝내는 승리의 주가 되셨다. 마찬가지로 성도들도 지금은 애매히 박해를 받지만 마침내는 승리자가 될 것이라는 확신을 심어주고 있다.

1. 종의 사역(1-10장)

복음 역사를 시작하신 예수님은 말씀을 전파하시고, 귀신을 쫓아내시고, 병을 고치시며, 제자들을 택하여 부르신다. 예수님의 권세로 말미암아 열병이 치유되었고(1:29-31), 나병 환자가 낫고(1:40-45), 중풍병자가 일어나 걷고(2:1-12), 손 마른 자가 펴지고(3:1-5), 폭풍이 잠잠케 되고(4:35-41), 군대 귀신이 쫓겨나며(5:1-20), 혈루증 앓는 여인이 낫고(5:21-34), 야이로의 죽은 딸이 살아난다(5:35-43). 오병이어 기적이 나타나고(6:32-44), 바다 위를 걸으시며(6:45-51), 귀머거리와 벙어리를 치료하고(7:31-37), 장님을 보게 하신다(8:22-26).

예수님은 죄인을 부르러 오셨고 안식일에도 주인이시다(2장). 제자들을 사람 낚는 어부로 부르시고, 둘씩 둘씩 파송하신다(6장). 예수님은 입술 신앙이 아니라 마음 신앙을 기뻐하신다(7장). 베드로는 가이사랴 빌립보로 가는 길에서 예수님을 '그리스도'로 고백한다(8:29). 그러나 예수님은 영광의 그리스도가 아니라 고난을 받고 버린 바 되고 죽임을 당한 후에 살아나는 그리스도이다(8:33). 이 예수님의 메시아관을 영접하지 못한 베드로는 사탄이라고 책망을 듣는다. 예수님은 반복해서 십자가의 길을 강조하시고, 고난을 통한 영광을 역설하신다. 변화산 사건을 통해 예수님은 고난 후에 올 영광을 제자들에게 보여주신다(9장). 서로 큰 자가 되기 원하는 제자들에게 섬김과 희생의 삶을 사는 자가 진정으로 으뜸 인생이라고 가르치신다(10장).

2. 종의 헌신과 승리(11-16장)

예루살렘에 입성하신 예수님은 부패한 성전을 질책하시고 성전은 만민이 기도하는 집임을 강조하신다. 하나님을 믿고 기도할 때 산이 들리어 바다에 던지우는 일이 이루어진다는 사실을 약속하신다(11장). 예수님이 사람들에게 배척을 당하시지만 마침내 모퉁이의 머릿돌이 되실 것이다(12장). 예수님은 세상의 화려함을 부러워하는 제자들에게 말세에 대한 징조를 말씀하시며 복음이 만국에 전파되어야 할 것을 역설하신다(13:10). 겟세마네 기도를 통해서 예수님은 하나님의 뜻에 자신을 복종시키신다(14장).

예수님은 온갖 조롱과 고난을 당하시며 마침내 십자가에 못 박히신다. 예수님은 하나님 아버지에게까지 철저히 버림을 받으시지만 인류를 구원하기 위해서 끝까지 자기를 구원하지 않으신다. 예수님은 아버지 하나님의 도움이 끊긴 상태에서 홀로 극심한 고통을 감당해 내셨다. 인류의 모든 죄가 한꺼번에 예수님께 쏟아 부어진 것이다(15:34). 그러나 예수님은 죽음의 권세를 파하시고 사흘만에 살아나셨다. 이 예수님의 부활을 믿는 자들은 몸과 영혼이 다 구원을 받아 하나님 앞에 이끌려지게 된다.

부활하신 예수님은 온 천하에 다니며 복음을 전할 제자들에게도 권능이 필요하기에 귀신을 쫓아내며, 새 방언을 말하며, 뱀을 집어 올리며, 무슨 독을 마셔도 죽지 않으며 병든 사람을 고치는 능력을 부여하신다(16장). 권능의 주님께서 당신의 역사를 계승하는 제자들에게도 권능을 부여해 주신다.

3. 누가복음:
잃은 자를 찾는 하나님 나라

탄생과 갈릴리 사역(1-9장)

1. 세례 요한 출생	8. 광풍, 광인을 승리	15. 돌아온 탕자 비유
2. 예수님 탄생	9. 전도 여행 파송	16. 부자와 나사로
3. 세례 요한의 예비	10. 칠십 인 파송	17. 아홉은 어디에
4. 시험을 이기심	11. 기도와 교훈	18. 과부의 한 맺힌 기도
5. 사람 낚는 어부	12. 어리석은 부자	19. 잃은 자 삭개오
6. 열두 제자 부르심	13. 예수님의 탄식	20. 포도원 농부 비유
7. 청년아 일어나라	14. 강권하여 채우라	21. 종말의 징조

예루살렘에서의 도전과 희생, 그리고 승리(10-24장)

22. 새 언약	23. 저희를 사하소서	24. 부활, 엠마오 제자

요절, 누가복음 19:10 "인자가 온 것은 잃어버린 자를 찾아 구원하려 함이니라."

누가복음의 저자 누가는 바울의 전도 사역의 동역자였다(행 16:10-17). 안디옥에 거주하는 헬라인 의사였던 누가는 헬라인들을 대상으로 이 복음서를 기록하였다. 그래서 예수님을 소개하는 족보가 유대인의 조상인 아브라함이 아니라 인류의 조상인 아담에게로까지 올라간다. 누가는 구약적 배경이 없는 이방인들에게 한 인간으로 이 땅에 오셔서 병든 죄인들을 사랑하셨던 예수님을 소개함에 있어서 예수님을 구주로 믿게 하고자 하였다. 그래서 그는 복잡한 교리가 아니라 가슴에 와 닿는 사건들을 기록하고자 애썼다.

그래서 누가복음은 예수님의 인성을 묘사하는 데 초점을 둔다. 또한 여러 종류의 죄인들의 비참함과 그들의 죄를 용서하시고 사랑하시는 예수님의 따뜻한 사랑과 목자의 심정이 돋보이는 복음서이다.

누가복음은 예수님의 긍휼과 자비, 용서의 사랑을 증거함으로써 메시아의 사랑이 모든 계층의 사람들에게 전해지기 원했다. 누가복음은 예수님의 성육신하심의 과정을 자세히 다룬다. 또한 예수님의 마구간에서 태어나심과 어린 시절에 성장하는 모습도 소개하고 있다. 또한 멸망당할 예루살렘을 보고 우시는 모습과 십자가를 앞에 두고 피땀 흘려 기도하시는 인간 예수님의 진솔한 모습을 소개한다. 그래서 누가복음에서 예수님은 자신을 '인자'(son of man)로 묘사하신다.

그러나 예수님은 단지 인성만 가지신 분이 아니라 성령의 사람임이 강조된다. 그래서 누가복음에는 성령의 역사에 대한 기술이 많이 나오고(17회), 더불어서 기도와 찬송을 많이 기록하고 있다. 예수님이 기도하시는 모습이 아홉 번이나 기록되어 있다(3장, 5장, 6장, 9장, 10장, 11장, 22장). 1, 2장에 마리아의 찬송, 사가랴의 찬송, 목동들의 찬송, 시므온의 찬송 등이 수록되어 있다. 누가복음은 이 땅에 인자로 오신 예수님을 찬양함으로 시작한다.

또한 누가복음은 약자들과 소외된 자들에 대한 예수님의 메시아적 사랑을 소개하기 위해서 약자에 대한 사랑의 묘사에 중점을 두고 있다. 개인의 죄와 고통, 비참함, 그리고 그런 죄인을 향한 예수님의 섬세한 사랑과 죄 사함, 용서와 부르심이 강조된다. 예수님은 잃어버린 자를 찾아 구원하러 오셨기 때문에(19:10), 소외된 자, 가난한 자, 병자, 어린이, 여자, 이방인들을 돌아보신다. 15장의 잃은 동전, 잃은 양, 잃은 아들 비유에는 잃은 자에 대한 예수님의 마음이 잘 나타나 있다.

예수님의 사역과 십자가 부활 사건은 이방인들까지도 구원을 누릴 수 있다는 사실을 보여준다. 십자가 위에서 "저희를 사하여 주옵소서"라고 기도하신 내용이나, 십자가 강도를 위해서까지 기도하시는 모습에는 자비와 긍휼의 마음이 잘 드러난다. 부활하신 후에도 잃은 제자들을 끝까지 찾아가시고 성경 공부를 통해 자신을 계시하신다. 그때 제자들이 마음이 뜨거워져서 영안이 열려 성경 말씀을 깨닫고 예수님을 인격적으로 만나게 된다.

1. 탄생과 갈릴리 사역(1-9장)

누가복음은 예수님의 탄생을 근원부터 자세히 기록하기 때문에 선구자 세례 요한의 탄생부터 다룬다. 또한 요셉을 중심으로 한 탄생 배경보다 마리아를 중심으로 한 탄생 배경을 기술한다(1, 2장). 여기에 누가복음의 섬세함과 아기자기함이 있다. 마태는 아브라함으로부터 아래로 족보가 내려오지만, 누가복음은 예수님으로부터 아담까지 거슬러 올라감으로 예수님의 인성을 강조한다(3장). 예수님은 요한에게 세례를 받으실 때 성령이 임하셨다.

또한 곧바로 마귀에게 시험을 받으셨다. 세례를 받으심으로 죄

아래 있는 인간의 위치에 서시고, 마귀의 시험을 이기심으로 아담의 실패를 만회하신다. 세례는 예수님이 하나님의 아들로서 위임받으신 것이고, 마귀의 시험은 예수님이 하나님의 아들이심을 도전하는 것이라고 볼 수 있다(4장).

5-9장은 주로 전도와 치유의 사역이다. 예수님이 베드로를 제자로 부르시는 장면도 극적이고 섬세하다(5장). 예수님은 제자들을 처음부터 사도라 칭하신다(6:13). 예수님은 과부의 죽은 아들도 살려 주신다(7장). 많은 병을 고치시고, 죄를 사하시며, 이적을 행하시는 모습을 통해서 예수님은 하나님의 아들이심을 나타내 보이신다(6-7장). 6장의 평지 설교는 마태복음 5-7장의 산상수훈과 내용상 유사하다. 갈릴리 사역을 마치신 예수님은 예루살렘에 올라가셔서 별세하실 것을 말씀하신다(9:31). 하나님 나라의 일꾼이 되기 위해서는 제자들도 가난한 생활을 각오해야 한다. 가족들을 하나님께 맡기고, 앞만 보고 전진해야 한다.

2. 예루살렘에서 도전과 희생, 그리고 승리(10-24장)

예루살렘에서 예수님은 종교 지도자들과 갈등을 겪으시면서 여러 가지 비유의 말씀을 통해서 믿음의 법도를 가르치신다. 선한 사마리아인 비유(10장), 강청하는 기도 비유(11장), 어리석은 부자 비유, 백합화 비유, 청지기 비유(12장), 잔치 비유(14장), 잃은 양, 드라크마, 아들 비유(15장), 지혜로운 청지기 비유, 부자와 나사로 이야기(16장), 끈질긴 과부 비유(18장), 므나 비유(19장), 포도원 농부 비유(20장) 등이다. 특히 돌아온 탕자 비유는 하나님의 품을 떠난 죄인들을 향한 주님의 마음을 가장 아름답고도 감동적으로 표현해 주고 있다(15장).

예수님은 예루살렘에 올라가시면서 종교 지도자들과 대립하게 되신다. 바알세불 논쟁(11장), 바리새인들의 외식 경계(12장), 안식일에 병 고침에 대한 논쟁(13, 14장), 죄인들을 영접하시는 예수님에 대한 반박(15장), 하나님 나라와 재림 논쟁(17장) 등을 통해 대립이 나타난다. 여리고의 세리장 삭개오는 공인된 죄인 취급을 받았다. 그러나 예수님은 그를 잃어버린 자로 여기시고 찾아 구원해 주셨다(19장). 성전을 정결케 하신 예수님은 자신이 버려진 돌처럼 될 것을 예견하신다. 그러나 하나님은 그를 모퉁이의 머릿돌로 삼으실 것이다(20장). 예수님은 예루살렘 성전의 붕괴와 재난에 대해서 말씀하시며 끝까지 인내하라고 말씀하신다(21장). 예수님은 겟세마네 동산에서 자신을 제단에 바치고자 기도하신다(22:42).

예수님은 제자들과 함께 떡과 포도주로 성만찬을 하시며 '새 언약'을 맺으신다(22:20). 출애굽한 후에 하나님과 이스라엘 백성 간에 맺은 '옛 언약'은 짐승의 피로 맺은 언약이기에 불완전하였다. 그러나 죄 없으신 하나님의 아들 예수님의 대속의 피로 맺은 언약은 온전히 은혜로 이루어진 언약이요, 우리의 죄를 완전히 씻고 우리를 하나님의 자녀로 삼으시는 언약이기 때문에 '새 언약'이다. 이 언약은 세상 모든 백성에게도 주어지는 언약이다.

예수님은 자신을 십자가에 못 박는 자들을 위해서까지 용서의 기도를 하신다. “아버지, 저들을 사하여 주옵소서.” 예수님의 기도는 어떤 흉악한 죄인의 죄도 덮는다. 예수님은 십자가의 강도도 구원하여 낙원으로 인도하신다. 자신의 생명을 십자가에 내어놓는 온전한 희생을 통해서 닫혀졌던 낙원의 문이 비로소 열리게 된다(23장).

부활하신 예수님은 제자들을 다시 찾아가셔서 성경 공부를 통해 그들의 영적인 눈이 뜨여지게 하신다. 예수님은 자신의 고난과 죽음, 다시 살아나심이 우발적인 사건이 아니라, 구약성경에 이미 예언된 것임을 제자들에게 가르쳐 주신다(24장). 이 복음이 모든 민족에게 전파될 것을 예언하시고 그 예수님의 비전은 사도행전에서 계속된다.

4. 요한복음:
성육신으로 성취된 하나님 나라

하나님 아들의 사역

1. 말씀의 성육신
2. 가나 혼인 잔치
3. 니고데모와 중생
4. 사마리아 여인
5. 38년 병자
6. 생명의 떡
7. 초막절 생수
8. 간음한 여인
9. 세상의 빛
10. 선한 목자
11. 나사로 부활
12. 한 알의 밀

다락방 강화

13. 서로 사랑하라
14. 길이요 진리
15. 포도나무 비유
16. 보혜사 성령
17. 대제사장적 기도

하나님 아들의 고난과 승리

18. 체포되심
19. 십자가에 죽으심
20. 성령을 받으라
21. 네가 나를 사랑하느냐

요절, 요한복음 3:16 "하나님이 세상을 이처럼 사랑하사 독생자를 주셨으니 이는 저를 믿는 자마다 멸망하지 않고 영생을 얻게 하려 하심이라."

공관복음서는 AD 70년(예루살렘 붕괴) 이전에 쓰여졌다. 그러나 예루살렘 붕괴 이후에 거짓 선생들이 많이 생겨나서 예수님의 신성과 성육신을 부인하는 기류가 나타나게 되었다. 이에 대해서 사도 요한은 예수님의 신적인 권세와 영광, 그리고 인간이 되신 사랑을 증거하고자 요한복음을 집필하였다.

공관복음서들이 예수님과 사람과의 관계에 관심을 많이 기울이고 있다면, 요한복음은 예수님과 하나님과의 관계를 중시한다. 요한복음에는 하나님을 35회에 걸쳐서 '나의 아버지'로 묘사하고 있다. 또한 예수님을 하늘로부터 오신 분(3:13), 하늘에서 내려온 떡(6:41), 하늘로부터 생명을 가지고 오신 분(15장)으로 묘사하고 있다. 공관복음서들이 예수님의 이루신 사건들을 나열하고 있다면, 요한복음은 그 사건들과 더불어 그와 연관된 영적 가르침을 뒤에 첨가함으로써 예수님의 본질을 설명하는 것이 구조적 특징이다.

요한복음은 헬라인들을 위해서 쓰여진 복음서이다. 헬라인들은 근원의 문제에 관심이 많았기 때문에 예수님을 만물의 근원이요, 창조주로서 묘사하고 있다. 예수님은 창조주 하나님으로서 생명의 창조주시요, 새 생명의 수여자이시다. 또한 하나님의 독생자로서 세상 죄를 지고 가시는 하나님의 어린양이다. 하나님은 독생자를 희생 제물로 내어놓기까지 인간을 사랑하셨으며 이를 믿기만 하면 영생에 이를 수 있다(3:16).

요한복음 20장 30절에서 이 책의 목적은 "예수님이 하나님의 아들이심을 믿고 그 이름을 힘입어 생명을 얻게 함이라"고 말하고 있다. 우리가 예수님을 그리스도로 영접하고 예수님께 접붙인 바 될 때 예수님 안에 있는 생명이 우리에게 풍성하게 부은 바 되어서 우리 안에 새 창조의 역사가 일어나게 된다(15:5). '영생'이란 죽고 난 다음에 주어지는 삶만이 아니라, 예수님을 믿는 순간 하나님의 자녀가 되어 상속자의 복을 받게 되는 것을 의미한다.

요한복음은 가장 관계적인 책으로서 예수님과 우리 인생들 사이에 사랑의 관계성이 잘 묘사되어 있다(15, 21장). 요한복음은 성령의 역사를 강조한다. 성령으로 거듭남(3:5), 내재하는 성령(4:14), 넘쳐 흐르는 성령(7:38), 성령님의 인격적인 사역(14-16장) 등을 소상하게 소개한다. "옆구리를 찌르니 피와 물이 나오더라"(19:34), "숨을 내쉬며 성령을 받으라"(19:34) 등의 말씀들은 요한이 바라보는 성령 강림 기사라고 할 수 있다.

1. 하나님 아들의 사역(1-12장)

예수님은 '말씀'으로서 창세전부터 계셨다(1:1). 요한복음은 이 예수님이 '탄생되었다' 기보다는 '오셨다'는 개념으로 설명한다(3:13, 31, 9:39). 이는 예수님이 창조주 하나님으로서 우주 만물을 창조하신, 신성을 지니신 분임을 말해 준다. 하나님이신 예수님은 이 땅에 '생명'과 '빛'을 주기 위해서 육신을 덧입고 오셨다(1:14). 이것이 바로 성육신의 비밀이다. 예수님은 우리 죄를 대속하기 위한 하나님의 어린양이 되기 위해서 오셨다(1:29). 이 예수님을 영접하는 자는 하늘이 열리는 감격을 체험하게 된다(1:51).

예수님이 가나 혼인 잔치에서 물을 포도주로 변화시키신 사건은 장차 십자가에 못 박혀 그 옆구리에서 물과 피를 흘리실 사건의 그림자이다. 그 물과 피는 구원의 새 포도주이다. 예수님은 우리가 그분을 통해서 하나님을 만나게 되는 새 성전이 되신다(2:21). 예수님은 각종 죄인들을 만나시고 그들이 하나님 나라에 이를 수 있는 길을 제시하신다.

니고데모와 거듭남(3장), 사마리아 여인과 영생수(4장), 38년 된 병자와 생명의 주(5장), 오병이어 사건과 생명의 떡(6장), 목마른 자들과 생수의 강(7장), 간음 중에 잡힌 여인과 정죄치 않는 주님(8장), 소경 걸인과 세상의 빛(9장), 죽은 나사로와 부활의 주(11장). 이렇게 요한복음은 앞부분에 예수님의 능력의 역사를, 그리고 뒷부분에서 그 일을 행하신 의미와 예수님의 성품을 서술하고 있다. 유대인들은 선한 목자로 오신 예수님을 돌로 쳐 죽이려고까지 하였다(10장). 예수님은 죽은 지 나흘이나 된 나사로를 무덤에서 살려 내심으로써 부활이요, 생명이심을 보여주신다(11장). 나귀 타고 예루살렘에 입성하신 예수님은 장차 한 알의 죽어지는 밀알로서 많은 생명의 열매를 맺을 것을 예견하신다. 예수님처럼 자신의 생명을 미워하고 헌신하는 자가 장차 영광스럽게 된다(12장).

요한복음은 예수님이 이루신 7가지의 기적을 기록하고 있다. 이 기적들은 예수님이 신적인 존재로서 초월적인 능력을 가지신 분임을 증거한다. 사람들이 이처럼 예수님이 행하시는 이적을 보고 예수님을 하나님의 아들로, 그리스도로 믿게 되었다(2:11, 4:53, 7:31). 공관복음에서는 예수님 스스로 자신의 존재를 선포하는 기사가 잘 드러나지 않는 데 반하여, 요한복음에서는 예수님이 일곱 번의 자기 선언('에고 에이미', I am)을 통해서 자신이 어떤 분인가를 분명하게 드러내신다. 이는 신적 존재에 대한 비유적인 표현으로 구약에 '나는 스스로 있는 자이다' 라고 하신 하나님의 자기 계시와 병행을 이룬다.

• 예수님의 7대 기적 : 하나님의 아들로서의 신성을 드러내심

1. 물을 포도주로 변화시키심	변화의 능력자(2:1-11)
2. 왕의 신하 아들을 고치심	생명의 주관자(4:46-54)
3. 38년 된 병자를 걷게 하심	운명의 정복자(5:1-29)
4. 오병이어로 5천 명을 먹이심	넘치도록 축사하시는 분(6:1-13)
5. 물 위를 걸으시는 기적	자연을 지배하시는 분(6:16-21)
6. 소경 거지의 눈을 뜨게 하심	세상의 빛이 되신 예수님(9:1-7)
7. 죽은 나사로를 살리심	부활이요 생명이신 예수님(11:1-44)

• 예수님의 7대 자기 계시("나는……이다", ego eimi)

1. 나는 생명의 떡이다(6:35, 41, 48, 51).	자신의 몸을 내어줌으로 생명을 얻게 하시는 분
2. 나는 세상의 빛이다(8:12, 9:12).	어두움 가운데 있는 자에게 소망과 방향을 주시는 분
3. 나는 양의 문이다(10:7, 9).	우리를 하나님 나라로 들어가게 하시는 분
4. 나는 선한 목자이다(10:11, 14).	자신의 목숨을 버려 생명을 풍성히 얻게 하시는 분
5. 나는 부활이요 생명이다(11:25).	죽은 자를 살리시고 영생을 주시는 분
6. 나는 길, 진리, 생명이다(14:6).	하나님께로 이르게 하는 유일한 중보자
7. 나는 참 포도나무이다(15:1, 5).	우리에게 끊임없이 영양분을 공급하시는 분

2. 다락방 강화(13-17장)

예수님은 제자들의 발을 씻어 주심으로 끝없는 사랑을 보여주신다. 또한 제자들끼리도 서로 사랑할 것을 역설하신다. 예수님이 우리에게 생명을 주어 사랑을 보이신 것처럼 우리도 서로 사랑하

는 것이 새 계명이다(13장). 예수님이 떠나신다고 하자 제자들은 근심하기 시작했고, 예수님은 제자들에게 믿음을 심어주고 위로하셨다(14장). 예수님은 우리와 예수님과의 관계, 성도 상호간의 관계, 그리고 성령의 사역에 대해서 비밀을 가르쳐 주시므로 염려와 근심을 극복하게 하신다. 하나님은 또 다른 보혜사를 보내 주시는데(14:16), 성령은 영원토록 우리와 함께하시며(14:15), 우리 안에 내주하신다(14:17). 성령은 예수님을 증거하시고(15:26), 믿는 사람들을 진리 가운데로 인도하신다(16:13).

예수님은 우리와 주님과의 관계를 포도나무와 가지의 비유를 통해서 설명해 주신다(15장). "내가 세상을 이기었노라"(16:33)고 당당하게 선포하신 예수님은 이제 자신과 제자들과 미래의 성도들을 위해서 기도하신다.

십자가에 죽으심을 앞둔 예수님은 자신의 죽으심을 실패로 보지 않고 영화롭게 되는 것으로 영접하신다(17:1). 예수님의 대제사장적 기도는 하나님과 예수님이 하나 됨같이 제자들도 서로 하나 되도록 간구하는 기도이다. 예수님은 제자들이 예수님을 그리스도로 알도록, 진리로 거룩하게 되도록, 서로서로 하나가 되도록 기도하신다. 죄는 하나님과 인간 사이의 대적과 분리요, 인간과 인간 상호간의 미움과 분열이다. 그러나 예수님 안에서 죄 문제가 해결될 때 서로 연합되는 축복이 임하게 된다.

영생은 하나님과 예수님을 아는 것이라고 하였는데, 여기서 아는 것은 한 몸이 되는 것으로 연합의 의미가 있다(17장). 15장의 포도나무 비유는 우리가 삼위 하나님과 연합을 통해서 영생을 덧입고 열매 맺는 삶을 살 수 있음을 가르쳐 준다.

3. 하나님 아들의 고난과 승리(18-21장)

예수님은 유다의 배반으로 체포되셨고, 빌라도와 헤롯에게 심문을 받고, 극심한 고초를 겪으셨다(18장). 로마 군병들에게 채찍질을 당하시고 가시 면류관을 쓰신 예수님은 십자가를 지고 골고다 언덕을 오르신다. 예수님은 우리 대신 고난을 당하시고 십자가에 못 박혀 죽으시며 "다 이루었다"고 말씀하신다(19:30). 십자가는 예수님의 발꿈치가 상처를 입은 곳이지만 궁극적으로는 뱀의 머리가 부서진 곳이다(창 3:15). 마지막 심판은 십자가에서 시작되었다. 하나님 나라의 찬탈자는 쫓겨날 것이며 예수님에게 그 권세가 이양될 것이다. 그러므로 예수님의 십자가는 실패가 아니며 구속 역사에 대한 완성이요, 하나님의 뜻을 성취하기 위한 영광의 절정이다.

한 군인이 창으로 찔렀을 때 예수님의 몸에서 흘러나오는 물과 피는 예수님으로부터 쏟아져 나오게 되는 성령의 역사를 의미한다(19:34). 이제 하늘이 열리고 하나님이 복을 쏟아 부어주시는 성령의 역사가 시작된다. 공관복음에서는 예수님의 죽으심과 더불어 성전에 휘장이 찢어진 것을 기록하는데, 요한복음은 예수님의 몸이 찢어짐을 통해 하나님과 교통하는 길이 열렸음을 보다 더 리얼하게 표현하고 있다.

부활하신 예수님은 숨을 내쉬며 성령을 받으라고 하신다(20:22).

예수님의 십자가와 부활을 통해서 마침내 하나님과 우리 인생 사이에 교통의 길이 열리며 성령 충만의 길이 열리게 된 것이다. 의심 많던 도마도 예수님의 십자가와 부활을 경험하고 예수님을 나의 주님이요, 나의 하나님으로 고백하게 된다(20:28). 부활하신 예수님은 예수님을 세 번이나 부인했던 베드로를 찾아가서 세 번 사랑 고백을 하게 하신다(21장). 이로써 베드로의 실패를 만회시켜 주시고 어린 양을 먹이는 사명을 감당하도록 방향을 주신다(21:15). 예수님은 실패자도 끝까지 사랑하시고, 그에게 다시 기회를 주는 사랑의 주님이시다.

5. 사도행전:
하나님 나라의 확장

예루살렘 선교

1. 예수님 승천
2. 오순절 성령 강림
3. 앉은뱅이 치유
4. 박해 시작
5. 아나니아와 삽비라
6. 일곱 집사 세움
7. 스데반 순교

유대 사마리아 선교

8. 빌립 전도
9. 사울 회심
10. 고넬료 선교
11. 베드로 변론
12. 야고보 순교

이방 지역 선교

13. 1차 전도 여행
14. 루스드라
15. 예루살렘 공의회
16. 2차 전도 여행, 빌립보
17. 데살로니가, 아덴
18. 고린도
19. 에베소
20. 밀레도 고별 설교
21. 환난 당하는 바울
22. 바울의 변명
23. 가이사랴로 호송
24. 벨릭스 앞에서
25. 베스도 앞에서
26. 아그립바 앞에서
27. 로마로 호송
28. 로마의 셋집에서

요절, 사도행전 1:8 "오직 성령이 너희에게 임하시면 너희가 권능을 받고 예루살렘과 온 유대와 사마리아와 땅 끝까지 이르러 내 증인이 되리라 하시니라."

사도행전은 예수님 시대에 시작된 복음의 역사가 사도들을 통해서 어떻게 발전되어 가는가를 보여주는 책이다. 또한 사도행전은 신약 교회가 어떻게 시작되었으며, 복음이 어떻게 세계화되어 가는지 그 과정을 보여주는 책이다. 사도행전에는 '증인' 이란 단어가 30회나 나올 정도로, 복음의 증인들의 활약상을 실감나게 보여주고 있다. 사도행전은 겉으로 볼 때는 복음을 세계화시켜 나가는 사도들의 행적인 것처럼 보이지만, 실상은 성령이 주체가 되어서 복음을 온 세계에 전파하도록 친히 이루어 가시는 성령님의 행적인 것을 알 수 있다. 그래서 본서에는 '성령' 이란 단어가 39회나 나온다.

오순절 성령 강림 사건은 초대 교회의 시발점이자 복음 전파의 원동력이다. 하나님은 복음이 온 세계를 향해서 전파되도록 강력한 성령의 권능으로 사도들의 마음을 준비시키셨다.

베드로의 마음을 넓히셨고, 바울을 이방 선교의 그릇으로 선택하셨다. 바울은 당시 로마 시민권자였고, 율법과 헬라어에 능통하였고, 당대 학문에도 정통한 자였다. 바벨론 포로 시대 이래로 유대인들이 지중해 연안에 퍼져 있어서 회당을 중심으로 복음을 전파할 수 있도록 교두보가 마련되어 있었다. 복음서가 예수 그리스도의 전도 사역과 십자가, 부활을 통해 닦아 놓으신 교회 건설의 기초라면, 사도행전은 그 기초 위에 성령의 권능으로 이방 지역에 교회가 설립되며 복음이 세계화되어 가는 과정을 정리해 주는 책이라고 할 수 있다. 교회의 태동과 확장의 과정에서 많은 시련과 핍박이 있었다. 그러나 시련과 핍박이 드세면 드셀수록 성령의 역사도 그만큼 강력하여 활발한 선교 역사가 일어나게 되었다.

1장부터 12장은 베드로를 중심으로 한 유대 지역 선교 역사를, 13장부터 28장은 바울을 중심으로 하는 이방 지역 선교 역사를 기록하고 있다. 사도행전은 그동안 선민 이스라엘을 통해 이루고자 하셨던 하나님 나라 운동이 결국은 만민 구원을 위한 준비였다는 것을 보여준다. 사도행전은 하나님 나라에서 시작해서(1:3), 하나님 나라로 끝을 맺는다(28:31). 부활하신 예수님이 승천하시기 전까지 40일 동안 줄기차게 제자들에게 가르치고자 하셨던 것도 하나님 나라였다. 예루살렘에서부터 시작된 복음 운동이 로마와 땅 끝까지 퍼져 나갔을 때도 사도들이 순교의 피를 흘려가면서 목숨 걸고 전하고자 했던 메시지의 핵심은 바로 하나님 나라였다.

사도행전은 갑자기 끝이 난다. 이는 교회를 통한 복음의 확장 역사가 중단 없이 계속되고 있음을 암시한다. 성부 하나님은 태초에 구원의 계획을 세우시고 준비하셨다. 마침내 하나님의 아들 예수님이 오셔서 십자가와 부활로 구원을 완성하셨다. 이제 성령을 보내셔서 성도들의 내면에 내주하셔서 복음이 전파되는 곳마다 중생의 역사가 역동적으로 일어나게 하신다.

1. 예루살렘 선교(1-7장)

부활하신 예수님은 승천하시기까지 40일 동안 제자들과 함께 계시면서 하나님 나라의 일을 말씀하셨다(1:4). 하나님이 이스라엘 백성들을 약속의 땅에 들여 보내시기까지 광야에서 40년을 준비시키셨다. 예수님이 승천하시고 성령 강림하시기까지 '40일' 과 약속의 땅에 들어가기까지 '40년' 의 준비 기간은 40이라는 숫자를 통해서 상관 관계를 갖는다. 예수님은 제자들이 성령의 능력을 덧입어서 예루살렘에서 시작하여 땅 끝까지 복음을 전할 것을 예언하셨는데(1:8), 실제로 사도행전은 예루살렘 사역에서 시작하여 당시에 땅 끝으로 여겨지던 로마 선교까지를 기록하고 있다.

사도들을 통해서 만민에게 하나님 나라를 전파하는 역사는 강력한 성령의 강림하심으로부터 시작된다(2장). 이를 위해서 120문도가 모여서 힘을 합하여 간절히 기도함으로 오순절 성령 강림을 기다렸다. 마침내 강력한 성령 강림으로 말미암아 제자들이 성령 충만함을 덧입게 된다. 하나님이 자신의 생기를 교회에 불어넣으셨나. 이로써 교회가 살아 있고 역동적인 유기체가 되게 하셨다.

사도행전 2장의 신약 교회 탄생의 모습은 출애굽기 19장의 구약 교회가 탄생하는 모습과 병행 구조를 이룬다. 시내 산에서 번개와 천둥소리, 빽빽한 구름으로 하나님이 임재하시며 말씀을 주시는 모습이 등장한다. 이것이 사도행전 2장에서는 강한 바람 같은 소리와 불의 혀 같은 것으로 묘사되고 있는데, 이것은 구약적 이미지를 반영한 것이다. 시내 산에서 이스라엘 백성들에게 임하여 제사장 나라 거룩한 백성의 언약을 삼으셨던 하나님은 이제 오순절날 예루살렘의 언약 갱신을 통해 다시 한 번 하나님의 백성들을 부르신다. 그 언약 백성은 예수님의 제자들을 비롯하여 결국 이방인까지를 포함하는 것이다(28:28). 오순절날의 언약은 시내 산에서의 언약보다 훨씬 포괄적인 것을 알 수 있다.

베드로는 오순절 성령 강림이 요엘서 2장 말씀의 성취이며, 예수님은 다윗이 예언했던 부활의 주이심을 증거한다. 유대인들이 십자가에 못 박았던 예수님이 바로 주요 그리스도이심을 분명하게 선포한다(2:36). 베드로는 그들의 회개를 촉구하였고, 3천 명, 5천 명이 회심하는 역사가 일어났다(2:41,4:4). 나사렛 예수의 이름으로 앉은뱅이를 일으키는 기적이 일어난다. 베드로는 다시 한 번 예수님의 그리스도 되심을 선포하며 회개를 촉구한다(3장).

종교 지도자들이 베드로와 요한을 협박하지만 그들은 보고 들은 것을 말하지 않을 수 없다며 담대하게 복음을 전한다. 두 달 전에 대제사장의 집에서 예수님을 세 번이나 부인했던 베드로가 이제는 성령 충만함을 덧입고 담대하게 하나님 말씀을 전한다(4장). 종교 지도자들이 시기심 때문에 사도들을 옥에 가두지만 주의 사자가 옥문을 열어 주어서 성전에 서서 담대하게 복음을 전파하게 된다. 그들은 두려움 없이 성전에서나 집에서나 예수님을 그리스도로 증거하며 전도하기에 힘을 쓴다(5장). 초대 교회를 섬기는 7명의 집사들은 평신도이지만 스데반의 설교를 볼 때 성경에 정통한 성경 선생들이었던 것을 알 수 있다. 하나님의 말씀이 왕성하여 제자의 수는 점점 많아졌다(6:7).

스데반의 순교는 결과적으로 사울의 회심을 낳고 복음의 세계화를 이루는 씨앗이 된다. 스데반의 죽음은 예수님의 죽음과 유사한 부분이 많다. 둘 다 하나님 우편에 앉은 인자를 언급한다(눅 22:69; 행 7:56). 둘 다 자신들을 죽인 자들을 위한 용서의 기도를 드린다(눅 23:34; 행 7:60). 둘 다 죽으면서 하나님께 자신들의 영혼을 의탁한다(눅 23:46; 행 7:59). 예수님의 사역은 그의 죽으심으로 끝나지 않고 베드로를 비롯한 사도들을 통해서 계승된다. 스데반도 바울을 통해서 사역이 계승되어진다.

2. 유대 사마리아 선교(8-12장)

예루살렘에 머물렀던 교회가 핍박으로 말미암아 이방 지역으로 확대된다. 빌립이 사마리아 지역에 복음을 전하여 성령 체험을 하게 하고, 광야에서 이디오피아 내시에게 복음을 전하고 세례를 베풂으로서 아프리카 땅에도 복음이 전파된다(8장). 하나님은 핍박자 사울을 사로잡아 이방인에게 복음을 증거하는 그릇으로 삼으신다. 바울은 성령의 충만하심을 체험하고(9:17), 예수님을 하나님의 아들로 고백한다(9:20). 베드로는 룻다에서 애니아를 치료하고, 욥바에서 죽은 다비다를 살려낸다. 이 모습은 예수님이 중풍병자를 치료하시는 모습(눅 5:24-26), 그리고 야이로의 딸을 살려내시는 모습과 유사하다(눅 8:48-56). 하나님은 환상을 통해 베드로의 마음을 넓히시고 그를 통해 로마의 백부장 고넬료에게도 복음이 전파되게 하신다. 이방인에게도 성령이 부어짐에 따라 이방 교회가 시작된다(10장).

핍박을 피해 흩어졌던 성도들이 안디옥에 이르러 복음을 전파함으로 안디옥 교회는 세계 선교의 전초기지가 된다. 예루살렘 교회는 바나바를 파송하는데 그는 믿음과 성령이 충만한 사람이다. 바나바는 성경 선생의 필요성을 느끼고 직접 다소에 가서 사울을 데려와서 함께 안디옥 교회를 섬기게 된다(11장). 야고보가 순교하는 아픔이 있지만 하나님은 감옥에 갇힌 베드로가 풀려나게 하시고 복음을 대적하는 헤롯의 목숨을 앗아 가신다(12장). 하나님은 베드로가 산헤드린에 체포되었을 때에도 간섭하셔서 석방시켜 주셨고(5:19), 바울과 실라가 빌립보 감옥에 갇혔을 때도 지진을 통해 풀려나게 하셨다(16:26).

3. 이방 지역 선교(13-28장)

바나바에 의해서 추천받은 바울은 열정적인 전도로 복음을 세계화시켜 나간다. 이제 바울과 바나바의 이름 순서가 바뀌게 된다(13:43). 바울은 3차에 걸친 전도 여행을 통해서 이방 세계에 복음 전파 역사를 이루어 나간다. 하나님은 핍박자 사울을 이방인의 사도로 삼으시고 로마에까지 가서 복음을 증거하게 하는 강권의 역사를 친히 이루어 나가신다.

사도 바울 한 사람을 변화시키신 일은 세계 구원 역사와 온 땅에 하나님 나라를 이루기 원하시는 하나님의 만민 구원 계획의 일환이었다. 한 사람의 십자가와 부활 체험은 생명을 걸고 분투 노력하여 로마까지 복음화시키려는 역동적인 하나님 나라 운동을 가능하게 만들었다.

1) 1차 전도 여행

첫 번째 전도 여행은 바울과 바나바가 주도하였다. 그들은 안디옥에서 시작하여 바나바의 고향인 구브로를 거쳐 갈라디아 지역에서 복음을 증거하였다. 갈라디아서는 이때 복음을 전했던 갈라디아 교인들을 향한 바울의 편지였다. 바울은 구브로에서 마술사 바예수를 물리치는데(13:11), 이것은 베드로가 사마리아에서 성령을 돈 주고 사고자 했던 시몬을 물리치는 장면(8:20)과 병행을 이룬다. 바울이 비시디아 안디옥에서 전한 설교(13장)는 베드로가 한 설교(2, 3장)와 다르지 않다. 이로써 사도행전의 기둥을 이루는 두 인물, 베드로와 바울의 연결점을 찾아볼 수 있다.

이고니온에서 두 사도가 담대히 복음을 전하자 유대인과 관리들이 돌로 치려고 달려들어서 루스드라와 더베로 피해야 했다. 루스드라에서 걷지 못한 자를 일으키자, 사람들은 두 사도를 신격화시키고 제사 지내고자 해서 이를 말렸다. 두 사도는 소아시아의 도시들을 다시 되돌아보고 수리아 안디옥으로 되돌아온다(14장). 예루살렘 총회를 통해서 이방인 선교의 방향을 잡게 된다. 마가를 데리고 가는 문제로 바울과 바나바가 다투고 서로 헤어진다. 2차 전도 여행을 떠나면서 바울은 실라와 동행하게 된다(15장).

※ 1차 전도 여행의 행로

안디옥 - 구브로의 살라미 - 바보 - 밤빌리아 - 수리아 안디옥 - 이고니온 - 루스드라 - 더베 - 루스드라 - 이고니온 - 안디옥 - 앗달리아 - 실루기아 - 수리아 안디옥.

2) 2차 전도 여행

두 번째 전도 여행은 소아시아 지방인 갈라디아 지역을 거쳐, 드로아에서 환상을 본 후 유럽으로 건너갔다. 결국 빌립보, 데살로니가, 베뢰아, 고린도, 아덴 등지에서 복음을 전했다. 빌립보서, 고린도전후서, 데살로니가후서 등이 이때 개척된 교회들을 위해서 쓰여졌다. 루스드라에서 디모데를 동역자로 얻게 된다. 드로아에서 마게도니아인 환상을 통해 유럽 선교 방향을 잡게 된다.

빌립보에 도착했을 때 하나님은 자주 장사 루디아의 마음을 열어 주셔서 그 집에 세례를 베푼다. 바울과 실라가 감옥에 갇혔지만, 찬송하며 기도하였을 때 감옥 문이 열렸다. 이때 자결하고자 하는 간수를 도와서 온 집안이 세례를 받게 된다(16장). 데살로니가와 베뢰아를 거쳐 아덴에서 하나님의 존재와 부활의 복음을 전한다(17장). 고린도에서 바울은 마음이 위축되었지만 주께서 환상 가운데 주신 격려의 말씀을 힘입어서 1년 6개월 동안 머물며 말씀을 전하게 된다. 이때 브리스길라, 아굴라 부부를 만나 동역하게 되고, 겐그레아에서 결심의 뜻으로 머리를 깎고, 에베소를 거쳐 안디옥으로 돌아오게 된다(18장).

※ 2차 전도 여행의 행로

안디옥 - 다소 - 더베 - 이고니온 - 루스드라 - 안디옥 - 갈라디아 - 부르기아 - 드로아 - 마케도니아 - 네압볼리 - 빌립보 - 암비볼리아 - 아볼로니아 - 데살로니가 - 베뢰아 - 아덴 - 고린도 - 에베소 - 로데 - 바보 - 가이사랴 - 예루살렘 - 안디옥.

3) 3차 전도 여행

세 번째 전도 여행은 갈라디아 지방을 거쳐 에베소에서 집중적으로 사역하였다. 이때 로마 선교 비전을 보고 유럽 지역을 거쳐서 다시 예루살렘으로 돌아왔다. 3차 전도 여행 동안 바울은 에베소에서 3년 동안 머물며 두란노 서원에서 각 사람을 붙들고 눈물로 각 사람을 훈계하여 가장 모범적인 제자 양성 역사를 섬긴다. 이로 말미암아 로마 개척의 소망을 보게 된다(19장). 유럽 지역을 돌아 밀레도에 이르게 된 바울은 에베소 교회 장로들을 불러서 감동적인 설교로 교제를 나눈다(20장).

예루살렘에 이르러 바울은 체포된다(21장). 바울은 자신이 개종하게 된 이유와 그 결과에 대해서 담대하게 변호한다(22장). 바울은 가이사랴로 호송되어서 2년 동안 있으면서, 벨릭스 총독(24장)과 그의 후임 베스도 총독(25장), 그리고 아그립바 왕(26장) 앞에서 담대하게 복음을 전한다.

※ 3차 전도 여행의 행로

안디옥 - 다소 - 더베 - 이고니온 - 루스드라 - 안디옥 - 갈라디아 - 부르기아 - 에베소 - 드로아 - 빌립보 - 데살로니가 - 베뢰아 - 아덴 - 고린도 - 일루기곤 - 고린도 - 베뢰아 - 데살로니가 - 빌립보 - 드로아 - 앗소 - 미둘레네 - 밀레도 - 고스 - 로데 - 바다라 - 바보 - 두로 - 돌레마이 - 가이사랴 - 예루살렘.

4) 로마행

바울은 로마에서 재판을 받기 원했기 때문에 죄수의 몸으로 배를 타고 로마로 가게 된다. 가는 도중에 태풍을 만나지만 하나님의 섭리 가운데 구조된다(27장). 멜리데 섬에서 독사에 물렸으나 살아나고 추장 보블리오의 부친의 열병을 치료해 준다. 로마에 도착한 바울은 감옥에 갇힌 상태에서 2년 동안 있으면서 하나님 나라를 전파한다. 바울은 감옥에 있으면서 에베소서, 빌립보서, 골로새서, 빌레몬서 등 4개의 옥중 서신을 썼다. 그 후 잠시 출옥하였으며, 이때 디모데전서와 디도서를 썼고, 다시 투옥된 뒤에 디모데후서를 썼다.

※ 로마행 행로

가이사랴 - 시돈 - 무라 - 니도 - 살모네 - 라세아 - 뵈닉스 - 멜리데 - 수라구사 - 레기온 - 보디올 - 로마.

• 서신서 총정리 : 하나님 나라의 적용과 해석

>> 목회 서신

서신서	연대	기록 동기	핵심 주제
디모데전서	AD 64	이단을 경계하고 교회의 질서를 바로 세우도록 함.	거짓 교리를 조심하고 믿음의 성숙을 나타내라.
디도서	AD 66	그레데 교회 감독 디도에게 주는 권면.	경건한 사람들을 세우고 선한 일에 힘쓰라.
디모데후서	AD 67	고난 속에서 강해지며 말씀의 종이 되도록 디모데를 권면함.	군인 정신으로 고난을 이기며 성경 진리에 정통하라.

>> 바울 서신

서신서	연대	기록 동기	핵심 주제
데살로니가전서	AD 51	시련 중에 있는 성도들을 격려하고 재림 소망을 심기 위함.	주님의 재림을 소망하며 신자에 합당한 삶을 살라.
데살로니가후서	AD 51	재림을 준비하는 바른 자세를 가르쳐 주고자 함.	주님의 재림 때까지 인내하며 적극적으로 선을 행하라.
갈라디아서	AD 56	율법주의자들을 경계하고 믿음으로 말미암은 구원 강조.	율법의 멍에를 메지 말고 성령을 좇아 행하라.
고린도전서	AD 55	고린도 교회의 각종 문제에 내한 해결을 위해 조언함.	십자가 복음과 사랑, 부활 신앙으로 성령의 그릇을 이루라.
고린도후서	AD 55	바울에 대한 오해를 풀고 목자의 진심을 전달하고자 함.	바울의 사도직을 영접하고 교회의 화목을 이루라.
로마서	AD 57	칭의와 성화의 교리를 가르치고 바른 성도와의 관계성을 가르치고자 함.	오직 믿음으로 의롭게 되며 성령의 능력으로 거룩한 삶을 살라.

>> 옥중 서신

서신서	연대	기록 동기	핵심 주제
에베소서	AD 61	교회의 하나 됨을 가르치고 영적 투쟁의 길을 제시함.	힘써 하나 됨을 지키고 성령 충만함을 받으라.
골로새서	AD 62	각종 이단을 배격하고 그리스도의 완전하심을 강조함.	예수님께 뿌리 내리고 위에 것을 추구하며 살라.
빌레몬서	AD 62	빌레몬에게 오네시모를 영접해 주도록 추천함.	부족한 자를 영접하고 동역자로 삼으라.
빌립보서	AD 63	율법주의와 분리주의를 경계하고 그리스도를 본받도록 함.	예수님 안에서 기뻐하고 겸손히 동역하라.

>> 공동 서신

서신서	연대	기록 동기	핵심 주제
야고보서	AD 62	시련 가운데 있는 성도 위로하고 믿음의 행함 강조함.	시련의 때에 인내하며 행함이 있는 믿음을 가지라.
히브리서	AD 66	핍박 때문에 유대교로 돌아가려는 히브리 성도들에게 예수님의 우월성을 가르치고자 함.	예수님의 탁월성을 확신하고 믿음으로 고난을 극복하라 예수님만 바라보고 끝까지 믿음의 경주를 하라.
베드로전서	AD 64	박해로 흩어진 성도들에게 천국 소망과 영적 정체성을 심기 원함.	산 소망을 가지고 왕 같은 제사장으로 살라.
베드로후서	AD 65	거짓 교사를 경계하고 재림에 대한 확신을 심고자 함.	재림 신앙을 가지고 신의 성품에 참여하고자 애쓰라.
유다서	AD 70	이단으로부터 복음 진리를 수호하도록 권면함.	불경건한 이단을 주의하고 인내로써 자신을 지키라.
요한일서	AD 90	거짓 선지자들을 주의하고 예수님의 성육신과 사랑의 교제를 강조하고자 함.	성육신의 진리를 수호하고 사랑으로 교제하라.
요한이서	AD 90	성육신의 진리를 부인하고 도덕적 방종에 이른 자들을 경계하고자 함.	거짓 교사들을 경계하고 사랑을 실천하는 삶을 살라.
요한삼서	AD 90	진리 안에서 행하는 가이오를 칭찬하고 인간적인 디오드레베를 책망함.	교회 안에 영적인 지도자를 대접하고 귀히 여기라.

6. 로마서:
하나님 나라 백성의 칭의와 성화

칭의(1-5장)

1. 복음의 능력	3. 칭의	5. 칭의의 결과
2. 유대인의 죄	4. 아브라함의 칭의	

성화(6-8장)

6. 성화	7. 영적 갈등	8. 성령 안의 삶

이스라엘 회복의 소망(9-11장)

9. 주권과 선택	10. 구원과 전도	11. 이스라엘 회복

교회생활과 사회생활(12-16장)

12. 거룩한 산 제사	14. 형제 사랑	16. 문안 인사
13. 국민의 의무	15. 강자가 섬김	

요절, 로마서 1:16-17 "내가 복음을 부끄러워하지 아니하노니 이 복음은 모든 믿는 자에게 구원을 주시는 하나님의 능력이 됨이라 먼저는 유대인에게요 그리고 헬라인에게로다 복음에는 하나님의 의가 나타나서 믿음으로 믿음에 이르게 하나니 기록된 바 오직 의인은 믿음으로 말미암아 살리라 함과 같으니라."

바울은 3차 전도 여행 중 고린도 가이오의 집에 머물면서 로마서를 썼다. 바울은 예루살렘 교회에 가서 구제 헌금을 전달한 후 로마를 거쳐 서바나까지 가고 싶어했다. 그러나 예루살렘에서 체포되어 구금될 경우 그 계획이 무산될지 모르는 상황에서 먼저 편지를 통해 로마에 있는 성도들에게 복음의 본질을 가르쳐 주기 원했다. 로마 교회는 바울이 개척한 교회가 아니다. 오순절 성령 강림 사건 때 로마에서 온 사람들이 있었던 것을 보면 그들을 통해서 로마 교회가 탄생한 것으로 볼 수 있다(행 2:10). 로마 교회는 사도에 의해서 개척된 교회가 아니기 때문에 체계가 없었다. 그래서 기독교의 교리적인 진리를 바울이 편지를 통해서 가르칠 필요성을 느꼈을 것이다.

당시 로마 교회는 유대인 성도들과 이방인 성도들 사이에 갈등이 있었다. 유대인 성도들은 예수님을 믿어도 구약의 율법을 지켜야 구원에 이를 수 있다고 주장하고 있었다. 여기에 대해서 바울은 율법이 아니라 오직 믿음으로만 구원에 이른다는 '이신칭의'의 교리를 확증하고 있다. 구원은 율법의 행위로 얻어지는 것이 아니라 값없이 주시는 하나님의 은혜와 믿음으로 말미암은 것이다. 또한 이방인 성도들이 자유를 지나치게 강조하여 방종에 이를 수 있는 것에 대해서 문제의식을 가졌다.

성도들이 비록 법적인 신분상 하나님의 양자요 의인이 되었지만, 삶의 전 영역에서 하나님의 성품을 닮은 성화에 이르기 위해서는 부단한 영적 투쟁을 감당해야 한다. 이를 위해서 성령 안에서 사는 법을 배워가야 한다. 택함 받은 이스라엘을 궁극적으로 돌이켜서 회복시키기 원하시는 것이 하나님의 구속 경륜이다. 바울은 계속해서 신자들의 교회 생활, 사회 생활에 대해서도 섬세하게 권면하고 있다.

1-5장에서 바울은 칭의의 도리에 대해 진술한다. 온갖 죄로 말미암아 진노 아래 있는 인간이 하나님의 은혜로 오직 믿음으로만 의인이 되는 길을 가르쳐 준다. 6-8장에서는 그리스도와의 신비적 연합을 통해서 거룩하게 되며 성령의 인도함을 받아 성화되는 길을 제시해 준다. 9-11장에서 구속 역사를 이루어 가시는 하나님의 경륜을 보여준다. 구원의 경륜에는 하나님의 주권적 사역과 이방인과 더불어 유대인들을 다 하나님께로 돌이키고자 하는 하나님의 심오한 계획이 숨어 있다. 12-16장에서는 하나님의 은혜로 구원받은 성도들이 구체적인 삶에 있어서 어떻게 열매를 맺어가야 하는가를 가르쳐 준다. 그리스도와 함께 죽고 함께 부활한 우리는 우리의 삶 전체를 산제사로 주님께 드려야 한다. 뿐만 아니라 공동체를 세우고, 구성원들을 돌아보는 일에 힘을 써야 한다. 로마서는 구원에 관한 교리적 설명뿐 아니라 신앙 생활의 실천적인 교훈을 조화롭게 가르쳐 주고 있는 보배로운 책이다.

1. 칭의(1-5장)

복음은 하나님의 아들 예수님이 다윗의 혈통을 따라 나셨고, 죽은 자 가운데서 부활하셨다는 사실에 근거를 둔다. 예수 그리스도로 말미암아 은혜와 사도의 직분을 받은 바울은 할 수 있는 대로 로마에 있는 성도들에게도 복음을 증거하기 원했다. 바울은 먼저 복음의 정의를 내린 후 복음의 능력과 필요성을 말한다. 복음의 필요성을 말함에 있어서 가장 심각한 것은 죄 문제이다. 이방인들은 하나님을 부정하고 헛된 것을 섬겼다. 이로써 육신의 정욕을 따라 사는 짐승 같은 존재로 전락하고 말았다(1장).

유대인들은 하나님을 알고, 율법을 알지만 행하지 않고 형식만을 자랑하는 위선의 죄를 범했다(2장). 이방인이나 유대인이나 다 이처럼 죄를 범했기 때문에 심판에 이를 수밖에 없다. 그러나 오직 예수님의 피를 믿음으로 죄 사함 받고 구원에 이르게 되었다(3:25). 믿음의 조상 아브라함도 믿음으로 의롭다 함을 받은 사람이다(4:11). 한 사람 아담을 통해서 죄가 세상에 들어왔듯이, 한 사람 예수 그리스도를 통해서 많은 사람들이 의롭다 하심을 받고 생명에 이르게 되었다. 예수님 때문에 우리는 하나님과 더불어 화평을 누리게 되었다(5장).

2. 성화(6-8장)

예수님을 믿는 사람은 예수님과 더불어 죽고, 예수님과 연합하여 산 자이다(6:5). 그러므로 이제는 몸의 사욕을 따라 살 것이 아니라 의의 무기로 살아야 한다(6:13). 구원 받은 백성은 죄의 종에서 해방되어 의의 종이 되어야 한다(6:19). 우리가 그리스도와 연합할 때 율법에서 해방된다. 그러나 우리가 영의 새로운 것으로 하나님을 섬기는 자가 되었지만 우리 안에는 죄의 소욕이 살아 꿈틀거리고 있기 때문에 갈등하게 된다. 이때 우리는 우리의 의지가 아니라 예수 그리스도의 십자가 복음을 붙들고 죄에서 건짐을 받을 수 있다(7장).

예수 그리스도 안에 있는 자에게는 정죄가 없고 해방의 기쁨을 누리게 된다(8:1). 구원 받은 후에 성화로 인도하는 힘은 생명의 성령의 법이다(8:2). 율법은 철도의 선로와 같다. 그러나 열차가 선로를 달리게 하기 위해서는 힘을 제공해야 하는데 그 힘의 제공처가 성령이다. 이제 우리는 영으로써 몸의 행실을 죽이고 성령의 인도함을 받을 때 성화되어 갈 수 있다. 우리는 더 이상 육체를 따라 살아서는 안 되고 그리스도를 죽은 자 가운데서 일으켜 세우신 하나님의 성령을 따라 살아야 한다(8:13). 우리는 하나님을 아버지로 부르는 자녀가 되었기 때문에 자녀 된 자의 축복을 적극적으로 누릴 수 있다(8:15). 우리는 성령께서 내 안에서 우리를 대신해서 간구하고 계신다는 사실을 알아야 한다. 하나님은 우리를 부르시고, 의롭다 하시고, 영화롭게 하신다(8:30). 이 하나님의 사랑을 확신할 때 우리는 죄의 소욕을 이길 뿐만 아니라 어떤 시련도 이겨내는 승리자의 삶을 살 수 있다(8:37).

3. 이스라엘 회복의 소망(9-11장)

하나님은 이스라엘 백성들을 주권적으로 선택하셨다. 그러므로 구원은 하나님의 주권과 긍휼하심으로 말미암아 이루어진다(9:18). 바울은 행위에 근거하여 의롭게 되고자 하는 것의 무익함을 강조하면서 오직 믿음으로만 구원에 이를 수 있음을 강조한다. 하나님은 유대인뿐만 아니라 이방인들도 누구든지 예수님을 믿어 구원받고 하나님의 자녀가 되기 원하신다(10장). 하나님은 이방인들을 구원하심으로 유대인들로 하여금 시기 나게 해서 유대인들도 다 구원받고 하나님의 자녀가 되기를 원하신다. 그러므로 이방인 신자들도 자랑하지 말아야 한다. 그들은 돌감람나무였는데 참감람나무에 접붙임 바 되었다(11장). 이 하나님의 구원의 도리와 방법은 너무나 깊고도 심오하다(11:33).

4. 교회 생활과 사회생활(12-16장)

구원 받은 성도들은 자신을 거룩한 산제사로 하나님께 드리기를 힘써야 한다(12:1). 성도들은 지체 의식을 가지고 각자의 장점을 존중해야 한다. 한 몸에 다양한 지체가 있듯이, 한 교회 안에 다양한 은사가 있을 수 있다. 서로가 교만한 마음을 버리고 사랑하며 겸손히 섬길 때 아름다운 성령의 공동체를 만들 수 있다(12장). 신자들은 반국가적, 반사회적 자세를 가질 것이 아니라 온전한 시민으로서의 의무를 다해야 한다. 이웃을 사랑으로 대해야 한다. 또한 시대를 분별하여 밤이 깊고 낮이 가까웠기 때문에 어둠의 일을 벗어 버리고 빛의 갑옷을 입어야 한다. 세속 문화를 멀리하고 예수 그리스도로 무장한 삶을 살기에 힘써야 한다(13장).

연약한 자들을 업신여기지 말고 서로 덕을 세우기에 힘을 써야 한다. 그리스도께서 대신하여 죽으신 형제를 음식으로 망하게 해서는 안 된다. 하나님 나라는 먹고 마시는 음식 문제, 율법 문제에 얽매이지 않는다. 오직 성령 안에서 의와 평강과 희락을 추구해야 한다(14장). 바울은 자신이 이방인의 복음 역사를 위해서 부르심을 받은 제사장임을 자랑스럽게 생각한다. 예루살렘에서 일루리곤까지 복음을 전한 바울은 이제 서바나까지 가서 복음을 전할 포부를 밝힌다. 바울은 마게도니아 성도들이 모금한 헌금을 예루살렘 성도들에게 잘 전달할 수 있도록 로마 성도들에게 기도 부탁을 하고 있다(15장).

로마에 있는 동역자들(26명), 한 사람 한 사람의 이름을 거명하며 문안하는 모습 속에서 바울의 섬세한 목자의 사랑을 엿볼 수 있다. 그의 문안 인사 속에 가정 교회에 대한 언급이 있는 것을 볼 때 로마 교회는 가정 교회 형태였음을 알 수 있다(16:5). 결론적으로 바울은 자신에게 계시된 복음이 완전히 새로운 것이 아니라, 영원전부터 감추어졌다가, 구약의 선지자들로 말미암아 기록되었고, 마침내 온 세상 만민을 위해서 선포된 예수 그리스도의 진리임을 증거한다(16장).

7. 고린도전서: 사랑으로 온전케 되는 하나님 나라

교회 문제에 대한 책망

1. 교회 분쟁
2. 하나님의 지혜
3. 성전 된 성도
4. 그리스도의 사도
5. 음행 문제
6. 송사 문제

교회의 질문에 대한 답변

7. 혼인 문제
8. 우상 재물
9. 사역자 권리
10. 우상 숭배 경고
11. 바른 성찬
12. 은사 문제
13. 사랑은……
14. 예언과 방언
15. 부활
16. 헌금

요절, 고린도전서 1:24 "오직 부르심을 받은 자들에게는 유대인이나 헬라인이나 그리스도는 하나님의 능력이요 하나님의 지혜니라."

고린도 교회는 사도 바울이 2차 전도 여행 때 1년 6개월 동안 머물면서 개척한 교회이다. 바울은 에베소에 머물면서 고린도 교회에 대한 여러 가지 문제점에 대해서 듣고 고린도전서를 쓰게 되었다. 고린도는 해변에 위치한 상업 도시로서 물질적이고 음란한 곳이었다. 이들은 그리스 로마 신화에 나오는 신들을 숭배하기도 하였고, 철학적 종교를 신봉하기도 하였으며, 각종 신비적 밀교들을 숭상하였다. 아프로디테 신전에는 천 명의 창녀들이 있었을 정도로 타락한 곳이었다.

또한 고린도 교회는 처음에 바울이 개척하였지만 그 교회를 확장하고 성장시키는 데 기여한 사람은 아볼로였다. 두 사람은 사역의 방법이 달랐기 때문에 교회 내에 자기들이 좋아하는 지도자를 중심으로 갈등 현상이 나타나게 되었다. 또한 육체를 경시하고 영혼만을 중시하는 헬라 이원론 사상이 들어와서 육체의 욕망을 따라 사는 것에 대해서 문제의식이 없는 자들이 있었다. 반대로, 결혼과 부부 관계를 죄악시하는 극단적 금욕주의자들도 생겨났다. 또한 육체의 부활을 부정하는 자들이 생겨났다. 그 외에도 제사, 송사, 근친상간, 은사, 음행, 성찬, 헌금, 우상 제물 먹는 것 등 다양한 문제가 있었다. 여기에 대해 바울은 그들의 죄악된 면을 책망하고, 바른 신자의 삶과 교리에 대해서 권면하고 있다.

이 책은 교회 안에서 발생할 수 있는 문제를 가장 섬세하게 기록하고 있다. 바울은 각종 문제를 논의하고 권면하는 데 있어서 근본적으로 십자가의 도를 강조하고 있다. 바울은 인간의 지혜를 강조함이 십자가를 헛되게 하는 것이라고 말한다(1:17). 바울은 십자가 외에는 아무것도 알지 않기로 작정하였다(2:2). 예수님의 십자가 때문에 우리는 예수님의 것이요, 성령의 전이다. 그러므로 우리는 부르심에 합당하게 살아야 하며, 우리 몸으로 하나님께 영광을 돌려야 한다. 십자가를 믿는 믿음은 사랑과 더불어 역사해야 하고, 그 사랑은 질서 있게 행해져야 한다.

교회 내의 분열을 막기 위해서 바울은 교회의 하나 됨을 강조하고 있다. 은사를 사용하는 데 있어서나 성찬을 하는 데 있어서도 자신을 자랑하기보다 사랑과 연합, 교회 공동체를 세우는 일에 힘쓰도록 권면한다. 교회는 다양성을 인정하면서도 일치와 연합을 유지하여야만 한다. 경건함과 더불어 사랑이 풍성해야 한다. 고린도는 당시 로마제국의 죄악의 중심지였다. 고린도의 타락상과 교회의 문제점은 오늘날 현대 교회에도 재현되고 있기 때문에 이 책은 오늘날 현대 교회에도 많은 도움이 된다.

1. 교회 문제에 대한 책망(1-6장)

고린도 교회 성도들은 언변과 지식을 자랑하였다. 또한 자신이 따르는 지도자를 중심으로 파당을 이루고자 하는 분파주의가 형성되고 있었다. 그러나 바울은 구원이 인간의 지식이나 개인의 리더십으로 되는 것이 아니라 오직 예수 그리스도의 십자가의 능력으로 된다는 것을 강조한다. 아덴에서 철학적인 설교를 전했던 바울은 고린도에서는 말과 지혜의 아름다운 것이 아니라 그리스도의 십자가 복음 진리만을 증거하기 원했다. 구원의 역사도 전도의 미련한 것으로 이루어짐을 강조한다(1장).

하나님의 지혜는 이 세상 지혜와 다르기 때문에 인간의 이성으로 알 수 없고 성령으로만 깨달아 알 수 있다(2:10). 고린도 교인들은 사람을 중심으로 분파를 이루고자 하지만 모두 다 하나님의 것이요, 경쟁 상대가 아니라 하나님의 동역자들이다. 그들은 하나님의 성령이 거하시는 하나님의 성전이기 때문에 함부로 더럽혀서는 안 된다(3장). 그들은 그리스도의 일꾼들이요 하나님의 비밀을 맡은 자들이기 때문에 충성스럽게 사명을 감당해야 한다. 바울은 만물의 찌끼가 될 정도로 그들을 섬겼건만 그들은 스스로 왕 노릇하고 있는 것에 대해서 바울은 안타까워한다. 바울은 아비의 마음으로 이들을 훈계한다. 하나님 나라는 말에 있지 않고 능력에 있다(4장). 바울은 고린도 교회 가운데 있는 음행(근친상간)을 책망하며, 악한 누룩을 제거하도록 강력하게 권면한다. 이런 자들과는 사귀지도 말고 내쫓도록 경고한다(5장). 바울은 고린도 교회 성도들 간에 소송하지 말고 화목할 것을 권면한다. 그렇게 하지 않을 때 세상 사람들로부터 판단을 받기 때문이다. 창기와 합한 자가 되지 말고 주님과 합하는 성령의 전이 되어야만 한다. 그것이 주님의 피값으로 사신 바 된 은혜를 감당하는 길이다(6장).

2. 교회의 질문에 대한 답변(7-16장)

바울은 결혼을 반대하지 않는다. 각자의 은사에 기초해서 결정하도록 한다(7장). 우상에게 바쳐진 음식을 먹는 것은 죄가 아니다. 단지 음식을 먹는 자유조차도 형제를 실족하게 할 수 있다면 아예 먹지 않겠다고 한다. 신자의 자유는 자신을 과시하는 데 사용되어서는 안 되고, 다른 사람에게 덕을 끼치는 일에 사용되어야만 한다(8장). 바울은 자신의 사도직을 변호하는 동시에 자신이 사도로서 얼마든지 물질 지원을 받을 수도 있지만 복음에 장애가 되지 않도록 자비량하겠다고 선언한다. 그는 모든 사람에게 자유롭지만 아무쪼록 몇 사람이라도 얻기 위해서 여러 사람에게 여러 모양이 되었다. 그는 썩지 않을 면류관을 얻기 위해서 모든 일에 절제하는 삶을 살았다(9장).

바울은 구약의 역사적 교훈을 들어 우상 숭배와 음행에 빠지지 않도록 권면한다. 우상 숭배는 귀신과 교제하는 것이기 때문에 피해야 한다. 우리는 그리스도의 피에 참여하는 자라는 사실을 명심해야 한다(10장). 성찬은 예수님이 피로 세운 언약을 기념하는 것이기 때문에 성찬을 행할 때는 먼저 겸손하게 자신을 살펴야 한다. 애찬을 나눌 때도 타인을 고려해야 한다(11장). 성도 간에 서로 다양한 은사를 존중하고 서로를 사랑하기에 힘써야 한다. 은사를 주시는 성령님은 한 분이시기 때문에, 지체 의식을 가지고 교회의 유익을 위해 은사를 사용해야 한다. 몸의 각 지체가 서로 연결되어 있는 유기체이듯이 교회도 성도들이 서로를 귀히 여기고 동역해야 한다(12장).

고린도 성도들이 가장 사모해야 할 은사는 사랑이다. 사랑이 결여된 은사는 무의미하며 오히려 교회를 시끄럽게 하는 꽹과리가 될 수 있다. 사랑은 모든 것을 다 품는 최고의 은사이다(13장). 은사를 사용함에 있어서 자신을 자랑하기 위해서가 아니라 교회의 덕을 세우는 대전제하에서 이루어져야 한다. 하나님은 화평의 하나님이시기 때문에 질서 있게 은사를 경영해야만 한다(14장). 그리스도의 부활은 영만이 아니라 육체의 부활도 포함한다. 바울은 부활 신앙이 투철했기 때문에 모든 사람보다 더 헌신하고 충성했으며, 날마다 죽는 자세로 살았다. 부활 신앙이 있을 때 두려움을 이기고, 현실의 유혹을 이기고 소망 가운데 살 수 있다(15장). 바울은 각 사람을 문안하면서 깨어 믿음에 굳게 서서 강건할 것을 주문한다(16장).

8. 고린도후서:
고난도 기뻐하는 하나님 나라 백성

복음사역에 대한 설명과 권면

1. 여정 변경
2. 그리스도의 향기
3. 그리스도의 편지
4. 질그릇 속의 보배
5. 새 피조물
6. 바울의 환난
7. 신령한 근심
8. 헌금의 의미
9. 헌금의 축복

자신의 사도직에 대한 변호

10. 사도직 변호
11. 사도권 변호
12. 약함 자랑
13. 축도

요절, 고린도후서 12:10 "그러므로 내가 그리스도를 위하여 약한 것들과 능욕과 궁핍과 박해와 곤고를 기뻐하노니 이는 내가 약한 그 때에 강함이라."

바울은 고린도전서를 쓴 후 약 1년 후에 고린도후서를 썼다. 고린도 성도들을 향한 바울의 진의를 오해하고 있는 자들이 있었기 때문에 이들을 설득하고자 하였다. 고린도후서는 고린도전서와 달리 교리적인 가르침이나 교회 문제를 다루지 않고, 바울의 사도권에 대해서 이의를 제기하는 고린도 교인들을 향해서 바울이 자신의 사도권을 변호하는 편지이다. 이를 위해서 바울은 자신이 복음을 전하기 위해서 얼마나 수고하고 많은 고난을 감당했는가 하는 것에 대해 고난 목록을 의도적으로 네 번이나 적고 있다(1, 6, 11, 12장).

바울은 자신의 영광스러운 사도직을 강조하기 위해서, 새 언약의 일꾼으로 표현하고 있다. 또한 모세의 영광과 그리스도의 영광을 비교하고 있으며, 사도 된 자신의 영광도 여기에 연결시키고 있다. 어떤 자들이 바울의 영성을 문제 삼자, 그는 할 수 없이 삼층천에 갔다 온 자신의 경험을 이야기하고 있다. 그러나 이것조차도 자기를 자랑하고자 함이 아니요, 연약한 자를 들어 쓰시는 주님의 은혜를 자랑하고자 함이었다. 바울은 자신에 대해 오해하는 고린도 교회 성도들로 인해서 근심했지만 끝에는 감사로 충만하며 위로의 하나님을 찬양한다.

이 서신은 바울의 인간적인 면모가 가장 잘 나타나 있어서 '눈물의 편지' 로도 불린다. 바울의 목회적 고뇌와 심정을 표현하는 과정에서 바울은 31회에 걸쳐서 자신을 자랑하고 있다. 또한 시련을 당하고 있는 예루살렘 교회를 위한 헌금을 독려하고 헌금에 대한 바른 자세를 가르치고 있다.

1. 복음사역에 대한 설명과 권면(1-9장)

바울은 고난의 때에 위로를 주시는 하나님을 찬양한다. 바울에게 임한 고난은 힘에 겹도록 심하여 살 소망까지 끊어질 지경이었다. 이런 환난으로부터 그를 구원하시고 위로해 주신 하나님을 찬양한다. 바울의 고린도 교회 방문 계획이 변경된 이유는 그들을 아끼기 때문이었다(1장). 바울은 자신을 신랄하게 비판하고 자신의 마음을 아프게 한 무례한 일부 고린도 교인들을 만나서 혹독하게 대하면 상처를 받을까 봐, 고린도 교회를 방문하는 대신에 편지를 써 보낸 것이다. 바울은 자신이 그리스도의 종이요, 향기로서 순전하게 하나님의 말씀을 전하는 자임을 천명한다(2장). 바울은 자신이 열두 사도는 아니지만 하나님으로부터 세우심을 받은 새 언약의 일꾼임을 강조한다. 그 증거는 바로 고린도 교회 성도들이다.

바울은 자신의 직분을 모세의 직분에 비교하면서 영의 직분의 영광스러움을 역설한다(3장). 바울은 자신이 영의 직분을 수행하는 하나님의 종이기 때문에 낙심하지 않고 복음을 전한다고 말한다. 우리 신자들은 질그릇처럼 보잘것 없는 존재들이다. 그러나 우리 안에 보배 되신 예수님이 계시기 때문에 소망이 있다(4:7). 또한 부활 소망이 있기 때문에 하나님의 영광을 위하여 사역을 감당할 수 있다(4장).

이 세상의 것들은 장막처럼 무너지게 되지만 우리의 속사람은 그리스도 안에서 새것이 된다. 누가 알아주지 않아도 바울에는 그리스도의 강권하는 사랑이 있기에 열정적으로 사도직을 수행한다(5장). 바울은 고린도 성도들이 마음을 넓혀서 자신을 그들의 영적 아버지로 영접해 줄 것을 촉구한다(6장). 바울은 순수한 자신의 마음을 열어 보이면서 자신과 화목할 것을 요청한다. 바울의 두 번째 편지와 디도의 방문으로 고린도 교회 성도들은 마음이 많이 누그러졌다(7장).

바울은 당시 환난을 당한 팔레스타인 교회를 위한 구제 헌금 사역에 고린도 교회 성도들이 적극적으로 참여해 줄 것을 권면한다. 예수님의 은혜는 한없이 부요하신 분이지만 우리를 위해서 스스로 가난하게 되셨다는 것이다. 이 은혜에 동참하기 위해서 헌금할 것을 요청한다(8장). 상대적으로 가난했던 마게도니아 성도들은 힘에 지나도록 약정하고 미리미리 준비했건만 고린도 성도들은 준비가 부족하였다. 헌금은 단지 헌신의 개념을 지나서 하나님 나라 축복을 위한 투자의 개념을 가지고 드리라고 권면한다(9장).

2. 자신의 사도직에 대한 변호(10-13장)

바울은 자신의 대적자들이 예수님의 영적 권세 앞에 굴복할 것을 권면한다. 어떤 유대인들이 고린도 교회에 침투하여 이단적인 사상을 전하며 바울을 비난하였는데, 바울은 자신의 사역의 동기가 순수하였으며 하나님이 부여하신 사도권을 가지고 일한다고 주장한다(10장). 바울은 그 대적자들이 고린도 교인의 마음을 미혹하여 부패하게 할까 염려하고 있다. 광명의 천사로 가장하여 성도들을 속이는 사탄의 일꾼들을 경계하고 있다. 바울은 여러 인간적인 측면을 자랑할 수 있지만 오히려 자신이 복음을 전하면서 당한 고난과 육체적 연약함을 자랑한다(11장).

어떤 자들은 바울의 영성을 의심했지만 실상 바울은 삼층천을 경험했을 만큼 영적인 체험이 풍성했던 자였다. 그러나 그것조차도 자신의 이름을 거명하길 꺼려하여 암시적으로 적고 있다. 하나님은 바울에게 육체의 가시를 주셔서 자고하지 않게 하셨으며, 그 사람이 연약할 때 오히려 그리스도의 은혜와 능력이 임하여 우리가 강해질 수 있음을 강조하고 있다. 그러므로 바울은 주님의 은혜로 자족하였다(12장).

바울은 범죄자들에 대해서 엄히 경고한다. 예수님도 약하심으로 십자가에 못 박혀 죽으셨지만 하나님이 부활의 능력으로 살리셨기 때문이다. 우리는 진리를 거슬러서는 안 되고 진리를 위하고 진리를 세우는 자가 되어야만 한다. 바울은 이들을 넘어뜨리기 위해서가 아니라 세우기 위해서 성삼위 하나님의 이름으로 축복한다(13장).

9. 갈라디아서:
하나님 나라 복음의 자유

바른 복음

1. 복음의 신적 기원
2. 오직 믿음
3. 율법과 믿음
4. 약속의 자녀

바른 신앙생활

5. 성령을 따라 살라
6. 성령으로 심음

요절, 갈라디아서 5:1 "그리스도께서 우리를 자유롭게 하려고 자유를 주셨으니 그러므로 굳건하게 서서 다시는 종의 멍에를 메지 말라."

갈라디아서는 AD 55년경 마게도니아나 에베소에서 바울이 3차 전도 여행 중에 기록한 것으로 추정된다. 바울은 본래 1차 전도 여행 때 비시디아 안디옥, 이고니온, 루스드라, 더베 등 갈라디아 지방을 전도하였다. 갈라디아 교회에는 유대 율법주의자들이 들어와서 "복음은 초보이며 불완전하기 때문에 이방인으로서 그리스도인이 된 사람일지라도, 완전한 구원에 이르기 위해서는 할례를 받아야 하고 율법을 지켜야 한다"고 주장하였다. 또 갈라디아 교회가 사도 바울에 대해 존경과 사랑의 마음을 가지고 있는 것에 대해 시기하여 바울의 사도권에 문제를 제기하기까지 하였다.

여기에 대해서 바울은 구원은 믿음으로 얻는 것이기 때문에 할례는 불필요한 것이며, 다시 할례를 받는 것은 다시 죄의 멍에를 매는 것이라고 역설한다. 성도들은 오직 예수 그리스도를 믿음으로만 의롭게 된다는 것을 가르친다는 점에서 '소 로마서' 로 불린다. 이 믿음은 단순히 지식적이고, 수동적인 믿음을 의미하는 것이 아니다. 우리가 예수님을 믿음으로써 그리스도가 우리 안에 살고, 성령의 능력으로 사는 것을 말한다. 또한 그리스도가 주는 자유를 누리며, 육체와 함께 정과 욕심을 십자가에 못 박는 것을 의미한다. 적극적으로 성령의 열매를 맺으며, 사랑으로 역사하는 행동하는 믿음을 의미한다. 바울은 자신의 사도권이 예수 그리스도로 말미암아 된 것임을 강조한다. 바울은 또한 안디옥에서 베드로 사도를 책망한 일을 기록함으로써, 자신의 사도권을 입증할 뿐만 아니라 이방인들에게 율법을 강요할 필요가 없음을 역설한다.

루터는 갈라디아서를 '나의 사랑하는 서신' 으로 부를 만큼 갈라디아서에 대한 강한 애착을 나타냈다. 율법으로 말미암은 것이 아니라 믿음으로 구원에 이른다는 진리가 갈라디아서에 강력하게 나타나기 때문이다. 또한 그는 율법에 연연했던 베드로와 그를 책망한 바울의 관계를 교황주의자와 루터 자신에게 대비하는 면모를 보이기까지 했다. 바울은 복음 안에 있는 자유함을 빼앗고자 하는 율법주의자들을 경계함으로써, '다른 복음' 을 따르지 말고, '바른 복음' 을 수호하도록 권면한다. 갈라디아서는 '복음의 자유 대헌장' 으로 불리며, 그리스도인으로서 자유를 누리는 비결을 가르쳐준다. 그러나 성도에게 있어서 자유의 복음은 방종을 위한 것이 아니기 때문에 적극적으로 성령을 따라 행할 것을 가르친다. 우리 신자들은 주님의 은혜에 감격하여 육신의 욕망을 십자가에 못 박고, 성령의 지배를 받을 때 진정한 자유인으로 살 수 있다.

1. 바른 복음(1-4장)

1-4장은 이신칭의 사상을 가르치는 교리 편이라고 할 수 있다. 당시에 바울의 사도권에 대해 이의를 제기하는 자들이 있었지만, 바울은 예수님의 계시로 복음 전파의 사명을 받았기 때문에 사도권에 문제가 없음을 주장한다. 바울은 그리스도의 은혜를 너무 빨리 떠나 다른 복음을 따르는 자들을 이해할 수 없었다. 바울은 예수 그리스도의 계시로 인한 복음이 아닌 다른 복음을 전하는 자들은 저주를 받을 것이라고 경고한다. 바울은 회심 이전에는 율법을 고수하고 열심을 내었으며 교회를 박해하던 자였다. 그러나 하나님의 부르심을 받아서 율법주의를 버리고 복음 전파에만 주력하게 되었다(1장).

바울은 가만히 몰래 들어와서 복음의 진리를 훼손하는 율법주의자들을 도저히 용납할 수 없었다. 심지어 이방인과 함께 식사하던 베드로가 율법적인 유대인들에게 비난받을까 두려워서 조용히 피했을 때도 용납할 수 없어서 그를 책망했다. 바울은 그만큼 복음 진리를 고수하는 것에 대해서 철저했다. 우리는 오직 예수 그리스도를 믿음으로써만 의롭게 되었고, 율법에 대해서는 그리스도와 함께 십자가에 못 박혀 죽은 바 되었다. 만약에 우리가 율법으로

의롭게 된다면 그리스도께서 헛되이 죽은 것이 된다. 우리는 오직 내 안에 그리스도께서 사시기 때문에 예수님만을 믿고 자랑하는 것이 옳다(2장).

우리가 성령으로 시작했다가 육체로 마칠 수는 없다. 예수님의 보혈의 능력을 믿고 믿음으로 구원받았는데 다시 과거 율법 신앙으로 돌아가는 것은 있을 수 없는 일이다. 율법으로 의롭게 될 수 없고 의인은 오직 믿음으로 사는 자이다. 율법은 우리를 그리스도에게로 인도하는 초등 교사일 뿐이다. 신자들은 오직 믿음으로 말미암아 하나님의 자녀가 되었다는 자부심을 가지고 살아야 한다(3장).

율법은 그리스도가 오실 때까지만 효력이 있었다. 이제 때가 차서 하나님의 아들이 오셨고, 우리는 율법에서 속량함을 입어서 장성한 하나님의 자녀가 되었기 때문에 율법의 종으로 살 것이 아니라 하나님의 유업을 이어받을 자녀로 살아야 한다. 바울은 복음의 기초가 약한 자들 속에 그리스도의 형상이 이루기까지 다시 해산의 수고를 감당하고자 결단한다(4장).

2. 바른 신앙생활(5-6장)

5-6장은 믿음에 기초한 삶의 실천적 측면을 다루고 있다. 그리스도께서 복음으로 우리에게 자유를 주셨기 때문에 다시 율법의 멍에를 메지 말아야 한다. 율법주의를 강조하는 자들은 누룩과 같은 자들이기 때문에 철저히 경계해야 한다. 그러나 다른 극단에 치

우쳐 자유를 남발하는 자가 되어서는 안 되고, 주님이 주신 자유를 가지고 적극적으로 사랑을 실천하기에 힘써야 한다. 우리는 오직 복음과 함께 성령에 매인 바 된 삶을 살아야 한다. 육체의 욕심을 이길 수 있는 비결은 율법적인 삶이 아니라 성령을 따라 사는 삶이다. 그때 성령의 아름다운 열매를 맺게 된다. 우리가 그리스도의 통치와 성령의 지배를 받아 사는 삶이 바로 하나님 나라 백성으로 사는 법이다(5장).

신령한 자는 성도들을 서로서로 돌아보고 짐을 나누어 지는 자이다. 타인에 대한 사랑과 관심을 가지고 섬기되 낙심하지 않으면 때가 되면 반드시 열매를 맺게 된다. 할례주의자들이 다시 율법으로 돌아가고자 하는 이유는 예수님의 십자가로 말미암아 받게 되는 박해를 면하기 위한 것이 주된 이유이다. 바울은 다시 한번 예수님의 십자가만을 자랑하고자 결심한다. 할례와 율법은 중요한 것이 아니며 주님의 능력으로 거듭난 것이 중요할 뿐이다. 그리스도께서 우리를 위해서 십자가에 못 박혔듯이, 우리도 세상에 대해서 자신을 못 박는 자세로 살아야 한다. 우리 안에는 예수 그리스도의 십자가의 흔적이 새겨진 자들이기 때문이다.

바울은 갈라디아 성도들을 어찌하든지 십자가 복음 진리로 인도하고자 생명을 걸고 있으며, 오직 십자가의 복음에 매인 바 된 삶을 살고자 몸부림치고 있다. 또한 예수님의 십자가 도를 실천하며 성령에 매인 바 된 삶을 살고자 하는 강렬한 열정을 엿볼 수 있다. 하나님은 독생자 예수님 안에서 새 창조를 이루어 가신다(6장).

10. 에베소서:
하나 됨을 지향하는 하나님 나라

영광스러운 교회

1. 예정과 선택 2. 유대과 이방의 연합 3. 중보 기도

영광스러운 신자의 삶

4. 영적 연합 5. 성령 충만 6. 영적 전투

요절, 에베소서 4:3 "평안의 매는 줄로 성령이 하나 되게 하신 것을 힘써 지키라."

에베소서를 비롯해서 4개의 옥중 서신은 예수님의 인격과 사역을 교회와 신앙생활에 연계해서 가르쳐 주고 있다. 에베소서는 그리스도가 교회의 머리가 되심을, 빌립보서는 그리스도가 화합의 근원이 되심을, 골로새서는 그리스도가 만물의 으뜸이심을, 빌레몬서는 그리스도가 성도간에 형제 되게 하시는 분임을 가르쳐 준다. 에베소는 바울이 2차 전도 여행 때 그곳을 경유했고, 3차 전도 여행 때 3년 동안 이 도시에 머물면서 눈물과 겸손으로 개척을 하였다. 특히 두란노 서원에서의 제자 양성 역사는 가장 모범적인 사역이었다.

바울이 에베소 교회에 얼마나 애착을 가졌는가 하는 것은 그가 3차 전도 여행 후 밀레도에서 장로들을 모아놓고 한 그의 마지막

권면에 잘 나타나 있다. 또한 그의 수제자인 디모데를 파송해서 에베소 교회를 섬기도록 한 것에도 잘 나타나 있다. 바울은 로마에서 죄수의 몸으로 이 서신을 집필하였다.

당시 에베소 교회를 비롯해서 소아시아에 여러 교회들에는 여러 가지 문제들이 대두되었다. 구약과 신약의 상관관계, 율법과 복음과의 관계, 유대인과 이방인의 관계 등 해결되어야 할 갈등 요소가 많이 있었다. 또한 유대 율법주의와 영지주의는 교회에 큰 도전이 되었다. 부패한 헬라 문화도 교회에 침투해서 성도들에게 심각한 윤리적 문제를 야기하고 있었다.

당시 에베소 교회 내에 유대인과 이방인들 사이의 갈등도 문제였다. 그래서 바울은 에베소서를 통해 바른 교회관을 심어주기 원했다. 교회에 대한 바른 교리, 즉 교회의 근원, 교회를 설립하신 하나님의 목적, 교회의 본질에 대해 가르쳐 주기를 원했다. 또한 교회 구성원들 간에 갈등의 벽을 허물고 하나 될 것을 권면하고 있다. 개인적인 신앙생활의 원리와 실제적인 삶에 대해서도 조언하고 있다. 바울은 교회란 그리스도를 머리로 한 하나의 공동체임을 강조한다.

에베소서에는 '그리스도 안에서' 라는 단어가 35회나 나온다. 이는 그리스도가 교회의 머리가 되신다는 것과 교회는 그리스도의 몸이 된다는 사실을 강조하기 위한 것이었다. 그리스도인은 창세전부터 그리스도 안에서 하나님으로 인해 선택을 받았고, 그리스도로 인해 구원을 받았고, 성령의 인치심으로 새롭게 지으심을 받았다. 구원의 시작부터 끝까지 오직 그리스도 안에서, 그리스도로 말미암았기 때문에 성도들은 그리스도 안에서 성령의 하나 됨을 지키기에 힘써야 한다. 에베소서는 우리가 예수님을 믿고 구원을 얻는다는 것이 얼마나 영광스러운 일인가 강조한다.

하나님의 예정하심과 선택하심으로 구원받은 성도들은 하나님의 영원하신 지혜와 성령의 지배 아래 살아야 함을 가르쳐 준다. 신앙생활은 사탄과의 영적 전쟁이기 때문에 하나님의 전신 갑주를 입고 말씀과 기도 생활에 힘써야 한다. 에베소서는 짧지만 교회 생활과 신앙생활의 다양한 문제를 복음의 원리에 기초해서 심오하게 설명하고 있기 때문에 '바울 서신의 지성소' 라고 불린다.

1. 영광스러운 교회(1-3장)

우리를 향한 구원은 창세전부터 하나님이 예정하셨다. 그러므로 우리에게 주시는 주님의 은혜는 거저 주신 은혜이다. 우리는 그리스도의 피로 말미암아 은혜로 죄 사함을 받았기 때문에 오직 주님의 은혜를 찬송할 뿐이다. 예수님 안에서 우리를 구속하심으로 하늘에 있는 것이나 땅에 있는 것이나 그리스도를 중심으로 만물을 통일하게 하고자 하시는 것이 하나님의 뜻이다. 구원은 삼위 하나님의 독자적이면서도 통일된 연합 사역이다. 그러므로 인간의 지혜로 알 수 없고 하나님이 지혜와 계시의 영을 주셔서 마음의 눈을 밝혀 주셔야만 깨달을 수 있다. 교회는 그리스도의 몸으로서 예수님 안에 있는 풍성한 은혜를 공급받는 기관이다(1장).

우리는 과거에 죄와 허물로 죽었던 자들이었다. 육체와 마음이 원하는 대로 하며 살았던 본질상 진노의 자식들이었다. 그런데 주님의 크신 사랑으로 우리를 구원하시고 그리스도와 함께 살려 주셨다. 우리는 오직 예수님을 믿음으로 말미암아 구원이라는 선물을 받아 하나님의 자녀가 되었다. 이방인들은 본래 그리스도 밖에 있었고 멀리 있었는데 그리스도의 피로 하나님과 가까워지게 되었다. 이 예수님 안에서 이방인이나 유대인이나 동일하게 구원을 받고 하나님 나라에 들어가는 축복을 덧입게 되었다. 십자가는 이방인과 유대인 사이를 가로막는 담을 허물어 주시고 서로 화평하게 하는 권세가 있다. 그러므로 이방인과 유대인이 그리스도 안에서 함께 동일한 시민으로서 교회를 세워 나가기에 힘써야 한다(2장).

바울은 자신이 감옥에 갇힌 것이 이방인을 구원하고자 하시는 하나님의 뜻으로 보고 오히려 감사한다. 이방인이나 유대인이나 성도들은 모두 그리스도 안에서 함께 상속자가 되고, 함께 지체가 되고, 함께 약속에 참여하는 자가 되었다. 이처럼 이방인들도 한 지체가 되어 함께 구원의 축복을 누리는 귀한 사역을 이루시기 위해서 지극히 작은 자신을 불러 쓰신 주님의 은혜를 생각할 때 사도 바울은 너무 감사했고, 이 때문에 자신이 감옥에 갇힌 것에 대해 낙심하지 말 것을 당부한다. 우리를 구원하시고 친히 역사를 이루어 가시는 하나님의 사랑의 넓이와 길이와 높이와 깊이는 측량할 수가 없다. 주님은 우리가 기대하는 것보다 훨씬 더 넘치도록 축복하실 것이기 때문에 하나님께 감사하고 찬양하고 영광을 돌려야 한다(3장).

2. 영광스러운 신자의 삶(4-6장)

신자는 한 하나님 안에서 구원받고 부르심을 받았기 때문에 겸손과 온유와 인내로 서로 용납하고 하나 됨을 지키기에 힘써야 한다. 하나님은 각 사람에게 믿음의 분량대로 은혜와 은사를 주셨는데 그 목적은 그리스도의 몸된 교회를 세우기 위함이다. 그러므로 서로의 직분을 인정하고 존중하며, 머리 되신 예수님을 배우고 그의 장성한 분량에까지 이르고자 힘써야 한다. 모든 악한 것들을 버리고 심령이 새롭게 되어 새사람을 입어야 한다. 사탄은 공동체를 파괴시키고자 하기 때문에 마귀에게 틈을 주지 말고, 성령을 근심케 할 일을 하지 말아야 한다. 성도들 간에 서로 사랑함으로 영접하고 견고한 성령의 공동체를 만들기에 힘써야 한다(4장).

성도들은 이제 하나님의 사랑받는 자녀들이 되었기 때문에 하나님을 본받는 자가 되고 세상의 더럽고 세속적인 것들을 철저히 멀리해야 한다. 이전에는 어둠이었지만 이제는 세상의 빛이 되었기 때문에 빛의 자녀답게 살아야 한다. 영적인 잠에서 일어나 어두운 세상을 밝히기에 힘써야 한다. 때가 악하기 때문에 세월을 아껴서 주의 일에 충성을 다해야 하며, 이를 위해서는 성령의 충만함을 덧입어야 한다. 가정생활에서도 남편이 아내를 사랑하고 아내가 남편을 존중하기에 힘써야 한다(5장).

자녀는 부모에게 순종하고 부모는 자녀를 인격적으로 양육하며, 종들은 주께 하듯 충성하고 성전들은 하늘의 상전 되신 하나님을 기억하고 사랑으로 각 사람을 대해야 한다. 신앙생활은 일생 동안 사탄과의 영적 전쟁이기 때문에 영적으로 무장해야 한다. 하나님의 전신 갑주를 입어야만 한다. 즉 진리, 의로움, 평화의 복음, 믿음, 구원, 하나님의 말씀으로 무장해야 한다. 또한 내적인 힘을 공급받기 위해 기도에 힘써야 한다. 특히 복음의 최전선에서 복음을 전파하는 자들을 위해서 중보 기도에 힘을 기울여야 한다(6장).

11. 빌립보서:
하나님 나라 백성의 기쁨

1. 그리스도 중심의 인생관
2. 그리스도의 마음을 품으라
3. 그리스도를 얻고자
4. 그리스도의 능력

요절, 빌립보서 3:8 "또한 모든 것을 해로 여김은 내 주 그리스도 예수를 아는 지식이 가장 고상하기 때문이라 내가 그를 위하여 모든 것을 잃어버리고 배설물로 여김은 그리스도를 얻고."

빌립보는 바울이 2차 전도 여행 때 개척한 도시로서, 유럽에서 최초로 교회가 설립된 곳이다(행 16장). 바울은 자신이 옥중에 있을 때 빌립보 교인들이 바울을 지원해 주었기 때문에 이에 대해서 감사하는 마음이 많았다. 그러나 빌립보 교회는 훌륭한 장점도 많이 있었지만, 서로 화합하지 못하는 인간 갈등의 문제가 있었다. 그래서 에바브로디도 편에 이 편지를 써서 권면하고 있다. 바울은 이들의 문제를 해결하는 본질적인 방향을 예수 그리스도의 삶에서 찾고 그것에 기초해서 조언하고 있다.

빌립보서에는 '그리스도', '예수'라는 단어가 46회나 나온다. 그는 모든 해결의 열쇠를 그리스도 안에서 찾고 있다. 바울은 자신의 갇힘이 복음의 퇴보가 되지 않고 오히려 진보가 됨을 인해서 하나님께 감사하고 있다. 그는 고난의 때에 오히려 예수님을 생각함으로 더 깊은 믿음의 세계로 나아갔고, 고난을 기쁨으로 승화시키고 있다. 예수님은 우리의 생명이시며(1:21), 모범이 되셨다(2:6-10). 예수님이 우리의 푯대가 되시고(3:14), 능력이 되신다(4:13). 이 예수님을 바라볼 때 우리는 고난 중에서도 기뻐할 수 있다.

빌립보서에는 '기쁨' 이라는 단어가 18회나 나오는 것을 볼 때, 우리는 우리가 처한 상황에 관계없이 그리스도 안에서 진정으로 기뻐할 수 있음을 알게 해준다. 특별히 지극히 높으신 분으로서 가장 낮아지시고 죽기까지 하나님께 복종하신 예수님의 마음을 배울 때 어떤 상황도 초월할 수 있고 기뻐할 수 있다.

빌립보서에서 두드러진 교리적 특징은 예수님의 낮아지심에 대한 교리이다(2:6-11). 인간 타락의 근본 동기는 하나님과 동등하게 되고자 스스로 높아지려는 데 있었다. 그러나 하나님의 아들이심에도 불구하고 스스로 낮아지심으로 예수님은 본을 보이시고 부활의 영광에 이르게 되셨다. 이 예수님을 바라볼 때 현재의 어려움 속에서도 위로가 되고, 소망이 생긴다.

바울은 그리스도를 아는 지식이 가장 고상하기 때문에 인간적인 갈등도 극복할 수 있고, 다툼과 허영을 버리고 합심 동역할 수 있다고 말한다. 세상 미련을 버리고 예수님 자체에 소망을 둘 수 있고, 염려하지 않고 기도할 수 있다고 강조한다. 예수님 안에서 항상 자족하며 범사에 감사함으로 주의 일에 충성할 수 있다는 것이 그의 목회 철학이었다.

1. 그리스도 중심의 인생관(1장)

바울은 빌립보 교회 성도들이 문제가 있고, 심지어 자신을 시기하는 자들도 있었지만 그의 심장으로 사랑하였다. 바울은 감옥에 있지만 그것이 복음의 퇴보가 되지 않고 진보가 됨을 믿었다. 어떤 사람은 바울에 대한 투기와 분쟁으로, 어떤 사람은 착한 뜻으로 복음을 전하지만 결과적으로는 복음이 전파되기 때문에 기뻐한다고 말한다. 바울은 자신이 감옥에서 살아 나갈지 죽어 나갈지 모르는 처지에 있었다.

그러나 그의 간절한 소망은 자신의 안전과 명예에 대한 것이 아니고 그리스도가 존귀하게 되는 것이었다(1:20). 그는 그리스도를 위해서라면 죽을 준비까지 되어 있었다(1:21). 우리는 자신의 유익을 위해서가 아니라 그리스도의 복음에 합당한 삶을 살아야 한다(1:27).

2. 그리스도의 마음을 품으라(2장)

빌립보 교회에는 다툼과 허영의 문제가 있었다. 이로 인해서 하나 되지 못하고 인간 갈등의 어려움을 겪고 있었다. 이에 대해서 바울은 예수님의 마음을 품을 것을 권면한다. 예수님은 하나님과 본체이지만 자기를 비워 종이 되셨다. 십자가에 죽기까지 하나님께 복종하셨다(2:8). 자기를 비우고, 죽기까지 복종하는 자기 부인이 없이는 다툼의 문제를 해결할 수 없다. 바울도 자신을 전제(drink offering)로 드릴 각오를 했기에 인간 갈등의 문제를 뛰어넘을 수 있었다(2:17). 빌립보 교회는 감옥에 있는 바울을 돕도록 에바브로디도를 보냈다. 그러나 그가 위중한 병에 걸리게 되었고 하나님이 긍휼을 베푸셔서 낫게 해주셨다. 바울은 다시 에바브로디도를 돌려보내면서 자기 목숨을 돌아보지 않고 주의 역사에 충성한 에바브로디도를 존귀히 여기도록 권면한다(2:30).

3. 그리스도를 얻고자(3장)

빌립보 교회에는 인간 조건을 신뢰하고 자랑하는 유대주의자들로 인해서 갈등이 있었다. 바울은 그리스도를 아는 지식이 가장 고상하고 여기에 비하면 인간 조건은 배설물과 같다고 말한다(3:8). 그는 그리스도를 얻고, 그 부활의 능력을 체험하는 것에 인생의 목표를 두었다(3:9-10). 그는 그동안 이룬 업적을 다 잊어버리고 하늘의 상급을 푯대 삼고 부단히 달려가는 삶을 살고자 하였다(3:14). 우리 신자들의 시민권은 하늘에 있기 때문에 십자가의 원수로 살아가는 세상 사람들을 본받지 말고 예수님을 소망하며 살아가야 한다.

4. 그리스도의 능력(4장)

바울은 복음의 동역자들을 면류관으로 여기며 그들이 주 안에서 굳게 서기를 권면한다. 빌립보 교회를 받들고 있는 두 기둥과 같은 유오디아와 순두게 두 사람이 불화를 뛰어넘어 서로 하나가 되어서 같은 마음을 품을 것을 조언한다(4:1-2). 인간적으로 갈등하며 염려하기보다는 주 안에서 기뻐하며 기도에 힘써야 한다(4:6). 바울은 가난함과 풍부함이라는 양극단을 다 처해 보았는데 어떤 힘든 환경에 처할지라도 예수님이 주시는 능력으로 말미암아 승리할 수 있었다(4:13). 하나님은 우리의 필요를 아시고 채워주시는 참 아버지이시다. 바울은 자신에게 도움을 준 빌립보 성도들에게 감사하며 그들을 축복한다.

12. 골로새서:
예수님을 뿌리로 하는 하나님 나라

그리스도의 탁월성

1. 만물의 으뜸 2. 지혜의 모든 보화

그리스도인의 탁월성

3. 위의 것을 찾으라 4. 전도의 문

요절, 골로새서 2:9 "그 안에는 신성의 모든 충만이 육체로 거하시고."

골로새 교회는 에바브라가 개척한 교회로 여겨진다(1:7). 골로새는 라오디게아에서 가까운 도시로서 동방의 종교와 상품이 로마로 운송되는 무역로에 위치해 있었다. 골로새 사람들의 선조는 매우 감정적이고 신비적인 자들이었다. 그래서 골로새 교회가 신비주의에 쉽게 미혹되는 경향이 있었고, 금욕주의적 경향을 띠게 되었다. 빌레몬이 골로새 교회의 중요한 인물이었다.

에바브라가 바울을 방문하여 골로새 교회의 여러 가지 문제점을 이야기하자 바울이 문제의식을 가지고 펜을 들었다. 바울은 로마 감옥에 있으면서 골로새 교회에 예수님의 신성을 부인하는 이단들이 들어온 것을 경계하고 이 서신서를 썼다. 그들은 예수님의 십자가만이 아니라 영지주의, 천사 숭배, 율법 수행을 통해서 구원에 이를 수 있다고 주장함으로 복음의 본질을 흐려 놓았다.

여기에 대해서 바울은 그들이 주장하는 바가 단지 세상의 초등 학문에 불과하다는 것과 그리스도의 탁월성과 충분성을 말해 줌으로써 예수님 안에 뿌리를 깊게 내릴 것을 강조한다. 예수님은 보이지 않는 하나님의 형상이요, 만물의 으뜸이시다. 또한 지혜와 지식의 보화가 다 이 예수님 안에 숨어 있다. 그러므로 예수님께 뿌리를 내리고, 하나님 보좌 우편에 앉아 계신 예수님을 추구하며 위의 것을 소망하며 살 것을 강조한다.

그리스도와 영적으로 연합된 삶만이 승리의 삶을 살 수 있는 비결이다. 그리스도는 아담의 범죄 이후에 원수 되었던 하나님과 인간의 관계를 십자가의 사랑으로 화목하게 하신 분이다. 성도들은 예수님과 연합된 삶을 살 때에만 구원에 이를 수 있고 성숙한 신앙의 세계에 들어갈 수 있다. 골로새서는 에베소서와 함께 쌍둥이 서신으로 불린다. 에베소서는 교회의 영광스러움과 교인들의 다양성과 통일성을 강조하는 교회론적인 책이다. 여기에 대해서 골로새서는 그리스도의 위대성과 탁월성을 가르쳐 주는 그리스도론적인 책이다.

1. 그리스도의 탁월성(1-2장)

바울은 먼저 우리를 흑암의 권세에서 건져내서 죄 사함을 통해 사랑의 아들의 나라로 옮기신 주님의 은혜에 감사한다. 예수님은 하나님보다 부족하고 열등한 존재가 아니라, 만물을 창조하신 삼위일체 하나님이시다(1:16). 예수님은 교회의 머리가 되시며, 부활하셔서 새 창조의 중보자가 되신다. 그리하여 장차 그와 함께 부활하실 백성들의 소망이 되시고, 만물의 으뜸이 되신다(1:18). 예수님은 십자가의 피로써 화평을 이루고 만물로 하여금 서로 화목하게 하셨다. 죄 때문에 하나님과 원수 되었던 우리를 예수님의 죽으심으로 말미암아 화목하게 하시고, 우리를 거룩한 자로 세워 주셨다(1:22). 그러므로 각 사람은 그리스도 안에서 완전한 자로 세워질 수 있다(1:28).

예수님 안에 모든 지혜와 지식의 보화가 감추어졌기 때문에 예수님께 뿌리를 박아야 한다(2:3, 7). 그리스도 안에 모든 충만함이 있다. 우리가 그리스도와 연합하게 될 때 그분의 충만함으로 우리가 충만하게 된다. 우리는 할례가 아닌 세례로 그리스도와 연합되었기 때문에 율법주의에 매일 필요가 없다. 우리를 책잡고 불리하게 하는 죄의 빚 문서는 예수님의 십자가로 다 말소시켜 버리셨기 때문에 율법주의가 아니라 십자가 복음을 굳게 붙들어야 한다. 구약의 모든 제도와 절기를 지키는 것 등은 구원의 실체이신 예수님을 위한 그림자에 불과했다. 율법주의와 천사 숭배, 고행 등은 초등 학문일 뿐이다. 복음을 가장한 거짓 영성에 미혹되어서는 안 되고, 오직 머리 되신 예수님과 연결되어서 예수님이 공급하시는 은혜를 덧입어야 한다(2장).

2. 그리스도인의 탁월성(3-4장)

바울은 그리스도 안에서 새롭게 된 사람이 구체적인 삶 속에서 무엇을 추구하며 어떤 삶을 살아야 하는가 가르치고 있다. 그리스도께 속한 자는 땅의 지체를 죽이고 위의 것을 찾는 자이다(3:1, 5). 세상에 사사로운 욕심과 욕망을 벗어 버리고 영적인 탁월성을 추구하는 자이다. 세상에 사욕과 거짓됨과 불의함과 혈기, 감정 등은 하나님의 진노를 불러오는 것들이다.

새 창조를 체험한 자들은 그리스도의 사랑을 받은 자답게 추구하는 것도 영적인 것이어야 한다. 성도 간에 서로 용서하고 사랑하며, 하나님이 주신 은혜를 기억하고 찬양하기에 힘써야 한다. 성도들은 그리스도의 말씀이 풍성히 거하도록 힘써야 하고, 인간관계 속에서도 주께 하듯 해야 한다(3장).

성도들은 세월을 아껴 기도와 전도에 힘을 써야 한다. 전도를 통해서 그리스도의 비밀이 증거되기 때문이다. 바울은 자신이 감옥에 매인 바 된 것조차도 전도의 기회로 생각할 만큼 전도의 열정으로 충만하였다. 우리가 아직 교회에 들어오지 못한 외인들에게 복음을 전하기 위해서는 지혜가 필요하고 그 지혜를 주시도록 기도해야 한다. 우리의 생각과 말이 맛을 내는 소금과 같이 될 때 전도의 효과를 보게 될 것이다. 바울은 편지를 마치면서 사랑하는 동역자들을 문안한다. 특별히 골로새 교회를 세운 에바브라에 대해서는 그들을 위해 항상 애써 기도하는 자로 적극 추천하고 있다(4장).

13. 데살로니가전서:
하나님 나라 백성의 재림 소망

감사와 격려

1. 모범적 교회 2. 하나님 말씀으로 받음 3. 디모데 파송

권면과 교훈

4. 주의 강림 5. 항상 기뻐하라

요절, 데살로니가전서 4:16 “주께서 호령과 천사장의 소리와 하나님의 나팔 소리로 친히 하늘로부터 강림하시리니 그리스도 안에서 죽은 자들이 먼저 일어나고.”

데살로니가는 마게도니아의 수도로서, 남쪽 아가야 지방의 수도 고린도와 대조가 되는 도시이다. 데살로니가는 소아시아 지방과 로마를 연결하는 상업 도시로서 유대인들이 많이 거주하였다. 고린도 교회가 남쪽 헬라의 중심지로서 문제가 많았던 반면에, 데살로니가 교회는 북쪽 헬라의 중심지로서 비교적 믿음이 순수하고 좋은 것으로 알려졌다. 데살로니가서는 바울의 서신 중에 가장 먼저 기록된 서신이고, 비슷한 시기에 갈라디아서가 기록되었다.

바울은 제2차 전도 여행 때 데살로니가 지역을 선교하였고, 핍박 때문에 이곳에 많이 체류하지는 못하였다(행 17장). 때문에 바울은 그들에 대해서 염려가 되었고, 후에 디모데를 보내 그들을 격려

하였다. 또한 교회 형편을 알아 오도록 하였다. 디모데는 비교적 좋은 소식을 가져왔지만 문제점도 있었다. 특히 그리스도의 종말과 재림에 대해서 그릇된 이해를 가지고 있는 자들이 많았고, 주의 재림 시에 이미 죽은 성도들은 어떻게 될 것인가에 대해서 혼돈하는 자들이 많았다. 그래서 바울은 이들이 바른 종말론과 바른 재림 신앙을 갖도록 고린도에서 이 서신을 쓰게 된 것이다.

데살로니가 교회 성도들은 주로 이방인들로 이루어졌는데 바울은 그들에 대한 깊은 애정을 가지고, 사랑과 위로, 칭찬과 격려의 말을 전한다. 또한 핍박으로 인해서 고생하고 있는 그들에게 재림 신앙을 심고자 하였기 때문에, 이 서신은 '바울의 계시록' 이라고도 불린다. 데살로니가전서에는 매 장마다 주님의 재림에 대한 내용이 언급되어 있다. 이 서신은 종말론적인 소망과 함께 성도들에 대한 칭찬과 권면이 많은 비중을 차지한다. 바울은 예수님의 재림이 그 날짜를 예측할 수 없고, 도둑같이 임하실 것이기 때문에 재림에 대한 분명한 확신과 소망을 가지고 깨어 기다릴 것을 권면한다. 재림 신앙을 가진 자들은 천국 소망을 가슴에 품고 거룩한 삶을 살아야 한다. 그리스도의 지체 된 성도들을 위로하고 권면하며, 항상 기뻐하고 감사하며 기도하는 삶을 살아야 한다.

1. 감사와 격려(1-3장)

데살로니가 성도들은 '능력과 성령과 큰 확신으로' 선포된 복음을 영접하였고, 그들은 많은 환난 중에서도 기쁨으로 말씀을 받아들여서 본이 되었다. 그들의 믿음의 소문은 마게도니아와 아가야 지방에 삽시간에 퍼져 나갔다(1장).

바울은 자신이 얼마나 순수한 의도를 가지고 복음을 전했으며, 유모가 자녀를 기르듯이 섬세하게 도왔는가를 고백한다. 바울은 다른 사람들에게 부담을 주지 않기 위해서 자신의 생계를 책임지면서 복음 역사를 섬겼다. 바울은 그들이 복음을 사람의 말로 듣지 않고 하나님의 말씀으로 받은 것에 대해서 깊이 감사한다. 바울은 이들을 소망과 기쁨, 면류관으로 여기고, 그들에게 가서 교제하기 원했지만 여의치 않았다(2장).

그래서 바울 대신 디모데가 갔다 와서 소식을 전해 주었는데 이는 바울에게 큰 위로가 되었다. 바울은 이들의 믿음이 굳건해지도록, 그리고 그들이 재림 신앙을 굳게 붙들도록 주야로 기도하였다. 바울은 주님의 재림 시에 모든 성도들이 흠이 없이 세워지는 것을 기도 제목으로 삼았다(3장).

2. 권면과 교훈(4-5장)

성도들을 향한 하나님의 뜻은 거룩이다. 하나님은 거룩을 위해 우리를 부르셨기 때문에 거룩과 존귀함에 이르도록 힘써야 한다. 성도들은 다른 사람에게 부담을 주어서는 안 되고 자기 할 일에 충실해야 한다. 부활하신 예수님은 반드시 재림하실 것이고, 그때 우리 성도들도 주의 영광에 참여하게 될 것이 분명하다. 죽은 자들이 먼저 일어나고 살아남은 자들도 구름 속에 들려 올라가 공중에서 주님을 맞이하게 된다. 부활 소망이 있는 자들은 환난 가운데서도 서로 위로할 수 있다(4장).

주님의 재림 시기와 때는 하나님만 아시는 비밀이다. 이 일은 도둑같이 임할 것이기 때문에 항상 깨어 정신을 차려야 한다. 영적으로 무장하고 서로 덕을 세우기에 힘써야 한다. 연약한 자들을 서로 붙들어 주며 사랑의 공동체를 만들기에 힘써야 한다. 게으름에 빠져서는 안 되고, 항상 기뻐하고, 쉬지 않고 기도하며, 범사에 감사해야 한다. 성령을 소멸치 않고, 모든 악을 버리고, 주님의 재림 시에 흠이 없도록 영적으로 준비해야 한다(5장).

14. 데살로니가후서:
하나님 나라 백성의 재림 대비

1. 환난 중 인내　　2. 미혹 조심　　3. 게으르지 말라

요절, 데살로니가후서 3:13 "형제들아 너희는 선을 행하다가 낙심하지 말라."

데살로니가전서는 죽은 성도들도 예수님의 재림 시에 부활하게 된다는 사실과 예수님의 재림은 예기치 못한 때에 갑자기 일어난다는 사실을 강조하였다. 그러므로 데살로니가전서의 주제는 재림 소망을 가지고 항상 깨어 준비해야 한다는 것이었다.

그런데 데살로니가전서를 받아 읽은 성도들이 바울의 의도를 오해하여 극단적인 재림론에 빠진 자들이 있었다. 또한 재림 신앙을 빌미로 성도들을 미혹하는 자들도 나타났다. 그리스도의 재림이 이미 이루어졌다고 말하는 자들도 있었고, 재림이 자기 세대에 일어날 것으로 믿고, 현실 도피적인 경향을 보이는 자들이 나타났다. 그래서 바울은 데살로니가전서를 쓴 지 몇 달 후에 다시 편지를 써서 그들에게 건강하고 균형 잡힌 재림 신앙을 갖도록 권면하고 있다.

바울은 거짓 교사들의 열광에 미혹되지 말라고 경고한다. 이들의 미혹에 빠지지 않기 위해서는 주님이 주신 바른 교훈 위에 굳게 서야 한다. 바른 신앙은 극단적인 종말론에 빠져 현재의 삶과 자신의 생업에 무관심하고 무위도식하는 것이 아니라, 언제 재림이 있더라도 성결한 자세로 현재 주어진 사명에 충성하는 것이다. 데살로니가후서는 데살로니가전서의 감사와 칭찬보다는 엄중한 경고가 대중을 이루고 있다.

바울은 예수님이 경고하신 것처럼 종말의 때에 적그리스도들이 출현하여 스스로를 높일 것이며 성도들을 미혹할 것이라고 경고한다. 그러나 이들은 분명히 멸망의 심판을 받게 될 것이다. 데살로니가후서는 예수님의 그리스도 되심을 강조하고 있다. 그래서 데살로니가후서에는 예수님을 22회나 주로 언급하고 있다. 예수님을 그리스도로 바르게 믿고, 그분의 재림을 소망하며, 거룩하고 충실한 삶으로 준비하는 것이 신자의 자세이다.

바울은 데살로니가 교인들이 단기간에 믿음이 성장하고 서로 사랑함이 풍성한 것으로 인해 하나님께 감사한다. 하나님은 하나님의 백성들을 괴롭히는 자들에게 형벌을 내리실 것이다. 주의 백성들은 그의 나라를 위하여 고난을 받을 것이다. 그럴지라도 성도들은 주의 강림의 때 영광 중에 참여하기 위해서 부르심에 합당한 삶을 살기에 힘써야 한다(1장).

그리스도의 재림에 대해서 자기들 나름대로 계시를 받았다느니, 편지를 받았다느니, 주의 날이 이미 이르렀다고 말하는 자들이 있었다. 심지어 자신이 하나님이라고 말하는 적그리스도들까지 있었다. 그러나 그들이 무슨 헛된 말을 하여도 미혹되거나 흔들리지 말아야 한다. 사탄이 악한 자를 통해서 능력과 표적과 거짓 기적을 보일지라도 믿지 말아야 한다. 바른 진리에 굳게 서야 한다. 하나님은 우리를 처음부터 선택하셨고 구원하셨기 때문에 우리를 위로하시고 지키실 것이다(2장).

아무리 대적자들과 미혹자들이 있을지라도 복음의 진보가 있도록 기도해야 한다. 이를 위해서는 하나님의 사랑을 확신하고 인내해야 한다. 당시에 데살로니가 교회에는 극단적인 종말론으로 인해서 현실 생활에 무관심하고 게으름과 무질서 가운데 있는 자들이 있었다. 바울도 재림 신앙이 있었지만 주야로 수고하고 애써서 생활을 하였다. 이는 다른 사람에게 피해를 끼치지 않기 위함이었다. 바울은 일하기 싫어하는 자들은 먹지도 말라고 경고한다. 자기가 해야 할 일을 행하지 않고 일만 만드는 자는 바른 재림 신앙을 가진 자들이 아니다. 재림이 당장 이루어지지 않을지라도 낙심하지 말고 선을 행하기에 힘써야 한다(3장).

15. 디모데전서:
하나님 나라 복음의 기초

바른 교훈

1. 거짓 선생 경고
2. 중보자 예수

바른 직분자

3. 감독과 집사
4. 경건의 유익
5. 잘 다스리는 장로
6. 하나님의 사람아

요절, 디모데전서 3:15 "만일 내가 지체하면 너로 하여금 하나님의 집에서 어떻게 행하여야 할지를 알게 하려 함이니 이 집은 살아 계신 하나님의 교회요 진리의 기둥과 터니라."

디모데전후서, 디도서는 목회 서신이라 불린다. 바울은 에베소의 젊은 감독 디모데에게 목회적 교훈을 편지로 쓰고 있다. 디모데전서는 바울이 로마 감옥에서 첫 번째 석방되었을 때 마게도니아를 여행하던 중에 쓴 서신이다. 디모데는 아버지가 헬라인이었고, 어머니는 유대인이었다. 그는 바울의 1차 전도 여행인 루스드라에서 복음을 영접한 이후로 항상 바울과 동행하였다. 또한 바울의 영적인 아들로서 2차 전도 여행 때부터 가장 지근거리에서 바울을 도왔다. 바울은 6개의 편지(살전, 살후, 고후, 빌, 골, 몬)에서 디모데와 함께 인사를 전할 정도로 그를 아끼고 귀하게 여겼다.

디모데가 목회하던 당시 에베소 교회는 유대 율법주의와 헬라의 영지주의가 큰 대적이었다. 이들은 복음의 순수성을 해칠 우려가 있었기 때문에 바울은 디모데가 예수 그리스도의 복음 위에 굳게 서서 진리를 수호하도록 돕고 있다. 디모데는 바른 교훈으로 이단 사상들과 싸우며, 교회 내에 경건하고 영적인 직분자들을 세워야만 한다. 바울은 디모데가 에베소 교회에서 자신보다 연장자들을 상대로 목회하기 때문에 경건한 삶과 말씀 가르치는 일에 전심전력함으로 영적 진보를 나타내야 한다고 권면한다. 각종 이단들과 논쟁하기보다 말씀 안에서 경건 훈련에 힘쓰도록 돕고 있다. 또한 영적으로나 도덕적으로 성숙하고 사심이 없으며 본이 될 만한 사람들을 교회에 직분자들로 세우도록 조언하고 있다. 교회는 어려운 사람들을 돌보는 구제 활동에 힘써야 하며 질서 있는 예배가 드려지도록 영적 환경을 만들어야 한다.

1. 바른 교훈(1-2장)

디모데는 헛된 신화와 족보 논쟁 등 이단 사상에 휘말릴 필요가 없다. 성경을 배우고 가르치는 목적은 순수하고 진실한 믿음을 가지고 서로 사랑하기 위해서이다. 교회는 하나님의 영광의 복음에 맞는 건전한 교훈을 가르치는 곳이다. 이처럼 바른 복음을 수호하기 위해서 선한 싸움을 싸워야만 한다. 바울 자신도 과거에 복음을 대적하던 박해자요 죄인 중의 괴수였지만, 감사하게도 하나님이 그에게 긍휼을 베푸시고 그를 충성되게 여기셔서 복음을 전하는 직분을 맡기셨다. 이제 바울은 후메내오와 알렉산더 등 이단적인 자들과 적극적으로 싸우고 있다. 그들은 양심을 버리고 믿음이 파선한 자들이지만, 디모데는 바울로부터 배운 교훈을 따라 믿음과 착한 양심을 가지고 영적 전투를 감당해야 한다(1장).

교회는 성도들뿐만 아니라 위정자들을 포함하여 모든 사람들을 품고 기도해야 한다. 디모데가 수호해야 할 바른 진리는 하나님의 유일성과 예수 그리스도의 유일한 중보자 되심이다. 그러므로 우리가 구원에 이르는 길은 우리를 위해 자신의 목숨을 대속물로 내어주신 예수 그리스도를 믿는 길밖에 없다. 우리 성도들은 이 복음을 영접할 뿐만 아니라 복음을 전하는 사도요 선포자로서의 사명을 힘써 감당해야 한다. 교회 안에서 남자들은 깨끗한 마음으로 기도하기에 힘써야 한다. 여인들은 소박한 자세로 섬기고 순종하는 자들이 되어야 한다(2장).

2. 바른 직분자(3-6장)

교회는 하나님의 집이요, 진리의 기둥이자 터이다. 이처럼 소중하고 영광스러운 교회를 섬기는 일꾼들은 아무나 할 수 없다. 당시 감독은 가르치는 일과 교인들의 생활 전반을 돌보는 일을 감당하였다. 집사는 교회 행정과 재정을 맡아 보면서 감독을 보좌하였다. 그러므로 교회의 감독은 가정생활이 깨끗해야 하며 도덕적으로 문제가 없어야 한다. 충분한 기간 동안 검증된 사람을 직분자로 세워야 하며, 집사들도 깨끗한 양심과 충성된 마음을 가진 자라야 한다(3장).

주의 일을 맡은 자에게 요구되는 것은 경건한 내면이다. 말씀과 기도 생활에 힘써야 하며, 경건에 이르기 위해서 스스로를 연단해야 한다. 디모데 자신은 안수받은 감독으로 자부심을 가지고 성경 선생으로서 성숙함에 이르기 위해 전심전력해야 한다(4장).

디모데는 교회 성도들을 섬김에 있어서 가족적인 원리에 기초해서 도와야 한다. 성경을 잘 가르치는 장로들을 존중하며 범죄한 자들에 대해서는 분명한 책망도 아끼지 말아야 한다. 안수하여 세우는 문제도 신중할 필요가 있다(5장).

바울은 디모데에게 이단적인 교훈을 가르치는 자들을 경계하도록 다시 권면한다. 직분자들은 하나님의 사람으로서 물질에 대한 욕심에 빠져서는 안 되고, 의와 경건과 믿음과 사랑의 사람이 되도록 믿음의 선한 싸움을 싸워야 한다. 정함이 없는 재물에 소망을 두지 않고, 소망을 하나님께 두며, 나누어 주기에 힘쓰는 자들이 되어야 한다(6장).

16. 디모데후서:
하나님 나라 일꾼의 자세

고난을 받으라

1. 복음 사수 2. 그리스도의 군사

복음을 전하라

3. 성경의 유익 4. 복음 전파

요절, 디모데후서 2:15 "너는 진리의 말씀을 옳게 분별하며 부끄러울 것이 없는 일꾼으로 인정된 자로 자신을 하나님 앞에 드리기를 힘쓰라."

디모데후서는 바울 서신 중 맨 마지막 서신으로서 바울이 로마에서 두 번째로 투옥되었을 때 쓰여졌다. 당시에 네로의 박해로 말미암아 신자들에 대한 핍박이 심해지자 고난을 참지 못하고 배교하는 자들이 많아졌다. 바울도 자신의 생애가 얼마 남지 않았음을 직감했기에 비장한 마음으로 이 편지를 썼다. 바울은 이 유언적 서신을 통해 참된 그리스도인, 참된 사역자가 어떠해야 하며, 참된 목회는 어디에 집중해야 하는가에 대해서 조언하고 있다. 바울은 어리고 소심한 디모데에게 고난을 잘 참고 감당함으로써 복음에 대한 충성심을 지킬 것을 권면한다. 핍박 속에서도 교회가 이단들을 경계하고 하나님의 진리 위에 굳게 설 것을 명하고 있다.

바울은 순교를 앞두고 있지만 낙심하지 않는다. 오히려 디모데에게 더욱더 강한 그리스도의 군사가 되라고 가르치고 있다. 성경의 신적 기원과 탁월성을 확신하고, 빼어난 성경 선생이 되라고 한다. 복음 전파에 더욱더 매진함으로써 하나님 나라를 적극적으로 확장시켜 나갈 것을 명령하고 있다. 주께 부르심을 받은 자들은 영적인 군인 정신으로 무장하여 사탄과의 영적 싸움에서 승리하기 위해 담대한 믿음과 인내로서 싸워야 한다.

본서는 바울 서신 중에서 고난에 대한 인내를 가장 강조하고 있으며 고난과의 적극적인 전투를 강조하는 전투적 서신으로 분류될 수 있다.

1. 고난을 받으라(1-2장)

바울은 핍박과 시련 속에서도 디모데가 할머니와 어머니로부터 이어받은 신앙을 잘 지키고 있음을 감사한다. 바울은 디모데 안에 있는 은사를 불일듯 하도록 기도하고 있다. 하나님이 주신 것은 두려워하는 마음이 아니요 능력과 사랑과 절제하는 마음이기 때문에 디모데가 바울의 투옥을 부끄러워하지 말고 오히려 적극적으로 바울과 함께 고난을 받으라고 권면한다. 바울은 하나님이 그를 지켜주실 것을 믿기에 고난을 부끄러워하지 않는다. 시련의 때에 부겔로와 허모게네처럼 배교자도 있지만 오네시보로처럼 끝까지 바울의 후원자가 되어준 자들도 있었다. 디모데는 끝까지 아름다운 복음 진리를 수호해야 한다(1장).

바울은 디모데를 지극히 사랑하는 영적 아들로 생각하지만 인간적인 위로를 하지 않고 은혜 안에서 강한 자가 되고, 그리스도 예수의 강한 군사가 되도록 격려한다. 복음 전파자는 고난을 받아서 그 몸이 매일 수 있지만 복음 자체는 매이지 않는다. 복음 전파자는 복음과 함께 죽을 각오도 되어 있어야 한다. 그러나 부활의 영광이 있기 때문에 두려워할 필요가 없다. 망령되고 헛된 말을 버리고 진리의 말씀을 옳게 분변하며 부끄러울 것이 없는 일꾼으로 자신을 하나님께 드리기에 힘써야 한다. 진리의 말씀을 옳게 분변하는 종이 되기 위해서는 정욕을 피하고 내면이 깨끗한 그릇이 되어야 한다(2장).

2. 복음을 전하라(3-4장)

말세에는 물질주의, 육신주의, 종교적 위선이 판을 치게 된다. 경건하게 살고자 하는 자는 오히려 박해를 받는다. 그러나 오직 성경만이 구원에 이르는 지혜를 가르쳐 준다. 성경은 하나님의 감동으로 되었기 때문에 교훈과 바르게 함과 의로 교육하기에 유익하고 온전한 사람이 되도록 한다. 이처럼 고난이 다가올수록 하나님의 영감으로 된 성경의 능력을 확신하고 성경 진리 안에 굳게 서야 한다(3장).

바울은 마지막으로 디모데에게 엄히 명하기를 때를 얻든지 못

얻든지 말씀을 전파하는 일에 힘쓰라고 한다. 말세가 될수록 사람들이 진리에서 돌이켜 허탄한 이야기를 따르기 때문이다. 바울은 자신이 곧 순교당할 것을 직감했지만 의의 면류관이 준비되었음을 확신했기 때문에 끝까지 믿음의 길을 달려가는 선한 싸움을 멈추지 않았다.

바울은 구리장색 알렉산더를 비롯해서 자신을 배반한 자들이 있었지만 그들에게 허물을 돌리지 않고 오직 복음이 온 이방 땅에 전파되기를 소망한다. 자신을 구원하신 하나님이 자신을 천국에 들어가게 하실 것을 믿었기 때문에 조금도 흔들리지 않고 오히려 하나님께 영광을 돌리고 있다(4장).

17. 디도서:
하나님 나라 직분자의 자격

1. 장로의 자격 2. 바른 진리 3. 선행 권면

요절, 디도서 3:8 "이 말이 미쁘도다 원하건대 너는 이 여러 것에 대하여 굳세게 말하라 이는 하나님을 믿는 자들로 하여금 조심하여 선한 일을 힘쓰게 하려 함이라 이것은 아름다우며 사람들에게 유익하니라."

바울은 디모데전서를 쓰고 있는 동안에 그레데 교회에도 유사한 문제가 있다는 사실을 알고 그레데 교회의 책임자인 디도에게 편지를 썼다. 디도는 바울의 3차 전도 여행 때 바울의 편지를 고린도 교회에 전하고 고린도 교회 소식을 바울에게 다시 가져와서 전하는 역할을 하였다(고후 2장).

디도가 사역한 그레데 섬은 블레셋과 가까운 곳으로서, 거짓말쟁이들이 많은 곳으로 평판이 나 있었다. 특히 그레데는 소아시아와 유럽을 연결하는 요충지로서 정복자 로마에 대해 강한 적대감을 가지고 있었다. 이로 인해 자주 폭동이 일어났고, 타락한 헬라 문화가 창궐한 거친 곳이었다. 이런 세속 문화가 그레데 교회에 들어와 신앙과 삶은 별개의 것인 것처럼 여겨지고 있었다.

여기에 대해 바울은 디도에게 편지를 통해 거짓 선생들을 경계하며, 경건하고 선한 일에 힘쓰는 직분자들을 세울 것을 권면하고 있다. 교회에 직분자들은 영적, 도덕적, 사회적으로 귀감이 될 만한 사람이어야만 한다. 성도들을 거짓된 가르침으로부터 보호하고 성별한 삶으로 인도할 수 있는 자이어야만 한다.

바울은 디도를 영적인 아들로 생각하였는데, 그를 그레데에 남겨둔 이유는 교회에 바른 지도자들을 세우고자 함이었다. 그들은 결혼과 가정생활에 문제가 없어야 하며, 하나님의 청지기로서 경건해야 한다. 진리를 수호하는 자세가 투철해야 한다. 그레데인들 중에는 거짓되고 안일한 자들이 많다는 통설이 있었다. 이런 가운데서 직분자가 될 사람은 깨끗한 양심을 가진 자여야 한다. 범사에 선한 일의 본이 되는 사람이어야 하고, 경건한 자를 세워야 한다(1장).

직분자들은 무엇보다 바른 진리를 가르치는 자들이어야 한다. 범사에 선한 일의 본이 되며, 선한 일을 열심히 하는 하나님의 백성이 되어야 한다. 디도는 교회의 책임자로서 권위를 가지고 권면하고 책망할 수 있어야 한다. 누구도 함부로 업신여기지 못하도록 영적 권위와 질서를 세워야 한다(2장).

직분자들은 국가의 권위에 순복하고 선한 일로 영향력을 발휘해야 한다. 이러한 삶의 기초는 삼위일체 하나님이 주시는 구원에 근거한 것이다. 우리의 구원은 우리의 행위로 말미암아 된 것이 아니라 하나님의 긍휼하심과 예수 그리스도의 중생의 씻음, 그리고 성령님의 새롭게 하심으로 가능하게 되었다. 그러므로 삼위일체 하나님의 은혜에 힘입어 선한 일에 힘써야 한다. 더불어 이단에 속한 자를 멀리하고 경계해야 한다(3장).

18. 빌레몬서:
한 영혼을 사랑하는 하나님 나라

요절, 빌레몬서 1:10 "갇힌 중에서 낳은 아들 오네시모를 위하여 네게 간구하노라."

바울은 빌레몬의 종이었던 오네시모가 주인의 돈을 훔쳐 범죄했지만 그를 도와서 복음을 영접하게 하고 그를 후에 심복으로 삼았다. 빌레몬은 바울이 에베소의 두란노 서원 역사를 통해 회심하도록 도운 성도로 추정된다. 그는 자신의 집을 개방하여 가정 교회로 만든 이방인 성도이다. 바울은 이 편지를 통해서 빌레몬과 과거에 빌레몬의 종으로서 범죄한 오네시모를 화해시키고 있다.

복음은 인종과 사회적 신분, 계급, 출신 배경을 초월한다. 뿐만 아니라 과거의 죄에 대해서도 문제 삼지 않는다. 그가 진실되게 하나님 앞에서 회개했으면 그리스도 안에서 한 형제로 영접하는 것이 복음의 속성이요, 능력이다. 복음은 어떤 장벽도 뛰어넘어서 서로 용서하고 영접하고 하나 되게 하는 놀라운 능력이 있음을 보여준다. 빌레몬서는 신학자 바울보다는 목자 바울의 섬세한 사랑이 돋보이는 서신이다.

바울은 나이도 많고 감옥에 갇혀 있었지만 타인에 대한 관심을 가지고 도와서 오네시모를 얻게 되었다. 바울은 주인에게 피해를 끼친 종이었고 범죄자였던 오네시모를 자신의 아들이요(1:10), 심복으로 소개하고 있다. 빌레몬 또한 바울의 제자이지만 그에게 일방적으로 오네시모를 영접하도록 명령하지 않고, 빌레몬의 자발적인 의지에 기초해서 오네시모를 영접하도록 권면하고 있다. 더구나 오네시모가 물질적으로 빚진 것이 있다면 자신에게 청구하라고까지 한다(1:18). 또한 빌레몬이 혹시 바울에게 빚진 것에 대해서는 요구하지 않겠다고 하면서 유머 섞인 조크를 하고 있다(1:19).

과거 노예요, 도망자요, 범죄자였던 한 사람을 양으로 삼고, 도와서 심복으로까지 키우고, 그의 인생을 끝까지 책임지는 바울의 섬세한 목자의 내면이 돋보인다. 뿐만 아니라 빌레몬에게 일방적으로 방향을 주기보다 그를 동역자로 깊이 영접하고 인격적으로 권면하는 데서 그의 성숙한 목자의 내면을 들여다볼 수 있다. 교회 안에서 성도들 간에 용서하고 사랑하는 정신은 죄로 인해 심판받아 마땅할 우리를 용서하시고 사랑하신 그리스도의 십자가 사랑에 근거한 것이다.

19. 히브리서:
하나님 나라 복음의 우월성

그리스도의 우월성

1. 선지자보다 우월
2. 천사보다 우월
3. 모세보다 우월
4. 큰 대제사장

그리스도의 우월한 사역

5. 멜기데섹의 반차
6. 초보를 버리라
7. 멜기세덱 같은 예수
8. 새 언약
9. 그리스도 피 제사
10. 단번의 제사

성도의 우월성

11. 믿음으로
12. 예수를 바라보자
13. 동일한 그리스도

요절, 히브리서 10:14 "그가 거룩하게 된 자들을 한 번의 제사로 영원히 온전하게 하셨느니라."

히브리서의 저자와 저작 연대는 확실치 않다. 당시 예수님의 재림이 늦어지고, 박해가 심해지면서 기독교로 개종했던 히브리 성도들 중에 상당수가 유대교로 복귀하고자 하였다. 여기에 대해서 저자는 그리스도가 천사나 모세, 그리고 구약의 어떤 인물보다 절대적으로 우월한 분이심을 강조하고 있다. 히브리 성도들 중에는 예수님이 완벽하게 죄 문제를 해결하셨는지에 대해서 의구심을 가진 자들이 있었다. 저자는 예수님이 완전한 대제사장으로서 십자가 보혈로 하늘의 지성소에 들어가 완전한 속죄 제사를 드리셨음을 강조한다. 구약의 속죄 사역은 예수님의 속죄 사역에 비하면 그림자에 불과하며, 예수님의 대속적 죽음이 완전한 속죄를 이루셨음을 선포하고 있다. 그러므로 예수 그리스도의 복음에 대한 우월성과 유일성에 뿌리를 내려야만 한다.

또한 11장에서 믿음의 조상들을 소개함으로써, 어떤 시련에도 끝까지 믿음의 중심을 지킨 선진들을 배우도록 권면하고 있다. 진정한 신자는 어떤 시련과 고난 가운데서도 믿음의 주 예수님께 눈을 고정시키고 끝까지 거룩한 경주를 감당하는 자이다. 히브리서는 신약성경 중에서 구약 인용이 가장 많은 책이다. 특히 구약의 레위기와 병행을 이루고 있다고 할 수 있다.

1. 그리스도의 우월성(1-4장)

옛적에는 하나님이 선지자들을 통하여 말씀하셨지만 말세 때에는 하나님의 아들 예수님을 통하여 말씀하신다. 예수님은 하나님의 영광의 광채요, 본체의 형상이시기 때문에 천사들보다 훨씬 뛰어나시다. 천사들은 종으로서 하나님을 섬기지만 예수님은 하나님이 왕으로서 기름 부어 세우셨다. 천사들은 우리가 섬겨야 할 대상이 아니고 우리를 돕도록 하나님이 파송하신 존재이다(1장).

하나님이 예수님을 천사보다 잠시 못하게 하신 것은 우리 인생들의 죄를 짊어지고 죽음을 경험하도록 하셨기 때문이다. 그러나 죽음에 머물러 있지 않고 부활을 통해 영광과 존귀의 관을 씌우셨다. 예수님은 신실한 대제사장이 되어 우리의 죄를 속량하셨다. 예수님은 고난을 받으셨기 때문에 시험당한 우리를 이해하실 수 있고 도우실 수 있다(2장).

모세는 하나님의 온 집에 종으로서 신실하였지만 예수님은 하나님의 집을 맡은 아들로서 신실하셨다. 그러므로 대제사장이신 예수님을 깊이 생각하고 예수님을 끝까지 굳게 잡고 있어야 한다. 출애굽한 백성들이 구원의 은혜를 받고도 불신과 탐심 때문에 하나님에게서 떨어졌을 때 결국 안식에 들어가지 못하였다. 그러므로 그들도 신앙생활을 시작할 때 예수님께 대한 확신을 가졌으면 끝까지 견고히 붙잡고 있어야 주의 영광에 참여할 수 있다(3장).

마음이 완고하여 불순종한 자들은 안식에 들어가지 못하였다. 우리도 심령 골수를 찔러 쪼개는 하나님의 말씀 앞에 온전하지 못하는 자들이지만 우리의 연약함을 동정하시는 대제사장 예수님을 힘입어 하나님의 은혜의 보좌 앞에 나아가게 되었다(4장).

2. 그리스도의 우월한 사역(5-10장)

예수님은 대제사장적 사역을 감당하시기 위해서 죽음을 앞두고 심한 통곡과 눈물로 간구하셨다. 예수님은 하나님의 아들이시지만 고난으로 순종함을 배워서 영원한 구원의 근원이 되셨다. 그러므로 우리 성도들도 좀 힘들다고 회의에 빠지는 초보의 단계를 벗어나 성숙해져야 한다(5장).

하나님이 아브라함에게 하신 언약을 지키셨듯이 예수님을 통한 구원의 역사를 이루심으로 구원의 약속을 하나님은 성취하셨다. 예수님은 멜기세덱의 반차를 따르는 대제사장으로서 단번에 자신을 드려 속죄를 완성하셨다(6장).

예수님의 제사장 직분은 레위 계통의 제사장 직분이나 그들의 사역보다 훨씬 뛰어나다. 구약의 제사장들은 날마다 제사를 드려야 했지만, 예수님은 단번에 자신을 제물로 드리심으로서 율법을 완성하신 대제사장이 되셨다(7장).

그리스도의 죽으심을 통한 희생 제사는 모세의 지상 성막에서 드리는 제사보다 훨씬 탁월한 하늘 성소의 제사이다(8장).

구약의 제사 제도는 모형과 그림자에 불과하고 예수님은 더 좋은 언약의 중보자이시다. 우리는 이제 예수님과 새 언약을 맺게 되었다(9장).

예수님은 새 언약의 중보자로서 자신의 몸을 단번에 드리심으로 우리가 죄 사함을 받고 거룩에 이르게 되었다. 우리는 예수님의 피를 힘입어 성소에 들어갈 담력을 덧입게 되었다. 그 길은 예수님이 자신의 몸을 찢으신 새롭고 산 길이다. 진정한 의인은 이 예수님의 복음의 진리를 믿고 나아가는 자요, 뒤로 물러서서는 안 된다(10장).

3. 성도의 우월성(11-13장)

11장은 믿음장으로 믿음으로써 당시의 환난과 시련을 견딘 믿음의 영웅들을 소개하고 있다. 이들은 모두 믿음을 따라 죽었으며 멀리서 소망 가운데 믿음의 길을 달려갔다. 이런 자들은 세상이 감당할 수 없었다. 구약 백성들은 믿음으로 인정을 받았지만 약속된 것을 받지는 못했다. 하지만 신약 성도들은 약속의 실체를 갖게 되었다. 그러므로 우리가 믿음으로 살아야 그들의 믿음이 헛되지 않게 된다(11장).

우리는 믿음의 주요 온전케 하신 예수를 바라보고 끝까지 믿음의 경주를 해야 한다. 낙심하지 말고 죄와 피 흘리기까지 싸워야 한다. 우리는 영원한 하나님 나라를 받은 자들로서 흔들림 없이, 경외심을 가지고 하나님을 섬겨야 한다. 신자들은 부르심에 합당한 삶을 살아야 한다. 은혜를 알고도 감사치 않고, 진리를 알고도 행하지 않는 자들은 소멸하는 불로 심판을 받게 될 것이다(12장).

신자들은 건강한 가정생활을 하기에 힘써야 하며, 돈과 정욕의 유혹을 이기고 영원토록 동일하신 예수님께 소망을 두고 살아야 한다. 성도들 간에도 선을 행하고 서로 나누어 주기를 기뻐해야 한다(13장).

20. 야고보서:
행함으로 온전케 되는 하나님 나라

1. 시험을 참는 자
2. 행함이 있는 믿음
3. 혀를 제어하라
4. 마귀 대적
5. 인내와 기도

요절, 야고보서 2:22 "네가 보거니와 믿음이 그의 행함과 함께 일하고 행함으로 믿음이 온전하게 되었느니라."

야고보서는 예수님의 동생 야고보가 AD 47-49년경에 쓴 서신으로, 믿음과 행함의 관계에 대해서 말해 주고 있다. 당시에 믿음의 복음이 전파되고 '이신칭의'의 교리 위에 교회가 세워지면서 믿음은 절대시하면서 행함은 도외시하는 경향이 나타났다. 값없이 은혜로 구원받았으니 신자의 행함은 있어도 되고 없어도 되는, 구원과는 관계가 없는 첨가물 정도로 오해하는 자들이 있었다. 따라서 야고보는 '이신칭의'의 복음을 잘못 이해하여 실천적인 삶이 결여된 사람들에게 올바른 그리스도인의 삶을 제시하기 위해서 이 책을 기록하였다.

칼빈은 야고보서의 의도가 "믿음의 힘을 약화시키려는 데 있는 것이 아니라, 경박한 사람들이 내용 없는 믿음만 자랑하고 그것으로 만족하여 방탕한 삶을 사는 데 대해서 그 어리석음을 폭로하기 위함"이라고 말하고 있다(《기독교 강요》 3권 16장 11절).

야고보서는 자칫 바울 서신의 '이신칭의' 교리와 충돌하는 것처럼 느껴지기도 한다. 그래서 마르틴 루터는 야고보서를 '지푸라기 서신'이라고 하기도 했다. 그러나 야고보서는 믿음을 배척하거나 평가절하하지 않고, 오히려 믿음을 전제로 한다. 바른 믿음은 어떻게 행함으로 연결되는가를 말해 준다. 믿음과 행함은 서로 상충되거나 분리되는 것이 아니라 바늘과 실처럼 붙어 다니는 관계임을 말해 준다.

야고보는 박해 때문에 흩어진 성도들에게 외부적 시험을 잘 참고 견디도록 돕고 있다. 시험은 힘들지만 인내를 만들어 내고, 또한 믿음을 순수하게 하고 재림 소망으로 충만하게 하기 때문이다. 핍박으로 인한 시험뿐만 아니라 유혹으로 인한 시험도 잘 극복해야 한다. 사탄의 유혹에 속지 않고, 하나님이 주시는 영적 선물을 기대하며 사는 것이 신자의 본분이다(1장).

성도들은 서로 차별하지 않고 오히려 긍휼의 마음을 가져야 한다. 믿음은 입으로만이 아니라 행함의 실천을 통해서 증명된다. 아브라함도 아들 이삭을 바치는 순종을 통해서 그 믿음을 인정받았다. 라합도 목숨을 걸고 정탐꾼을 숨겨주는 행함을 통해서 의롭다 하심을 받았다. 믿음은 생명을 건 순종과 헌신을 통해서 입증된다(2장).

야고보는 말이 가진 파급 효과를 경고하며 혀를 잘 통제하는 능력을 가질 것을 권면한다. 교회 공동체 안에서 말의 실수는 하나님의 영광을 가릴 뿐만 아니라 한 영혼을 파괴시키거나 교회 전체를 혼란스럽게 할 수도 있기 때문이다. 덕이 되는 말을 하기 위해서는 물 근원이 맑아져서 단물을 내는 샘이 되어야 한다. 이는 근본적으로 위로부터 오는 성령의 지혜를 덧입을 때 가능하다(3장).

인간적인 분쟁에서 자유롭기 위해서는 탐욕을 제거하고 하나님을 가까이해야 한다. 하나님께 복종하고 마귀를 대적해야 한다. 세상과 벗하여 사는 것은 영적 간음이다. 안개와 같은 세상 영광에 소망을 두지 말고 하나님의 뜻을 행하기에 힘을 써야 한다(4장).

부한 자들은 사치와 방종을 버리고 베풂과 나눔의 삶을 살기에 힘써야 한다. 가난한 자들은 손해 의식과 원망하는 마음을 버리고 주님의 강림의 날을 기다리며 길이 참아야 한다. 욥과 같이 인내하는 자가 복을 받는다. 교회는 고난당한 자들을 위해서 기도하며 사랑하는 공동체가 되어야 한다(5장).

21. 베드로전서:
하나님 나라 백성의 산소망

1. 산 소망
2. 왕 같은 제사장
3. 선한 양심
4. 근신하고 기도하라
5. 겸손하라

요절, 베드로전서 2:9 "그러나 너희는 택하신 족속이요 왕 같은 제사장들이요 거룩한 나라요 그의 소유가 된 백성이니 이는 너희를 어두운 데서 불러내어 그의 기이한 빛에 들어가게 하신 이의 아름다운 덕을 선포하게 하려 하심이라."

베드로는 소아시아의 북서쪽인 본도, 갈라디아, 갑바도기아, 비두니아에 있는 성도들을 편지를 통해서 위로하고 소망을 심고 있다. 이 서신이 기록될 당시인 AD 64년경, 네로 황제에 의해서 비롯된 대박해가 점차 확대되어 가고 있었다. 베드로는 핍박으로 인해 흩어진 성도들, 그리고 신앙에 대해서 회의를 품고 있는 자들에게 이 서신을 통해 믿음을 심고 있다.

베드로는 환난 당한 성도들이 하나님 나라에 대한 산 소망을 가질 뿐 아니라 왕 같은 제사장이라는 정체성을 갖도록 권면한다. 그리스도의 구속의 은혜로 말미암은 구원 교리에 견고하게 뿌리를 내릴 것을 촉구한다. 그들은 고난에 대해서 소극적인 자세를 갖지 않고 고난당하신 예수님을 생각하고 즐거움으로 고난을 받아야 한다. 고난 속에서도 선행과 성별된 삶을 통해서 바른 신앙생활을 영위해야 한다. 그것은 믿음을 연단하는 성화의 방편이기 때문이다. 세상과 구별된 삶을 살고자 하는 자는 고난을 받을 수밖에 없는데, 그것은 부끄러운 일이 아니고 매우 영광스러운 일이다. 말세가 되고 핍박이 거셀수록 성도들은 더욱더 사랑의 결속을 돈독히 함으로써 견고한 신앙 공동체를 만들기에 힘써야 한다.

베드로는 고난 가운데서 흩어진 성도들에게 산 소망을 바라보며 찬송하라고 권면한다. 하나님의 백성은 이 땅에 소망을 두고 사는 자가 아니라 하나님 나라를 소망하며 나그네 길을 가는 자이다. 시험은 잠시의 근심을 가져 오지만 그리스도께서 오실 때에 칭찬을 받을 수 있기 때문에 크게 기뻐할 수 있다. 산 소망 가운데 사는 자는 주님이 나타나실 때 주실 상급을 소망하며 근신하며 사는 자이다. 사욕을 따라 살지 않고 거룩을 추구하는 자이다(1장).

성도들은 살아 있고 항상 있는 하나님의 말씀으로 거듭났기 때문에 신령한 젖인 하나님의 말씀을 먹어야 영적으로 성장할 수 있다. 예수님도 사람들에게 버린 바 되었지만 하나님께는 택하신 바 된 산 돌이 되었다. 우리도 그 예수님을 기초로 믿음의 집을 지었나. 우리는 과거에 하나님의 백성도 아니고 긍휼도 덧입지 못하였지만 이제는 왕 같은 제사장이요, 거룩한 나라로 택하심을 입었다. 그러므로 영적인 자부심을 가지고 살아야 한다. 죄가 없는데도 십자가의 참혹한 고난을 받으신 예수님을 생각할 때 우리도 능히 고난을 참고 감당할 수 있다(2장).

하나님께 소망을 두고 사는 여인들은 외모를 꾸미는 데 매이지 않는다. 남자들도 아내를 생명의 유업을 함께 받을 동역자로 알고 귀히 여긴다. 형제를 사랑하고 열심히 선을 행한다. 선을 행함으로 고난을 받는 것은 이상한 것이 아니라 하나님의 뜻이다. 이때야말로 바른 행실을 보여줄 수 있는 기회이며 우리를 욕하고 비방하는 자들은 오히려 부끄러움을 당할 것이다(3장).

예수님도 고난을 당하셨기 때문에 우리도 고난에 대한 철학으로 무장해야 한다. 고난은 죄를 끊게 하는 효력이 있다. 마지막 날 주님으로부터 받을 심판을 생각하면 정신을 차리고 근신하지 않을 수 없다. 오히려 우리는 그리스도의 고난에 참여하는 것으로 즐거워해야 한다. 우리가 세상에서 치욕을 당할수록 하나님 나라에서는 영광을 받게 될 것이다(4장).

장로들은 순수한 의도 가운데서 양 무리들의 본이 되어야 한다. 젊은이들도 겸손으로 허리를 동이고 섬기기에 힘써야 한다. 염려는 주님께 맡기고 깨어 근신해야 한다. 마귀가 고난과 염려를 빌미로 우리를 삼키려 하지만 우리는 이를 힘써 대적해야 한다. 우리만 고난을 받는 것이 아니라 복음의 동역자들이 다 고난을 받기 때문에 피해의식을 가져서는 안 된다. 고난은 잠깐이요 고난을 통해서 우리를 온전케 하시고 강하게 하실 것이기 때문에 깨어서 근신하며 기도해야 한다(5장).

22. 베드로후서:
하나님 나라 백성의 성품

1. 성경의 예언　　2. 거짓 선생 주의　　3. 주의 날이 도적같이

요절, 베드로후서 3:17-18 "그러므로 사랑하는 자들아 너희가 이것을 미리 알았은즉 무법한 자들의 미혹에 이끌려 너희가 굳센 데서 떨어질까 삼가라 오직 우리 주 곧 구주 예수 그리스도의 은혜와 그를 아는 지식에서 자라가라 영광이 이제와 영원한 날까지 그에게 있을지어다."

베드로후서는 교회 안에서 다른 교훈을 가르치는 자들을 경계하는 내용을 담고 있다. 네로의 박해가 심해지면서 초신자들 중에는 고난을 이겨내지 못하고 교회를 떠나 불신자들과 타협하는 자들이 나오게 되었다. 이단의 침투로 말미암아 죄와 방탕에 빠지는 자들도 나오게 되었다. 이에 대해서 베드로는 예수님의 재림을 부인하는 거짓 교사들의 잘못된 교리를 경계하고, 그들의 부도덕한 삶을 본받지 말도록 권면하고 있다. 또한 예수 그리스도의 복음 진리가 교묘히 꾸며낸 이야기가 아니라, 자신이 직접 보고 체험한 진리임을 강조한다. 그러므로 성도들은 부르심과 택하심을 굳게 하

고, 신의 성품에 참여하는 자가 되고자 힘써야 한다. 또한 거짓 선생들이 반드시 하나님의 심판을 받게 될 것을 경고하고 있다.

우리는 예수 그리스도의 의를 힘입어 너무나 보배로운 약속을 받은 자들이기 때문에 썩어질 세상 것을 피하고 신성한 성품에 참여하고자 힘써야 한다. 부르심을 굳게 하고, 이미 알고 있는 진리를 고수해야 한다. 어떤 사람들은 교묘히 만든 이야기를 통해서 신자들을 현혹시키고자 하지만 베드로는 변화산에서 직접 하나님의 음성을 듣고 예수님의 영광을 본 목격자이다. 그러므로 성경을 사사로이 해석해서는 안 되고 오히려 하나님의 말씀이 우리 마음에 샛별처럼 떠오르도록 말씀에 집중해야 한다(1장).

거짓 교사들은 예수님의 그리스도 되심을 부인하고 음란하고 거짓된 말로 이익을 추구하는 자들이다. 범죄한 천사들을 용서하지 않으심같이 하나님은 이런 이단들을 반드시 심판하실 것이다. 홍수 심판에서 노아의 가족을, 소돔과 고모라 심판 때 롯을 구원하심같이 경건한 자들은 하나님이 반드시 심판하신다. 예수 그리스도의 복음 진리를 버리고 거짓 진리를 따라가는 자들은 개가 토한 것에 돌아가는 것과 같고, 돼지가 씻었다가 더러운 구덩이에 도로 누운 것과 같다(2장).

거짓 교사들은 주의 강림을 부인하고 세상이 창조 이래로 계속해서 똑같이 있었기 때문에 앞으로의 심판도 없을 것이라고 주장한다. 그러나 말씀으로 천지를 창조하신 하나님은 또 반드시 말씀으로 세상을 심판하신다. 하나님은 시간을 초월해서 계시는 분이기 때문에 함부로 심판의 시간을 계산하지 말고 도적같이 임하실 주님을 사모하며 항상 깨어 있어야 한다. 흠 없는 자로 주님 앞에 설 수 있도록 준비되어져야 한다. 주님이 오셔서 이루실 새 하늘과 새 땅을 창조하실 것을 소망하며, 그리스도를 아는 지식에서 자라가야 한다(3장).

23. 요한일서:
하나님 나라 백성의 교제

요한일서

1. 하나님은 빛
2. 새 계명
3. 진실로 사랑하라
4. 영 분별하라
5. 믿음의 승리

요한이서

적그리스도 경계

요한삼서

진리를 위하는 자

요절, 요한일서 1:3-4 "우리가 보고 들은 바를 너희에게도 전함은 너희로 우리와 사귐이 있게 하려 함이니 우리의 사귐은 아버지와 그의 아들 예수 그리스도와 더불어 누림이라 우리가 이것을 씀은 우리의 기쁨이 충만하게 하려 함이라."

요한일서는 설교적 형태의 편지이다. 구약의 인용이 거의 없는 것을 볼 때 이방인으로서 신자 된 자들에게 편지한 내용으로 볼 수 있다. 사도 요한은 AD 90년경에 에베소에서 이 편지를 썼다. 당시 황제인 도미티아누스는 자신을 신이라 부르며 그리스도를 주로 고백하는 자들에게 극심한 박해를 가하였다. 이런 외적인 박해와 더불어서 내적인 갈등을 일으키게 하는 것은 영지주의 이단이었다.

헬라의 이원론에 기초한 이들의 이론은 예수님의 성육신을 부인하고, 구원은 육체와 상관 없는 것이며 오직 영혼 구원만을 주장하였다. 이들의 사상은 자연스럽게 육체의 타락을 조장하게 되었다. 사도 요한은 이들의 문제점을 지적하고 예수님의 성육신의 진리와 더불어, 하나님과의 바른 교제, 형제 사랑의 고귀함을 가르치고 있다.

요한은 요한복음을 쓴 이유가 "예수께서 하나님의 아들 그리스도이심을 믿게 하려 함이요 또 너희로 믿고 그 이름을 힘입어 생명을 얻게 하려 함이니라"(요 20:31)고 하였다. 요한일서를 쓴 이유는 '하나님의 아들의 이름을 믿는 너희에게 이것을 쓰는 것은 너희로 하여금 너희에게 영생이 있음을 알게 하려 함이라"(요일 5:13)고 한다. 요한복음에는 '믿는다' 는 단어가 많이 나오고, 요한서신에는 '알다' 라는 단어가 많이 나온다. 이것은 예수님을 믿는 성도들이 주님과의 깊은 사귐을 통해서 더욱더 주님을 알아가기 원했기 때문이다. 또한 하나님은 사랑이시기 때문에 하나님을 믿고 안다는 것은 하나님을 더욱 사랑하는 것이다. 이 사랑에 기초해서 성도들과의 깊은 사랑의 교제를 강조하고 있다.

예수님은 태초부터 계셨던 생명의 말씀이다. 이 예수님이 우리에게 오심은 우리와 사귐을 갖기 위해서이다. 주님은 빛이시기에 서로 사귐이 있기 위해서는 진실하게 죄를 고백함으로 죄 사함을 통해 깨끗함을 덧입어야만 한다(1장).

빛 가운데 거한 자는 형제를 미워하지 않고 사랑하는 자이다. 하나님을 사랑하는 자는 세상을 사랑하지 않는다. 세상에 있는 것들은 정욕으로부터 비롯된 것들이요, 사라지기 때문이다. 마지막 때에는 많은 적그리스도들이 나타나게 된다. 예수님이 하나님의 아들 그리스도이심을 부인하는 자는 적그리스도이다. 참된 성도는 예수님의 하나님의 아들 되심을 믿고, 그 안에 거하는 자이다. 누가 미혹할지라도 흔들리지 않고 우리 안에 거하시는 진리의 영이 날마다 우리에게 가르치시는 바른 교훈을 따라 사는 자이다(2장).

마귀는 우리로 하여금 죄를 짓게 하는 것이 목적이다. 그러나 예수님은 그 마귀의 일을 멸하여 우리에게서 죄를 없애 주기 위해서 오셨다. 하나님께로부터 난 하나님의 자녀는 그 속에 하나님의 씨가 있기 때문에 죄로부터 자유롭게 된다. 하나님의 자녀들은 형제를 미워하지 않고 헌신적으로 사랑하는 자이다. 나를 위해 목숨을 버리신 주님의 사랑에 기초해서 단지 말로만이 아니라 행함과 진실함으로 사랑을 실천하는 자이다(3장).

예수님의 성육신을 믿지 않는 자는 적그리스도의 영이기 때문에 영을 분별해야만 한다. 사랑은 우리로부터 시작된 것이 아니라 하나님이 당신의 독생자를 우리를 위해서 내어주심으로부터 시작되었다. 그러므로 하나님을 사랑한다면 당연히 형제를 사랑해야만 한다. 이것은 우리가 주께로부터 받은 계명이다(4장).

하나님을 진실로 사랑하는 자는 형제도 진실로 사랑하게 된다. 또한 세상을 능히 이기게 된다. 당시에 영지주의 이단들은 그리스도가 세례 받을 때 예수님 위에 머물렀다가 십자가에 못 박히시기 전에 떠났다고 주장하였다. 그러나 예수님은 물 가운데서 구속 사역을 시작하셨고, 십자가에서 피 흘려 죽음을 통해 구속 사역을 완성하셨다. 이를 확증하시는 분이 성령이시다.

성령과 물과 피가 일관성 있게 예수님의 그리스도 되심을 증거한다. 예수님의 하나님 아들 되심과 그리스도 되심을 분명하게 믿는 자는 영생에 이르게 된다. 또한 그는 하나님께 담대하게 나아가 기도하게 되고 승리의 삶을 살게 된다(5장).

24. 요한이서: 적그리스도를 경계해야 할 하나님 나라

요절, 요한이서 1:7 "미혹하는 자가 세상에 많이 나왔나니 이는 예수 그리스도께서 육체로 오심을 부인하는 자라 이런 자가 미혹하는 자요 적그리스도니."

요한이서는 요한일서와 마찬가지로 성육신의 진리와 사랑을 강조한다. 그래서 '진리'라는 단어가 5회 나오고, '사랑'이라는 단어가 4회 나온다. 이 서신은 예수님의 성육신의 진리를 부인하고 타락으로 인도하는 자들을 경계하고 있다. 초대 교회에서 성도들을 미혹하는 가장 큰 이단은 예수 그리스도께서 육체로 오심을 부인하는 자들이었다. 사도 요한은 이들을 가리켜서 적그리스도라고 단정하고 있다. 이런 자들은 집에 들이지도 말고 인사하지도 말라고 경고한다.

주님이 우리에게 주시는 상을 잃지 않기 위해서는 이단들을 살피고 경계해야 한다. 예수님은 분명히 사람의 몸을 입고 이 땅에 오셨고, 고난과 죽음의 길임을 아셨음에도 십자가의 길을 가셨다. 이것은 나를 향한 사랑 때문이요, 하나님께 대한 순종 때문이었다. 이 성육신의 진리에 거하는 자가 하나님을 모셔 섬기게 된다. 참된 사랑은 서로 사랑하라는 새 계명을 실천하는 자이다.

25. 요한삼서:
하나님 나라 복음의 동역자

요절, 요한삼서 1:11 "사랑하는 자여 악한 것을 본받지 말고 선한 것을 본받으라 선을 행하는 자는 하나님께 속하고 악을 행하는 자는 하나님을 뵈옵지 못하였느니라."

요한삼서는 교회 공동체가 주의 일을 하는 사역자들을 어떻게 대해야 하는가를 가르쳐 주는 귀중한 서신이다. 당시에는 순회하면서 복음을 전하는 사역자들이 많이 있었다. 그런데 순회 교사를 가장하여 이단 사상을 전하는 거짓 교사들이 생겨남에 따라 참된 순회 교사들이 피해를 보게 되었다. 요한은 여기에 대해서 순회 교사를 잘 영접하는 신실한 지도자 가이오와 순회 교사를 박대하는 디오드레베를 대조시키며 모든 성도들이 가이오처럼 겸손함으로 주의 사역자들을 영접하도록 권면하고 있다.

교회 성도들은 하나님의 사명을 따라 진리를 가르치는 자들을 선대하고 잘 섬겨야 한다. 그들을 통해서 하나님의 나라가 확장되기 때문이다. 반대로 자기를 높이고자 하는 욕심과 교만 때문에 주의 사역자들을 대적하는 것은 악한 일이다.

요한은 충성스러운 가이오를 칭찬하고 그에게 범사에 잘되기를 축복하고 있다. 한 사람이 진리 안에서 행하는 것이 얼마나 귀한 일인지 모른다. 가이오는 요한의 귀한 동역자로서 헌신적으로 주의 역사를 섬기고 전도자들을 기쁨으로 영접하였다. 당시 순회 전도자들은 거저 받은 은혜를 거저 주는 자세로 섬겼다. 이런 주의 일꾼들을 영접하는 것이 당연한 것이며, 이들은 복음의 귀한 동역자들이다. 그러나 디오드레베는 요한의 리더십을 인정하지 않았고, 비방하였으며, 자기가 교회의 주도권을 잡기 원했다. 또한 전도자들도 기쁨으로 영접하지 않고 오히려 내쫓았다. 데메드리오는 그리스도의 복음을 영화롭게 하는 자였다.

사도 요한은 가이오나 데메드리오처럼 선을 행하는 자를 본받고, 디오드레베처럼 악을 행하는 자를 본받지 말도록 권면하고 있다. 어려움 속에서도 주님의 종들을 귀히 여기고 세우는 자가 진정한 복음의 동역자이다.

26. 유다서:
복음의 대적자와 싸우는 하나님 나라

요절, 유다서 1:3 "사랑하는 자들아 우리가 일반으로 받은 구원에 관하여 내가 너희에게 편지하려는 생각이 간절하던 차에 성도에게 단번에 주신 믿음의 도를 위하여 힘써 싸우라는 편지로 너희를 권하여야 할 필요를 느꼈노니."

유다서의 저자는 예수님의 동생 유다이다. 유다는 교회에 교묘하게 침투해 들어와서 은혜를 방탕으로 바꾸고, 교회를 분열시키는 자들을 경고하고 있다. 당시 이단은 헬라 이원론에 기초해서 구원은 육체와 관계없고 영혼만 구원받으면 된다고 주장하였다. 그래서 육체의 타락과 죄악에 대해서 별 문제의식이 없는 쾌락주의 자들이었다. 이들은 하나님의 은혜를 색욕거리로 바꾸고 예수님의 그리스도 되심을 부인하였다. 또한 당을 지어서 분파 행위를 일삼았다. 여기에 대해서 유다는 이들의 부패함과 이들에게 임할 하나님의 심판에 대해서 경고하고 있다.

하나님은 이런 악한 자들을 타락한 천사를 심판하시듯이 재판하실 것이다. 출애굽 이후에도 믿지 않는 자들은 멸하셨으며, 소돔과 고모라도 음란한 죄를 행하다 하나님의 심판을 받았다. 그들은 사탄으로부터 비롯된 자들로서 이성 없는 짐승처럼 본능으로 사는 자들이다. 그들은 성경을 통해서 주시는 하나님의 말씀보다 꿈을 우선시하고, 하나님의 권위를 업신여겼다. 이들은 시기심 때문에 형제를 죽인 가인과 같고, 돈을 위해 의를 저버린 발람과 같으며, 모세의 권위에 도전했던 고라 일당과 같다. 이처럼 불경건하고 교만하며, 원망과 불만을 토로하는 자들은 성령이 없는 자들이요, 하나님의 심판을 피할 수 없을 것이다.

성도들은 지극히 거룩한 믿음 위에 자신을 세우는 것은 물론이요, 이단의 가르침에 미혹되어서 진리에서 벗어난 자들을 긍휼히 여기고 이들을 권면하여 다시 그리스도에게로 돌이켜야 할 것이다. 하나님은 진리 안에 서 있는 자들을 지키시며 보호하실 것이다.

27. 요한계시록:
하나님 나라의 완성

일곱 교회들에게

1. 그리스도의 계시
2. 일곱 교회(에베소, 서머나, 버가모, 두아디라)
3. 일곱 교회(사데, 빌라델비아, 라오디게아)

장차 될 일

4. 하늘 보좌
5. 두루마리 책
6. 인 재앙
7. 인침 받은 자
8. 나팔 재앙
9. 나팔 재앙
10. 작은 두루마리
11. 두 증인
12. 여자와 용
13. 두 짐승
14. 구원과 심판
15. 일곱 천사
16. 대접 재앙

바벨론의 멸망

17. 큰 음녀
18. 바벨론의 멸망
19. 어린양 혼인 잔치
20. 사탄의 불못 심판

새 하늘과 새 땅

21. 새 예루살렘
22. 생명수, 생명나무

요절, 요한계시록 21:1 "또 내가 새 하늘과 새 땅을 보니 처음 하늘과 처음 땅이 없어졌고 바다도 다시 있지 않더라."

AD 95년경, 도미티아누스 황제 때에 성도들에 대한 핍박이 극에 달하였다. 사도 요한은 밧모 섬에 유배되었다. 이때 주님은 요한에게 환상을 보여주시며 이것을 기록하라고 방향을 주셨다. 이미 네로 황제의 박해(AD 64-47년)로 인해서 바울과 베드로를 비롯해서 많은 성도들이 순교했다.

두 번째로 도미티아누스 황제 때 일어난 박해로 4만 명 이상의 성도들이 고문을 당하고 순교했다. 이러한 시련의 때에 성도들 중에는 신앙적 회의에 빠지는 자들이 생겨났다. 또한 교회 내부에서도 부패와 배교의 징조가 나타나기 시작하였다.

하나님은 이런 환난의 시대에 교회를 굳건하게 하기 위해서 환상들을 보여주셨다. 이 환상들은 교회가 얼마나 영광스러운가를 말해 준다. 또한 예수님이 재림하셔서 모든 악의 세력을 멸하시고 로마제국과 황제 숭배를 주장하는 자들을 파하시며 성도들을 영광스러운 하나님의 나라로 인도하실 소망을 보여준다. 그 날에 새 하늘과 새 땅이 펼쳐지게 될 것이며, 성도들은 진정한 영광의 세계에 들어가게 될 것이다.

아무리 힘든 박해가 있어도 궁극적으로 역사를 주관하시는 분은 하나님이시다. 그리스도와 그를 믿는 자는 반드시 승리한다. 예수님은 십자가에 죽으셨지만 부활하심으로 승리하셨다. 그리고 승리자로 다시 오신다. 그를 믿는 성도들도 잠시 고난을 받지만 승리한다. 그리고 그리스도와 함께 영광을 얻을 것이다. 성경 전체적인 구조로 볼 때 창세기 1-3장에서는 상실한 하나님의 나라가, 요한계시록 20-22장은 회복된 하나님 나라가 서로 병행을 이루며 기록되어 있다.

1. 일곱 교회들에게(1-3장)

요한은 주님이 주신 메시지가 자신의 상상이나 환상에서 비롯된 것이 아니라 예수님의 계시에 의한 것이었음을 분명히 밝히고 시작한다. 예수님은 약속하신 대로 반드시 재림하실 것이다. 요한은 성령에 감동되어 영광의 주님을 보게 되었다. 그가 일곱 촛대를 보게 되었는데 일곱 촛대는 일차적으로 소아시아의 7대 교회를 의미하고, 넓게는 일곱(7)이 완전수로서, 지상의 모든 교회를 상징한다(1장). 주님은 지상에 있는 모든 교회에 메시지를 주고 계신다(2-3장).

• 아시아 7대 교회에 주시는 말씀

	에베소 교회	서머나 교회	버가모 교회	두아디라 교회	사데 교회	빌라델비아 교회	라오디게아 교회
칭찬	선행, 인내, 거짓 선지자 드러냄	환난과 궁핍 중에 믿음 지킴	순교의 위기에서 믿음 지킴	사랑, 믿음, 인내	영적 순결 지킴	적은 능력으로 순종	없음
책망	처음 사랑을 버림	없음	우상 제물, 행음, 니골라당 용납	이세벨을 용납, 행음	살았다 하지만 죽었음	없음	미지근함, 영적 소경
권고	처음 사랑을 회복하라	죽도록 충성하라	심판 전에 회개하라	결말 전에 회개하라	받은 은혜를 지키라	면류관을 굳게 지키라	차든지 덥든지 하라
약속	생명나무 열매	생명의 면류관	만나와 흰돌	새벽별, 철장 권세	생명책에 기록	성전 기둥 될 것	수의 보좌에 앉으리라

2. 장차 될 일(4-16장)

두 번째 환상(4-16장)에서 3개의 일곱 심판 시리즈(일곱 인, 일곱 나팔, 일곱 대접)를 통해 장차 이루어질 일을 보여주신다. 먼저 하늘의 영광스러운 문이 열린다. 요한은 지상의 무서운 심판에 대한 계시를 보기 전에 먼저 하나님의 영광을 본다. 보좌에 앉으신 하나님은 모든 부요와 아름다움의 원천으로서 모든 피조 세계에 그 장엄함을 드러내신다. 그 보좌를 중심으로 이십사 장로들과 일곱 영이 주의 명을 받들어 온 세상을 통치하고 있다(4장).

요한은 구약의 12지파와 신약의 12사도를 상징하는 24장로를 보게 된다. 요한은 일곱 인으로 봉해진 두루마리 환상을 본다. 그 인은 오직 하나님의 어린양만이 뗄 수가 있다. 죽임 당하신 어린양 예수님은 그의 피로 우리를 사서 하나님의 소유 삼으셨고, 우리를 하나님 나라와 제사장 삼으셨다. 찬양받기에 합당하신 그리스도께서 심판주로 임하게 된다(5장).

일곱 인봉을 떼는 것은 하나님 심판의 시작을 의미한다. 첫째 인인 흰 말은 정복자이다. 둘째 인은 붉은 말로 전쟁과 사망을 의미한다. 셋째 인인 검은 말은 기근을 상징하고, 넷째 인인 청황색 말은 사망을 상징한다. 다섯째 인은 죽임당한 영혼들로서 순교자들을 의미한다. 여섯째 인은 천재지변을 통한 종말적 심판을 전체적으로 묘사하고 있다. 무서운 하나님의 진노의 심판이 온 세상과 우주에 임하게 될 것이다. 세상에 아무리 안전해 보이는 요새일지라도 심판을 피할 수가 없다. 그러나 예수님을 붙들고 있는 자는 안전하게 될 것이다(6장).

7장은 간주곡의 의미가 있다. 대환란 중에도 믿음의 중심을 지킨 자들과 순교자들은 영광에 들어갈 것을 보여주고 있다. 이들은 어린양의 피에 그 옷을 씻어 희게 된 자들로서 예수님의 보혈의 은혜를 붙들고 끝까지 중심을 지킨 자들이다. 인침을 받는 자들은 주님이 장차 생명수 샘으로 인도해 주시고 모든 눈물을 닦아 줄 것이다(7장).

8-9장에 보여주신 일곱 나팔 재앙은 두 번째 심판 시리즈로서 일곱 인 재앙보다 훨씬 더 무섭다. 일곱 나팔 재앙은 출애굽 때 내려졌던 열 가지 재앙을 모델로 하고 있다. 환경 오염과 생태계 파괴가 가져오는 인류의 재앙을 경고하고 있다. 다섯 번째 나팔을 불었을 때 일어난 메뚜기 떼 공격은 세상에 활동하는 사탄의 활동을 보여준다. 사탄은 무저갱의 열쇠를 받아서 지옥의 힘과 영향력을 온 세상에 퍼뜨리고자 한다. 파괴와 멸망이라는 이름을 가진 아볼루온은 사탄으로서 사람들을 파멸에 이르게 하고자 한다. 여섯째 나팔을 불 때 네 천사의 수하에 있던 마병들이 일어나 사람들을 괴롭히고 해치게 된다. 사탄의 공격에 3분의 1이 멸망당하는 혹독한 시련 앞에서도 살아남은 사람들은 회개하지 않고 우상 숭배의 죄에 빠지게 된다.

10장은 5장과 연결된 장으로서 심판의 메시지를 담은 성경을 영접하는 것은 입에 꿀같이 달지만 이 말씀을 세상에 증거하여서 사람들에게 배척을 받을 때는 쓰다는 것을 말해 준다. 하나님은 심판을 더 이상 지체하지 않으신다. 지금까지 사람들이 죄에서 돌아설 수 있도록 많은 기회를 주셨지만 그들이 회개하지 않을 때 심판하실 수밖에 없다.

11장은 교회의 선교적 사명을 감당하는 두 증인이 나오는데, 그들이 고난을 받지만 결국은 승리할 것이다. 신자들에 대한 박해가 심해 보이지만 하나님은 그 기간을 제한하셨다. 교회가 핍박을 당하고 성도들이 순교할 때 실패처럼 보이지만 그리스도와 연합하여서 승리하게 될 것이다. 일곱 번째 나팔과 함께 그리스도의 나라가 세세토록 왕 노릇할 것을 선언한다.

12-14장은 교회와 악한 권세들의 싸움에 대한 예언이다. 하늘에서 떨어진 사탄과 바다에서 나온 짐승, 그리고 땅에서 나온 짐승은 '사탄의 삼위일체' 이다. 이 세력이 하늘과 땅과 바다의 창조주로서 통치하시는 하나님(10:6)과 하나님이 권위를 부여하신 두 증인(11:6)과 더불어 싸운다. 결국 어린양의 군대가 사탄의 군대를 파하고 승리한다. 하늘의 영적 전쟁에서 천사들을 통해 사탄을 이기고, 성도들을 송사하던 사탄을 쫓아내신다. 사탄의 세력이 아무리 강력하여도 생명책에 기록된 자들은 결코 타협하거나 굴복하지 않는다. 적그리스도와 거짓 선지자들이 그리스도를 흉내 내지만(13:18), 반드시 실패하고 한계를 드러낼 것이다. 하나님의 택함 받은 성도들은(14:1) 추수의 대상이 되고, 대적자들은(14:8) 심판을 받게 될 것이다.

15-16장은 일곱 대접 심판에 관한 내용이다. 일곱 대접 심판의 내용은 일곱 나팔 심판과 유사하다. 그러나 그 강도는 더 심해진다.

하나님은 출애굽 심판에서와 같이 하나님의 택한 백성들을 구원하기 위해서 원수들을 심판하신다. 여섯 번째 대접 심판은 하나님을 대적하는 세상 임금들, 즉 미혹자 사탄을 아마겟돈에 모아서 심판하시겠다는 뜻을 담고 있다(16:12-16). 일곱 번째 대접 심판은 바벨론의 멸망을 의미한다(16:17-21). 바벨론의 멸망은 대접 심판 전체의 절정이자, 세 가지 심판 시리즈의 결론이다. 애굽의 열 재앙을 통해 바로를 심판하시고 출애굽의 역사를 이루신 하나님이 바벨론(로마 제국과 악의 세력)을 멸망시키시고, 그리스도의 재림을 통한 새 창조의 역사를 성취하실 것을 예언하신다.

3. 바벨론의 멸망(17-20장)

음녀로 표현되는 큰 성 바벨론은 결국 망하게 될 것이다. 어린양과 더불어 싸우게 될 터인데 어린양 예수님은 만주의 주요, 만왕의 왕이시기 때문이다. 사탄이 제아무리 일곱 머리와 열 뿔을 가진 존재로서 교활함과 강력함을 가지고 있지만 하나님의 권세 앞에 굴복할 수밖에 없다(17장).

바벨론은 온갖 화려한 것으로 치장할지라도 일시에 망한다. 사치로 치장하고 자신이 영광을 취한 대가로 고난의 잔을 마셔야 한다. 마지막 날에 세상의 유익을 따라 바벨론과 짝하여 산 사람들은 탄식하게 될 것이다(18장). 이것이 바로 물질주의 세상의 말로이다.

예수님은 전사로 임하셔서 악의 세력을 짓밟고 심판하신다. 그

때 어린양의 혼인잔치에 초청을 받은 성도들은 복 받은 자들이 된다. 백마 타고 오신 전사이신 그리스도가 온 세상을 심판하시고, 최후의 승리를 거두신다. 거짓 선지자들은 유황불에 던져지게 된다(19장).

그리스도의 재림은 하나님의 원수에 대한 심판의 날이요, 하나님의 백성들에게는 구원의 날이다. 그리스도는 사탄을 정복할 것이며 사탄은 영원한 불못에 던져지게 된다. 이때 성도들은 하나님과 그리스도의 제사장이 되어 천 년 동안 그리스도와 더불어 왕 노릇하게 된다. 이때 백보좌 심판이 임하게 되며 생명책에 기록되지 못한 자는 불못에 던져져서 지옥의 형벌을 받게 된다(20장).

4. 새 하늘과 새 땅(21-22장)

21장은 사탄이 불못에 던져진 후, 새 하늘과 새 땅이 열리게 됨을 말해 준다. 끝까지 믿음의 중심을 지킨 성도들에게 하나님은 완성된 하나님 나라를 선물로 주신다. 거룩한 성 예루살렘이 하늘에서 내려오고, 하나님과 성도들은 신랑 신부와 같이 완전한 교제와 연합의 감격을 맛보게 된다. 하나님은 성도들에게서 모든 슬픔과 고통을 제하여 주시고 만물이 새롭게 된 세상에서 영원토록 생명수 샘물을 맛보며 살게 해주신다.

새 예루살렘의 모습은 멸망하게 되는 바벨론 성(17-19장)과 반대의 모습이다. 21장 후반부의 예루살렘 성의 모습은 예수님의 재림을 통해서 이루어질 완전한 하나님의 도성의 성취를 의미한다. 그 성 안에는 성전이 없었다(21:22). 에스겔의 환상(겔 40-43장)의 중심은 성전이었다. 그러나 완성된 하나님의 나라에는 성전이 따로 없고 그 자체가 하나님의 주권에 의해서 다스려지는 임재의 장이다. 그 곳에는 생명책에 기록된 자만이 들어갈 수 있다(21:27).

새 예루살렘의 영광스러운 모습은 지상 교회(2-3장)의 이기는 자에게 약속된 내용의 성취이다. 요한계시록은 2-3장의 지상 교회의 모습과 21-22장의 천상 교회의 모습이 병행을 이룬다. 즉 새 예루살렘은 지상 교회의 완성된 형태이자, 세상의 상징인 바벨론 성의 멸망과 대조를 이룬다.

22장은 회복된 하나님 나라의 모습이다. 새 예루살렘에는 생명수 강이 흐르며, 좌우에 생명나무가 있다. 주님의 얼굴을 대면하여 보게 된다. 죄 때문에 아담은 하나님의 낯을 피하였지만 회복된 하나님 나라에서는 주님과의 교제가 회복된다. 다시는 저주와 밤이 없고, 주님의 완전한 통치가 이루어진다. 타락 이전에 인간이 누렸던 왕적 권위를 회복하게 된다(22:5). 이때 교회도 영광스럽게 될 것이다. 선악과는 사탄이 멸망당하였기 때문에 필요가 없다. 주님은 속히 오셔서 이를 성취하신다(22:7). 이때 에덴이 회복되며 인류의 범죄와 타락으로 인해서 상실되었던 것들이 회복된다.

요한은 모든 성도들에게 예수님의 재림을 소망하며 끝까지 믿음의 중심을 지킴으로써 이 영광의 새 하늘과 새 땅, 새 창조의 세계에 참여하는 영광을 누리도록 초청하고 권면한다. 진실로 속히 오리라고 하신 주님의 약속은 반드시 성취될 것이다.

예수님의 초림을 통해서 새 창조, 하나님의 나라는 이미 시작되었다(already). 그러나 아직 완성되지는 않았다(not yet). 이는 예수님 재림의 때에 완성될 것이다. 그러므로 성도들은 초림과 재림의 중간 시기에 살고 있다는 사실과 이 기간 동안 '이미와 아직' 의 긴강 관계를 피할 수 없다는 사실을 잊지 말아야 한다. 우리는 장차 이루어질 완성된 하나님 나라를 소망하며 하나님 나라의 복음을 힘써 전파해야 할 것이다.

맺는 말

지금까지 하나님 나라 렌즈로 성경 66권을 조망하여 보았습니다. 성경은 우주의 왕이 되시는 하나님이 인간을 포함한 모든 만물을 사랑으로 통치하고자 하는 하나님 나라 운동의 기록이라고 할 수 있습니다. 하나님의 사랑의 통치가 모든 만물의 순종을 통해서 가장 이상적으로 성취된 모습은 에덴동산에 잘 나타나 있습니다. 그러나 사탄의 궤계로 말미암아 인간이 하나님께 불순종함으로 하나님 나라는 손상되고 상실됩니다.

하지만 하나님은 집요한 사랑으로 아브람 한 사람을 택하시고 마침내 한 민족을 만드셔서 온 인류를 하나님께로 돌이키고자 하십니다. 다윗 왕국이 이루어지기까지 이스라엘 나라는 비교적 하나님 나라를 향해 나아가는 듯합니다. 그러나 죄의 유혹 앞에 나약한 인간의 실패와 불순종으로 말미암아 하나님 나라 운동은 좌절을 맛보게 됩니다.

하나님은 앗수르, 바벨론 등을 쓰셔서 당신의 백성을 훈련하시고 에스라, 느헤미야 시대에 다시 한 번 하나님 나라의 재건을 시도하십니다. 하나님의 언약을 붙들고 말씀에 순종하고자 귀환한 소수의 남은 자를 통해서 하나님 나라는 다시 재건되는 듯싶습니다. 그러나 역시 온전하지는 못합니다.

구약은 하나님 나라를 꿈꾸는 것으로 일단락되고 신약 시대에 마침내 하나님의 아들 예수님이 육신을 입고 이 땅에 오심으로 하나님 나라가 도래합니다. 예수님은 이 땅에 오신 하나님 나라로서 하나님 나라의 풍성한 사랑과 능력을 죄인들에게 베풀어 주십니다. 이로써 치유와 회복을 체험한 자들이 하나님 나라를 맛보게 됩니다. 한편 예수님은 이스라엘 12지파를 상징하는 12제자들을 부르셔서 하나님 나라 건설을 향한 운동에 박차를 가하십니다.

예수님은 하나님 나라 통치를 거부하는 사탄과 부단히 싸우시면서 이 땅에 하나님 나라를 건설해 가십니다. 마침내 예수님은 왕이신 하나님께 철저히 순종하여 십자가를 지심으로써 에덴동산에서 불순종으로 하나님 나라를 상실했던 아담의 실패를 만회합니다. 또한 부활로서 사탄의 권세를 파하시고 하나님 나라를 성취합니다.

부활하신 예수님은 하나님 나라를 땅 끝까지 확장하라고 제자들에게 명령하십니다. 오순절 성령강림 사건 이후 하나님 나라 운동은, 사도들의 마음에 내주하셔서 능력을 부어 주시는 성령님에 의해 주도됩니다. 사도들을 통한 하나님 나라 확장 역사도 많은 저항에 부딪히지만 성령님의 분투하심과 사도들의 헌신에 힘입어 예루살렘과 온 유대와 사마리아와 소아시아, 그리고 로마를 향해서 전진해 나갑니다.

하나님 나라의 모형인 교회에 많은 문제들이 발생하지만 서신서들은 성숙한 하나님 나라의 백성이 되는 길을 제시해 줍니다. 지상교회는 성령 충만함과 성도간의 사랑을 통해 갈등과 모순을 극복해 갈 수 있습니다.

요한계시록은 예수님의 재림과 함께 일어날 사탄의 멸망을 통해 새 하늘과 새 땅이 열리는 소망을 보여주고 있습니다. 이로써 하나님이 의도하셨던 하나님 나라가 마침내 성취됩니다. 성경은 66권이라는 여러 권의 책으로 되어 있지만 하나님 나라의 시작과 상실, 그리고 회복과 완성이라는 하나의 주제를 향해 달려가는 한 권의 책입니다.

이 역사의 주체는 삼위 하나님이시며, 은혜로 택함 받고 남은 자 된 소수의 사람들이 하나님 나라 운동의 동역자들입니다. 그들의 공통점은 하나님의 왕 되심에 자발적으로 순종하며, 기꺼이 십자가의 길을 가는 것입니다. 이를 통해서 사탄에게 빼앗겼던 하나님 나라가 회복되며, 하나님의 영광이 드러나게 됩니다.

구약에서 꿈꾸었던 하나님 나라가 예수님을 통해서 성취되었고, 이제 예수님의 재림을 통해서 완성될 것을 바라보며 우리는 긴장된 과도기를 살아가고 있습니다. 이런 시점에서 우리의 사명은 자명합니다. 그것은 하나님 나라 건설을 위해 순종과 헌신의 길을 가신 예수님을 본받고 따라가는 것입니다.

하나님 나라 렌즈로 성경 66권을 조망하는
성경의 숲

2012년 12월 15일 인쇄
2012년 12월 20일 발행

지은이 | 김재홍
발행인 | 이형규
발행처 | 쿰란출판사

주소 | 서울특별시 종로구 이화동 184-3
TEL | 02-745-1007, 745-1301~2, 747-1212, 743-1300
영업부 | 02-747-1004, FAX / 02-745-8490
본사평생전화번호 | 0502-756-1004
홈페이지 | http://www.qumran.co.kr
E-mail | qrbooks@gmail.com
qr9191@daum.net
한글인터넷주소 | 쿰란, 쿰란출판사

등록 | 제1-670호(1988.2.27)

책임교열 | 김향숙 · 송은주

값 13,000원

ISBN 978-89-6562-395-3 03230